KB044402

〈진짜로 일어날지도 몰라 기적〉〈그렇게 아버지가 된다〉〈바닷마을 다이어리〉
〈태풍이 지나가고〉는 어릴 때부터 체내에 각인된 홈드라마에 대한 애정을 자기
만의 기준으로 풀어낸 작품이다. 이 밖에도 원수를 갖지 않는 무사의 이야기 〈하
나〉, 인형의 눈으로 삶의 공허를 담아낸 〈공기인형〉을 찍었다. 2017년 홈드라마
의 틀을 벗어나 법정 드라마 〈세 번째 살인〉을 발표했고, 이듬해인 2018년 〈어느
가족〉으로 칸 국제영화제 황금종려상을 받았다. 2019년에는 프랑스에서 카트린
드뇌브, 쥘리에트 비노슈, 이선 호크와 함께 〈파비안느에 관한 진실〉을 찍었다.
영화와 텔레비전 다큐멘터리 연출 외에 자신의 오리지널 시나리오를 바탕으로
소설 《원더풀 라이프》《걸어도 걸어도》《태풍이 지나가고》《좀도둑 가족》을 썼
고, 에세이집 《걷는 듯 천천히》《작은 이야기를 계속하겠습니다》를 썼다. 2014
년에는 티브이맨 유니언으로부터 독립하여 '복을 나누다'라는 뜻을 가진 제작자
집단 '분부쿠分福'를 설립했다.
《영화를 찍으며 생각한 것》은 고레에다 히로카즈 감독이 20년 넘게 영화를 찍으
며 만난 소중한 사람과의 추억, 경험, 세상을 바라보는 시선, 영화와 텔레비전
다큐멘터리에 대한 나름의 해석을 차분히 힘 빼고 전하는 책이다.

영화를 찍으며 생각한 것

영화를 찍으며 생각한 것

고레에다 히로카즈 영화자서전   이지수 옮김

후기 같은 서문

　내 작품에 대해 말하는 것은 별로 좋아하지 않는 데다 능숙하지도 않다. 되도록 피하고 싶었는데 권유를 받아 나도 모르게 그만 이런 책을 내게 되었다. 딱히 여기서 불평을 늘어놓을 생각은 없다. 어디까지나 감사의 마음을 담아 지금 이 '서문'을 쓰고 있다는 점을 우선 밝혀 둔다.

　피하고 싶었던 이유는 몇 가지 있다. 그 가운데 가장 큰 이유는 텔레비전과 영화에 대해 이야기할 만한 역사가 이미 끝난 뒤에 작품을 만들기 시작했다는 자각이 내 안에 짙게 배어 있었기 때문이다.

　텔레비전에 대해 말하자면, 내가 27년 오랜 세월 동안 속해 있었던 티브이맨 유니언TVMAN UNION의 설립 멤버들이 1960년대에 TBS에서 만든 방송에 대한 동경이 크다. 텔레비전 그 자체가 무엇인지를 묻는 과감한 실험의 시대가 완전히 끝난 1980년대에, 나는 뒤늦게 텔레비전 세계로 들어왔다.

이 때문에 흥미롭게 내 이야기에 귀 기울여 주는 작가 호리 씨나 미시마샤(이 책을 낸 일본 출판사—옮긴이)의 미시마 씨, 호시노 씨를 앞에 두고 나 같은 창작자가 경험하지 않은 역사와 그 역사 이후를 말하는 것이 과연 의미가 있을지 망설여져 면목이 없을 때가 많았다.

하지만 지금 이렇게 티브이맨 유니언을 떠나 제작자로서 내 DNA에 깊게 새겨진 '텔레비전'에 대해 말하는 것, 나의 출신과 거기에 새겨진 이름에 대한 사랑을 이야기하는 것이 적어도 내게는 필요할지도 모르겠다고 생각을 바꾸었다. 다음으로 나아가기 위하여.

영화에 관해서는 망설임이 더했고 지금도 그렇다. 이는 남에게 지적받을 것도 없이 바로 나 스스로 순수한 영화인이 아니라는 자각이 있기 때문이다.

내가 말하는 영화 언어는 분명 영화를 모국어로 하는 네이티브 창작자의 언어와는 달리 텔레비전 방언이 밴 '변칙적인' 언어다. 키워준 은혜도 포함하여 나 자신이 'TV인'이라는 점은 솔직하게 받아들일 수 있으며, 내가 놓인 상황에 책임감도 느끼므로 요청을 받으면 발언도 한다. 그러나 영화에 대해서는 뭔가 망설여졌다.

그래서 처음에는 이 책을 영화감독으로서가 아니라 텔레비전 연출가인 내가 만들어 온 영화의 제작 과정이나 영화제에 대해, 내부자의 시각을 담아 르포르타주로 쓰고자 했다.

이런 의도는 생각보다 성공했다고 자부한다.

그리고 하나 더. 다행히도 20년간 많은 영화제에 참가하며 내 안에서 '역사는 끝나지 않았다'라는 커다란 인식의 변화가 있었다. 영화는 백 년의 역사를 그 거대한 강에 가득 담고 내 앞을 유유히 흐르고 있었다. 강은 말라붙지 않았으며, 아마 앞으로도 형태를 바꾸며 흘러갈 것이다.

"모든 영화는 이미 만들어졌다"라는 말이 진실인 양 떠돌던 1980년대에 청춘기를 보낸 사람은 '지금 내가 만드는 것이 과연 정말로 영화인가'라는 물음을 언제나 품고 있다. 하지만 나는 그런 '불안'도 피로 이어진 듯한 연대감도 모두 뛰어넘어, 순순히 그 강의 한 방울이 되기를 바랐다. 이 책을 통해 내가 느끼는 두려움과 동경이 조금이라도 독자에게 전해진다면, 그것은 그것대로 의미가 없지는 않으리라 생각한다.

고레에다 히로카즈

차례

1962 • 6월 6일 도쿄 도 네리마 구에서 태어남

1971 • 도쿄 도 기요세 시로 이사

1987 • 와세다 대학교 졸업 후 티브이맨 유니언 입사

1989 • 〈지구 ZIG ZAG〉(TBS)로 연출가 데뷔

1991 • 〈그러나… : 복지를 버리는 시대로〉,

　　　 〈또 하나의 교육 : 이나 초등학교 봄반의 기록〉(이상 후지TV) 방송

1992 • 〈공해는 어디로 갔나…〉〈일본인이 되고 싶었다…〉(이상 후지TV) 방송

　　　 〈번영의 시대를 떠받치고―도큐먼트 피차별 부락〉(부락해방연구소)

　　　 저작《그러나…―어느 복지 고급 관료 죽음을 향한 궤적》(아게비쇼보)

1993 • 〈허우샤오시엔과 에드워드 양〉(후지TV),

　　　 〈심상 스케치 : 저마다의 미야자와 겐지〉(TV도쿄) 방송

1994 • 〈그가 없는 8월이〉(후지TV) 방송

1995 • 〈다큐멘터리의 정의〉(후지TV) 방송

영화 데뷔작 〈환상의 빛〉 9월 베니스 국제영화제 상영, 12월 개봉

1996 • 〈기억이 사라진 때〉(NHK) 방송

1998 • 〈원더풀 라이프〉 9월 토론토 국제영화제 상영, 이듬해 4월 개봉

2001 • 〈디스턴스〉 5월 칸 국제영화제 상영, 같은 달 개봉

2002 • 〈걷는 듯한 속도로〉(니혼TV) 방송

2004 • 〈아무도 모른다〉 5월 칸 국제영화제 상영, 8월 개봉

2005 • 〈망각〉(후지TV) 방송

2006 • 〈하나〉 6월 개봉, 9월 토론토 국제영화제 상영

2007 • 〈내가 아이였을 때 다니카와 슌타로 편〉(NHK 하이비전) 방송

2008 • 〈그때였을지도 모른다 : 텔레비전에게 '나'란 무엇인가〉(TBS) 방송

　　　　〈걸어도 걸어도〉 6월 개봉

　　　　다큐멘터리 영화 〈괜찮기를 : Cocco 끝나지 않는 여행〉 12월 개봉

2009 • 〈공기인형〉 5월 칸 국제영화제 상영, 9월 개봉

2010 • 〈나쁜 것은 모두 하기모토 긴이치다〉(후지TV),

　　　　드라마 〈훗날〉(NHK 하이비전) 방송

2011 • 〈진짜로 일어날지도 몰라 기적〉 6월 개봉

2012 • 연속극 〈고잉 마이 홈〉(간사이TV) 방송

2013 • 〈그렇게 아버지가 된다〉 5월 칸 국제영화제 상영, 9월 개봉

2014 • 티브이맨 유니언에서 독립, 제작자 집단 '분후쿠' 설립

2015 • 〈바닷마을 다이어리〉 5월 칸 국제영화제 상영, 6월 개봉

2016 • 〈태풍이 지나가고〉 5월 칸 국제영화제 상영, 5월 개봉

그림 콘티로 만든 데뷔작

1995-1998

〈환상의 빛〉 1995

〈원더풀 라이프〉 1998

사실은
오리지널 작품으로
데뷔하고 싶었다

환상의 빛

1995

캐스팅은 언제나 직감

미야모토 테루[1] 씨의 동명 소설을 영화화한 감독 데뷔작 〈환상의 빛〉에는 조금 복잡한 추억이 있습니다.

1992년 언젠가, 당시 제가 소속해 있던 티브이맨 유니언[2]의 프로듀서 고즈 나오에[3] 씨로부터 "이 작품 영화화에 관심 없어? 당신이 작년에 찍은 다큐멘터리와도 연결되는데"라는 말을 들은 것이 시작이었습니다.

그 다큐멘터리는 후지TV의 NONFIX[4]에서 방송된 〈그러나⋯ : 복지를 버리는 시대로〉였습니다. 복지라는 사회적 주제를 입구 삼아, 저의 관심은 남편을 자살로 잃은 아내의 슬픔 치유 과정을 향해 있었습니다. 그것이 《환상의 빛》에서 묘사된 설정이나

1장. 그림 콘티로 만든 데뷔작

주제와 닮았던 것이지요. 저는 미야모토 테루의 작품이라면 《환상의 빛》보다 오히려 《금수》나 《별들의 슬픔》이 더 좋았지만, 《금수》는 연출가 쓰루하시 야스오 씨가 영상화 판권을 가지고 있다는 이야기를 들었습니다.

고즈 씨와는 그전에 간사이TV의 심야 방송 '드라마다스'에서 〈4월 4일에 태어나〉라는 드라마를 함께 만들었습니다. 이 방송에서는 신인 감독이 월요일부터 금요일까지 심야에 10분간 방영되는 드라마를 찍는데 제작비는 1000만 엔입니다. 나흘 동안 10분×5회분을 찍는 상당히 빡빡한 스케줄이지만 경험이 없는 젊은 연출가에게는 좋은 등용문이며, 이와이 슌지[5] 씨나 구로사와 기요시[6] 씨도 이 방송에서 드라마를 한두 편 찍었을 것입니다. 제가 고즈 씨와 만든 드라마는 각본도 직접 쓰지 않았고 저의 연출도 미숙했지만, 훗날 〈환상의 빛〉의 촬영을 맡아 준 나카보리 마사오[7] 씨를 만났다는 게 큰 수확이었습니다.

사실 저는 오리지널 작품―〈아무도 모른다〉의 원형인 〈멋진 일요일〉―으로 감독 데뷔할 예정이었습니다. 자세한 내용은 나중에 말하겠지만, 실제로 아는 사람을 통해 방송국 연출가나 제작사 프로듀서에게 각본을 보여 주기도 했고요. 하지만 좀처럼 실현을 향한 발걸음을 내딛지 못했지요. 그래서 그런 타이밍에 들은 〈환상의 빛〉 이야기가 운명처럼 느껴지기도 했고, 좋은 기회이기도 해서 하기로 결심했습니다.

처음에 〈환상의 빛〉은 텔레비전 드라마로 만들 예정이었습니다. 하지만 신인 각본가가 썼다는 초고를 읽고 곧바로 이 작품은 텔레비전보다 영화에 어울린다고 느꼈습니다. 그렇게 느낀 가장 큰 요인은 아마도 빛과 그늘 묘사에 대한 고집 때문이었을 겁니다. 그래서 고즈 씨에게 "이왕이면 영화로 만드는 게 어떨까요?"라고 제안했고, 원작대로 어린 시절부터 시작하여 여성이 독백으로 풀어 나가는 각본을 주제가 조금 더 부각되도록 각본가와 함께 수정했습니다.

그리하여 완성된 최종 각본을 지인 프로듀서에게 보여 줬더니 "이대로라면 3억 엔이 들 테니 무리야"라고 해서 깜짝 놀랐습니다. 이 각본이라면 세트가 몇 개 필요한지, 현지 촬영에 어느 정도의 시일과 자금이 필요한지 전혀 몰랐던 우리는 프로의 눈에는

© 1995 티브이맨 유니언

〈환상의 빛〉 1995년 12월 9일 개봉 | 110분 **배급** 시네콰논, 티브이맨 유니언 **제작** 티브이맨 유니언 **줄거리** 할머니의 실종, 남편의 원인을 알 수 없는 자살……. 가슴에 상실감을 품고 있는 유미코는 오쿠노토의 작은 마을에 사는 남성과 재혼하여 새로운 가족에 둘러싸인 평온한 나날을 보내고 있지만, 이윽고 전 남편의 죽음의 그림자에 점차 끌려간다. **원작** 미야모토 테루 **수상** 베니스 국제영화제 촬영상, 밴쿠버 국제영화제 신인감독상 외 **출연** 에스미 마키코, 아사노 다다노부, 나이토 다카시 외 **촬영** 나카보리 마사오 **조명** 마루야마 후미오 **미술** 헤야 교코 **각본** 오기타 요시히사 **기획·제작** 고즈 나오에 **의상** 기타무라 미치코 **음악** 천밍장

1장. 그림 콘티로 만든 데뷔작

상당히 대담해 보이는 구상을 생각했던 것입니다. 우리는 수정에 수정을 거듭하며 주인공의 소녀 시절을 들어내 그럭저럭 1억 엔 이내로 촬영할 수 있는 각본을 완성했습니다.

하지만 그때 상황이 갑자기 변했습니다.

고즈 씨는 어느 여배우의 매니저도 겸임하고 있어서 주연은 그녀가 맡을 예정이었는데, 영화 제작비가 모이지 않는 사이에 두 사람이 헤어지면서 캐스팅이 백지화되었습니다. 상황이 이렇다 보니 신인 배우를 쓰기로 했고, 각본 말고는 처음부터 다시 시작하게 되었습니다.

저는 짬이 나면 카메라를 들고 영화에 쓸 만한 장소를 찾아다녔습니다. 원작은 간사이 지방이라는 설정이었지만 예산 절약을 위해 도쿄에서 촬영 장소를 찾기로 했습니다. 조시가야나 네즈 같은 번화가 등 단순히 낡기만 한 게 아니라 건물이 지면에서 돋아난 듯한 존재감 있는 거리를 걸으며 영화 장면을 구상하는 건 즐거운 시간이었습니다. 영화에서 아사노 다다노부 씨가 일하는 아라카와 구 미카와시마의 공장이나 에스미 마키코 씨가 꿈에서 보는 어린 시절에 살았던 가와사키의 고쿠도 역은 그렇게 발견한 장소입니다. 영화의 후반 무대인 노토 반도에서는 와지마에서 차로 30분이면 가는 우뉴라는 회화적으로도 아름다운 항구 마을을 발견했고, 운 좋게 폐옥 한 채를 빌릴 수 있었습니다.

에스미 마키코 씨를 처음 만난 건 1994년 9월이었습니다.

고즈 씨가 사진작가 시노야마 기신 씨에게 이 영화에 대해 이야기하며 "신인 중 좋은 배우 없을까"라고 묻자, 시노야마 씨는 에스미 씨의 흑백사진을 한 장 꺼냈다고 합니다. 그 사진을 본 저는 미팅을 요청했고, 시노야마 씨의 사무실에서 에스미 씨와 만나게 되었습니다. 그 만남에서 에스미 씨의 돌아가신 아버지 이야기 등을 30분 정도 나누고 사무실에서 나왔을 때 이미 주인공을 그녀로 결정했습니다. 캐스팅이란 말로 설명할 수 있는 이유는 나중에 붙이는 것이며, 관건은 '이 사람으로 하자!'는 확신이 드는지 아닌지 여부입니다. 확신만 생기면 제 경험상 대체로 어떻게든 됩니다.

서른두 살, 무서울 것 없는 나이

마침 그 무렵 저는 허우샤오시엔[8] 감독도 만났습니다.

허우샤오시엔 감독과는 〈허우샤오시엔과 에드워드 양〉[9]이라는 텔레비전 다큐멘터리를 찍은 인연으로 친하게 지내고 있었고, 도쿄에 들르실 때마다 저를 불러 주셔서 만나곤 했습니다. "이번에 처음으로 영화를 찍게 되었는데, 감독님의 영화 〈연연풍진〉[10]에서 음악을 담당했던 천밍창[11] 감독을 소개해 주실 수 있을까요?"라고 뻔뻔스러운 부탁을 했더니 흔쾌히 연락처를 알려 주셨습니다. 그때 "그런 이야기라면 베니스(국제영화제)[12]가 좋아"라는 조언을 들어서, 저는 아직 찍지도 않은 영화를 베니스로 가져가기로 결심했습니다.

주요 촬영 기간은 1994년 12월부터 이듬해 1월까지였습니다. 실제 풍경만은 그해 여름에 먼저 찍으러 갔습니다. 촬영과 편집이 한창일 때 한신·아와지 대지진[13]과 옴진리교 지하철 사린 사건[14]이 일어났습니다. 이 두 거대한 파국의 체험은 훗날 제가 만드는 영화에 적지 않은 영향을 끼쳤습니다.

〈환상의 빛〉 이야기로 돌아가면, 실은 주연이 에스미 씨로 정해진 뒤에도 자금 1억 엔을 모으는 데 난항을 겪었습니다. 때마침 티브이맨 유니언이 '창립 25주년 기념 기획'을 사내 모집하고 있어서 영화 제작을 제안했더니 시게노부 유타카 사장이 이를 받아들여서 5000만 엔을 출자해 주셨습니다.

그러나 남은 5000만 엔이 좀처럼 모이지 않았습니다. 도호에도 쇼치쿠에도(둘 다 영화·연극 제작배급사―옮긴이) 후지TV에도 기획안을 들고 갔으나 모두 거절당해서, 지금이라면 생각지도 못할 일이지만 극장도 배급사도 정해지지 않은 채 충분한 논의 없이 촬영을 시작해 버렸습니다. 당시 우리는 '완성본을 보면 틀림없이 모

<환상의 빛> 촬영 당시의 나

두가 두 손 들고 사러 오겠지'라고 믿어 의심치 않았습니다. 그래서 5000만 엔은 지불을 미뤄 두고 1억 엔을 들여 촬영했습니다.

그리고 자신만만하게 시사회를 열었는데, '무명 신인 감독' '무명 신인 여배우' '사람이 죽는 어두운 이야기'라는 삼중고를 지닌 이 영화를 배급하거나 자금을 원조해 줄 사람은 나타나지 않았습니다. 저는 그제야 '이것 참 큰일인데. 이대로 상영이 보류되면 5000만 엔은 어쩌지……' 초조해지기 시작했습니다. 아마 프로듀서는 내심 저보다 더 불안했겠지요.

그러나 영화는 기적적으로 세 가지 행운을 만났습니다.

1장. 그림 콘티로 만든 데뷔작

먼저 시사회에 온 TBS 프로듀서 엔도 다마키 씨가 에스미 씨를 매우 마음에 들어 해서 도시바 일요극장의 드라마 〈빛나라 린타로〉에 발탁했습니다.

다음으로 도쿄 테아트르의 프로듀서가 호감을 보였습니다. 그는 "우리 영화관에서 상영해도 좋지만 사실은 이제 곧 시부야에 시네 어뮤즈라는 극장이 생긴다네. 그 극장을 공동 운영하는 영화사 시네콰논의 이봉우[15] 사장이 마음에 들어 한다면 우리 영화관에서 상영하는 것보다 나을 테니 그에게 보여 주는 게 어떤가"라며 이봉우 사장을 소개해 줬습니다. 조후에 있는 도쿄 현상소까지 시사회를 보러 와 준 이봉우 사장은 영화가 끝나자 곧바로 "12월에 극장을 여는데 개장 기념 첫 번째로 상영하고 싶다"고 말했습니다.

아마 그 직후에 베니스 국제영화제 경쟁 부문 출품이 결정되었을 겁니다. 영화에 매우 좋은 바람이 불기 시작했습니다.

하지만 한편으로 저는 건방지게도 당연한 결과라고 생각했습니다.

베니스가 결정되었을 때 주위 사람들이 울며 기뻐해도 제 안에서는 이미 정해진 선로랄까, 거기까지는 가리라는 근거 없는 자신감이 넘치고 있었습니다. '이 영화를 개봉하기만 하면 다음은 내 오리지널 기획으로 진짜 데뷔할 수 있다'고까지 생각했습니다.

서른두 살, 앞뒤 생각하지 않고 무서울 것도 없는 나이. 젊은 혈기 탓이라고는 해도 경험이 없다는 건 참으로 무섭습니다. 데뷔작에서 한 걸음만 헛디뎌도 두 번째 영화는 확실히 못 찍는 것이니, "운이 좋았을 뿐"이라는 말을 들어도 틀린 말은 아니겠지요.

나 스스로 그림 콘티에 얽매여 있었다

〈환상의 빛〉은 감독으로서는 반성할 점이 굉장히 많은 작품입니다.(실패했다는 이야기를 스오 마사유키[16] 감독에게 했더니 "감독은 실패했다 싶어도 그 영화를 함께 만든 제작진이나 배우를 생각해서 10년 동안은 그 말을 입에 담으면 안 돼"라고 다정하게 타일러 주셨는데, 벌써 20년이 지났으니 시효가 끝났을까요.)

저는 그때까지 몇 편의 텔레비전 다큐멘터리와 짧은 심야 드라마만 찍었습니다. 특히 다큐멘터리와 영화는 현장에 있는 인원수가 완전히 다릅니다. 다큐멘터리 인원은 4~5명. 어쩌다 보면 한 명일 때도 있습니다.

〈환상의 빛〉은 매우 작은 영화지만 그래도 40명 정도의 제작진이 촬영 현장에 있었습니다. 큰 영화라면 100명은 가뿐히 넘습니다. 영화 인건비는 배우 출연료뿐만 아니라 제작진 인건비 비중도 상당히 큽니다. 독립영화조차 하루 촬영하는 데 300만 엔이 드는 세계입니다.

어쨌거나 40명이라는 인원수도 제게는 매우 많아서 모두에게 눈길을 주기가 어려웠습니다. 촬영팀과 조명팀의 기술이 압도적으로 높았기에 그 부분은 전면적으로 신뢰했지만, 촬영 현장에서 일어난 재미있는 일을 작품에서 살리지 못하는 등 제가 그때까지 텔레비전에서 다져 온 가벼운 발놀림을 활용할 수 없다는 데는 약간 조바심이 났습니다.(물론 이는 제 능력의 문제입니다.)

또 〈환상의 빛〉은 원작이 있어서 대사를 마음대로 고칠 수 없었습니다. 아마도 같은 시기에 노토의 어부를 취재한 텔레비전 다큐멘터리를 보고, 거기에 등장한 할머니가 아주 매력적이어서 영화 속 '도메노'라는 역할을 맡기면 어떨지 프로듀서에게 물어봤지만 역시 그렇게까지 대담한 결정은 할 수 없었습니다. 그처럼 융통성을 발휘할 수 없는 점, 원작으로부터 자유롭지 못하다는 점도 제게는 괴로운 부분이었습니다.

하지만 무엇보다 가장 괴로웠던 점은, 직접 열심히 결정하며 그린 300장의 그림 콘티[17]에 스스로 얽매여 있었던 것입니다.

콘티에 얽매여 있다는 사실을 깨달았다면 콘티를 버리면 되었을 텐데, 당시 저는 그런 것조차 몰랐습니다. 주위는 모두 베테랑인데 저만 현장이 처음이니 불안도 컸겠지요. 능력 있는 제작진

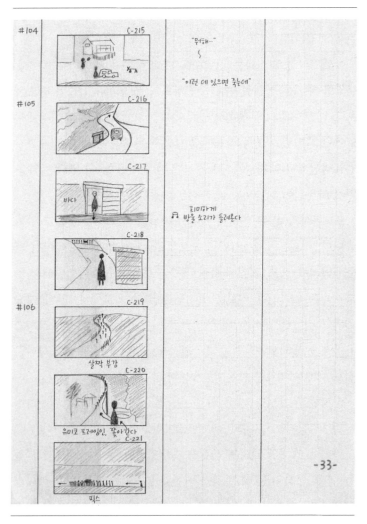

〈환상의 빛〉 장례 행렬 장면 그림 콘티

의 도움으로 어떻게든 목표점까지 겨우 이르렀지만, 현장에서 일어난 재미있는 일은 영화 속에 그다지 반영하지 못했던 것 같습니다. 콘티에 없는데 영화에 등장한 건 항구 마을에 있던 무쿠라는 이름의 들개 정도일까요.

제가 콘티에 얽매여 있었다는 사실은 허우샤오시엔 감독으로부터 지적을 받고 깨달았습니다.

"테크닉은 훌륭해요. 다만 당신은 촬영하기 전에 콘티를 전부 그렸겠지."

도쿄 국제영화제[18] 참석차 일본에 와 있던 허우샤오시엔 감독을 만났을 때 이렇게 정곡을 찔려서, "그렸습니다. 자신이 없어서요"라고 대답하자 그는 다음과 같이 말했습니다.

"어디에 카메라를 둘지는 그 사람의 연기를 현장에서 지켜본 뒤에 비로소 정해지는 게 아닌가. 당신은 다큐멘터리를 찍었으니 알겠지?"

물론 통역을 사이에 둔 대화였기에 이렇게까지 호된 말투는 아니었겠지만, 제 기억으로는 '그런 것도 모르나?'라는 뉘앙스였습니다. 충격이었습니다. 눈앞의 인간이나 현상과의 관계 속에서 찍는 대상이 다양하게 변화하는 다큐멘터리의 재미를 분명 실감했는데도, 게다가 그 다큐멘터리라는 우회로를 거쳐 겨우 영화에 이르렀는데도 그런 경험을 살리지 못했다니……

허우샤오시엔 감독의 말은 그 어떤 영화평보다 깊게 가슴에 꽂혀서 차기작의 방향을 결정짓는 한마디가 되었습니다.

전략이 없으면 영화제에서는 싸울 수 없다

〈환상의 빛〉으로 배운 점이 하나 더 있습니다.

베니스 국제영화제 경쟁 부문 상영이 결정되어 저는 처음으로 국제영화제에 참석하게 되었습니다.

베니스는 칸 국제영화제[19]에 비하면 사업적 색채가 옅은, 자그마한 외딴섬에서 열리는 한가한 축제 같은 영화제로 분위기가 매우 따스합니다. 하지만 이 따스한 영화제에서도 물론 사업의 싹이 틉니다.

그해 황금사자상(그랑프리)을 수상한 작품은 트란 안 훙 감독[20]의 〈씨클로〉[21]였습니다.

트란은 저와 동갑으로 〈씨클로〉가 두 번째 장편이었는데, 베니스에 오기 전 파리에서 시사회를 열어 사전에 기자들의 평판을 얻은 데다 이탈리아 배급사까지 정한 뒤에 베니스로 뛰어들었습니다. 프로 퍼블리시스트[22]와 세일즈 에이전트도 있어서 베니스 국제영화제를 앞으로 〈씨클로〉를 세계에 알려 나가는 시작점으로 보고 있었습니다.

훗날 저의 해외 세일즈 에이전트가 된 셀룰로이드 드림즈라는 회사의 사장은 제게 이렇게 말했습니다.

"영화제는 감독 혼자 참가해 봤자 의미가 없어요. 사업 파트너와 함께 조직전을 펼치는 장소니까."

그 무렵 일본은 어땠는가 하면, 해외 영화제에 출품하여 무슨 상이라도 받으면 굉장히 잘된 일이었고 상을 놓쳐도 일본으로 돌아오면 개선장군처럼 흥행을 했습니다. 요컨대 국내 흥행의 기세를 드높이기 위해 영화제에 참가했던 것입니다.(지금도 상당히 그에 가깝지만요.) 그래서 영화제는 결승점, 혹은 기껏해야 반환점이었습니다. 그야말로 내향적인 발상이지요. 저도 당시에는 이와 비슷해서 '신인 감독에 신인 여배우의 영화이니 베니스에서 상이라도 받지 않으면 일본에서는 봐 주지 않을 거야'라고 생각했습니다. 그래서 '결승점이 아닌 시작점'이라는 사고방식에는 충격을 받았습니다.

〈환상의 빛〉은 다행히 베니스 국제영화제에서 촬영상을 받았습니다. 토론토 국제영화제[23], 밴쿠버 국제영화제[24]에도 초청받았습니다. 저는 그해를 '영화제'를 공부하는 해로 삼자고 결심했습니다. 한 편의 영화에 대한 영화제 초청에 철저하게 임하여 어디에 우수한 퍼블리시스트가 있고 어느 에이전트에게 맡기면 어떻게 영화가 퍼져 나가는지를 텔레비전 연출가의 눈으로 차분히 지켜보고 생각하는 기회로 삼았습니다.

영화제는 전 세계에 365개 이상(하루에 하나 이상!) 있다고 하는데, 좋은 사업 전개를 기대할 수 있는 주요 영화제는 그중 30개 정도입니다. 저는 그 일 년 동안 16개 영화제(앞서 말한 세 개에 더해 시카고, 베를린, 로테르담, 이스탄불, 홍콩, 낭트, 테살로니키, 런던, 타이완, 시체스, 야마가타, 뉴욕, 샌프란시스코)를 돌았습니다. 그러던 중 작은 회사지만 북미 배급사가 정해져서 기뻤고, 영화제를 통해 해외 감독뿐만 아니라 하시구치 료스케[25] 씨, 시노자키 마코토[26] 씨, 가와세 나오미[27] 씨 등 동시대 감독들을 만나 친교를 다질 수 있었던 것도 큰 자극이 되었습니다.

그해에 영화제에 참석하며 가장 잊지 못할 일은 낭트 3대륙 영화제[28]에서 가졌던 관객과의 대화입니다.

상영 후 30분 예정으로 관객과의 대화 시간을 가졌는데, 한 시간 넘도록 끝나지 않아서 극장을 나와 카페로 이동한 다음 관객들과 다시 한 시간 반 정도 이어서 이야기를 나누었습니다.(모두 어찌나 열심인지요!) 그때 한 중년 여성이 "이 영화는 여러 요소가 두 번 반복됩니다. 자전거도 두 번, 방울도 두 번. 다양한 것이 반복되며 리듬이 생겨나지요. 또 이 영화는 꿈에서 시작하므로 제 해석으로는 꿈으로 끝나야 합니다. 그렇다면 마지막 장면은 어디부터 꿈입니까?"라고 물었습니다.

그녀의 질문을 통역하는 사이에 다른 관객이 "저는 해변부터 꿈이라고 생각해요"라며 말을 꺼냈고, 또 다른 관객은 "저는 버스 정류장인 것 같아요"라고 했습니다. 제가 "언덕을 올라가는 부근이 꿈이라고 생각하는데요……"라고 대답하려 하자 "감독님은 아직 말씀하지 마세요"라며 껴드는 것을 막았습니다. 그런 식으로 관객들 사이에서 다양한 의견이 난무했습니다.

그것은 성숙한 관객의 자세였습니다. 그 대화의 통역을 듣는 것만으로도 만족스러울 만큼 그 자리의 열기는 뜨거웠습니다. 그들이 프랑스인이기 때문일 수도 있고, 영화가 애매했기 때문일 수도 있으며, 어쩌면 둘 다일지도 모르지만 어쨌거나 매우 근사한 경험이었습니다.

그런 풍요로운 시간을 갖고 싶어서 그 후 일본에서도 쭉 극장 상영 후 관객과의 대화 시간을 가지고 있습니다.

원더풀 라이프

1998

지금 그 자리에서 생성되는 것을 찍어 나가자

〈환상의 빛〉은 '일본 현대극'을 찍을 작정이었던 저의 의도와는 동떨어져 해외 영화제, 특히 유럽의 일본 영화 팬들에게는 아시아의 이국적 정서, 일본적 아름다움과 한데 묶여 받아들여지고 말았습니다. 관객과의 대화에서 "이 영화와 선禪 사상의 관계는?" "풍경 숏이 세 컷 이어지는데 하이쿠와 관계가 있는가?" 등의 질문을 받고 쓴웃음을 지은 적도 있습니다. 〈환상의 빛〉에는 서구인이 본인과는 다른 사생관이나 동양적 가치관을 읽어 낼 만한 빈틈이 분명 있었다고 생각합니다.

또 "이 영화는 마지막 경력으로 찍을 영화야"라는 말을 듣기도 했고, 만났을 때 "상당히 젊으시네요. 예순 정도일 줄 알았는데"

1장. 그림 콘티로 만든 데뷔작

하며 놀라는 사람도 많았습니다. 물론 "이렇게 원숙한 영화를 젊은 당신이 찍었다니!"라는 상찬이 포함돼 있다고 생각하긴 했지만 솔직히 억울했습니다.

그래서 두 번째 영화는 유럽인이 바라는 '전형적인 일본 영화'와는 정반대로 만들자는 몹시 비뚤어진 생각을 했습니다. 에른스트 루비치[29] 감독의 〈천국은 기다려 준다〉[30]라는, 죽은 남자가 염라대왕을 상대로 자신의 인생을 이야기하는 매우 도회적이고 세련된 코미디가 있습니다. 저는 그 영화를 떠올리며 천국의 입구를 무대로 하는, 일본적 정서와 무관한 작품을 만들자고 생각했습니다.

그 영화가 〈원더풀 라이프〉입니다.

이 작품은 티브이맨 유니언에 들어간 지 2년째 되던 해에 제28회 텔레비전 시나리오 콩쿠르에서 장려상을 받은 각본이 바탕이 되었습니다.

사실 당시 저는 티브이맨 유니언에 출근을 거부하던 중이어서 집에서 끙끙 앓을 때 이 각본을 완성했습니다. 응모하고 몇 개월 뒤, 예전부터 내내 좋아했던 여자가 결혼한다는 이야기를 듣고 심한 충격을 받아 또다시 끙끙 앓던 중 다음 날 아침 수상 소식이 전보로 날아들었습니다. '신은 하나를 버리고 하나를 구해 주는구나'라고 통감했습니다. 말하자면 '실연과 맞바꾸어 내게 길을 열어 주는구나'라고.

〈원더풀 라이프〉에서 우선 고려한 점은 〈환상의 빛〉에 대한 반성에 근거를 둔 촬영 방법입니다.

저는 그때까지 몇 편인가 다큐멘터리를 찍어서 '찍고 편집하고 생각하고 다시 찍는', 즉 '자신의 사고 과정이 작품에 녹아드는' 다큐멘터리 제작 방식에 몹시 매료돼 있었습니다.

전 TBS 프로듀서 겸 연출가이자 티브이맨 유니언 설립자이기도 한 하기모토 하루히코[31], 무라키 요시히코[32], 곤노 쓰토무[33] 세 사람이 1960년대 텔레비전에 대해 공동 집필한 《너는 그저 현재일 뿐이다―텔레비전에서 무엇이 가능한가》라는 책이 있습니다. 대학 시절에 읽고 충격을 받은 책인데, 이 책에서 그들은 텔레비

© 1998 〈원더풀 라이프〉 제작위원회

〈원더풀 라이프〉 1999년 4월 17일 개봉 | 118분 배급 티브이맨 유니언 제작 티브이맨 유니언, 엔진필름 줄거리 죽은 사람이 천국에 도착하기 전까지 7일 동안 인생에서 가장 소중한 추억을 하나 고른다. 그 추억은 '그 장소'에 있는 직원이 촬영하여 마지막 날 상영회를 연다. 오늘도 역시 남녀노소 22명이 천국의 입구로 찾아오는데…… 수상 낭트 3대륙 영화제 그랑프리, 산 세바스티안 국제영화제 국제영화비평가연맹상 등 출연 이우라 아라타, 오다 에리카, 데라지마 스스무, 나이토 다카시, 다이 케이 외 촬영 야마자키 유타카 조명 사토 유즈루 미술 이소미 도시히로, 군지 히데오 의상 야마모토 고이치로 음악 가사마쓰 야스히로 기획 야스다 마사히로 프로듀서 사토 시호

1장. 그림 콘티로 만든 데뷔작

전을 클래식이 아닌 재즈에 비유합니다.

> 텔레비전은 재즈입니다. 그럼 재즈란 무엇인가 하면,
> 그래요, R. 휴즈의 말을 인용하겠습니다.
> "재즈는 원주圓周입니다. 당신은 그 한가운데 있는
> 점이고요. 재즈는 작곡된 음악이 아니라 박자와 리듬이
> 있는 한 느끼는 대로 나아가며 작곡하는 즉흥연주, 매우
> 행복하고 때로는 슬픈 연주 행위입니다."
> 텔레비전도 마찬가지입니다. 송신자와 수신자가 따로
> 있는 게 아니라 모두가 송신자와 수신자입니다. 이전에
> 쓰인 각본을 재현하는 게 아니라 끊임없이 다가오는
> '현재'에 모두가 저마다의 존재로 참여하는 잼 세션입니다.
> 텔레비전에 '이전'은 없습니다. 언제나 '현재'입니다.
> 언제나, 언제나 현재의 텔레비전. 그러므로 텔레비전은
> 재즈입니다.
>
> — 5장 '텔레비전은 재즈다'에서

악보가 있는 게 아니라 그 자리를 공유하는 사람들에 의해 그
자리에서 태어나는 것, 즉 반복할 수 없는 것, 그것이 텔레비전의
특성이라고 그들은 생각했습니다. 그로부터 25년의 세월이 흘러

텔레비전 제작 현장이 상당히 보수화되었지만, 그럼에도 텔레비전 다큐멘터리에는 그들이 말하는 '재즈'적 요소가 아직 희미하게 남아 있지 않은가. 몇 작품 찍은 저는 그렇게 느꼈습니다.

〈환상의 빛〉은 연출에 관해서만 말하자면 그림 콘티의 재현으로 끝나 버렸습니다. 그렇다면 차기작에서는 다큐멘터리처럼 지금 그 자리에서 생성되는 것을 찍어 나가자고 생각했습니다. 그 방법이 영화에서도 성립한다면, 제가 찍기 전에는 가장 비판했던 '연극을 촬영한 영화'와 가장 먼 작품이 되리라 여겼습니다.

사람에게 추억이란 무엇인가

〈원더풀 라이프〉의 주제 중 하나는 '사람에게 추억이란 무엇인가'라는 물음입니다.

죽은 이들은 처음으로 도착하는 시설에서 직원에게 "당신의 인생을 돌아보고 소중한 추억을 하나만 골라 주세요"라는 말을 듣습니다. 선정된 추억의 장면은 직원이 영화로 만들고, 죽은 이들은 그 영상을 보며 추억과 함께 천국으로 여행을 떠납니다.

저는 60분짜리 텔레비전 드라마에서 120분짜리 영화로 각본을 재검토하며 이 시설에 모여든 죽은 이들이 어떤 '추억'을 고를지

1장. 그림 콘티로 만든 데뷔작

일반인을 대상으로 조사해 보기로 했습니다. 본인의 어린 시절이나 청춘 시절을 되돌아보면, 나이 지긋한 분들에게는 간토 대지진이나 제2차 세계대전, 도쿄 올림픽 등도 추억의 시간이 될지 모릅니다. 그렇게 되면 금세기의 일본사적 측면도 그릴 수 있지 않을까 했습니다.

조사는 앞으로 텔레비전이나 영상 관련 일을 하고 싶어 하는 학생 몇 명을 아르바이트로 고용하여 비디오카메라를 들고 거리에서 인터뷰하게 했습니다. 매주 토요일에는 그렇게 찍은 영상을 가지고 모여서 보고회를 열었는데, 모인 영상은 최종적으로 약 600명분이나 되었습니다.

조사는 중간까지는 어디까지나 각본을 쓰기 위한 것이었습니다. 그러나 학생들이 모은 영상은 의외로 재미있어서 일반인 본인을 그대로 찍는 편이 당초의 취지에 가까워지지 않을까 하고 생각을 바꿨습니다. 그래서 촬영도 과감하게 다큐멘터리 전문가 야마자키 유타카[34] 씨에게 부탁했고, 그림 콘티는 전혀 그리지 않은 채 일반인이 추억을 편하게 이야기할 수 있는 상황을 제가 만들면 야마자키 씨는 그 장면을 자유롭게 찍는다는 방침을 세웠습니다.

다시 말해 다큐멘터리나 픽션이라는 식으로 장르를 구분하지 않고 하나의 방법론으로서 해석하며, 눈앞에 있는 사람이 배우든 일반인이든 같은 방식으로 접근하자는 규칙을 정한 것입니다.

그리하여 실제로 출연 교섭을 시작하자 나올 수 없다는 분이 두 분 계셨습니다.

한 분은 "요전에 한 이야기는 거짓말이니까 못 나가요"라고 한 할아버지였습니다. 젊은 아가씨가 자신의 이야기를 들으러 와서 그만 허풍을 떨었던 모양입니다. 매우 인간미 넘치는 멋진 일화였습니다.

다른 한 분은 할머니였는데, 아마 '남들 앞에서 말할 만한 인생이 아니다'라는 이유였을 겁니다. 아쉽지만 포기했습니다. 그 할머니 대신 출연한 분이 자신이 매우 좋아했던 오빠 앞에서 '빨간 구두' 춤을 춘 이야기를 했던 다타라 기미코라는 여성입니다. 결과적으로는 일반인 출연자 가운데 가장 인상적이었지요.

추억 재현 장면 촬영에는 즐거운 기억이 여럿 있습니다.

이를테면 '파일럿을 목표로 세스나(미국 항공기 회사 세스나가 생산하는 비행기—옮긴이)로 비행 훈련을 한 추억'을 고른 회사원이 미술팀에서 준비한 비행기를 보자마자 "이건 세스나가 아니에요"라고 말했습니다. 날개의 위치가 다르다면서요. "날개가 아래쪽에 붙어 있으면 제가 본 구름은 안 보여요" "이걸로 추억을 떠올리라고 하면……"이라고 하기에 미술팀은 날개를 위쪽으로 다시 달아야 했지만, 그런 트러블조차 두근두근했습니다.

그런데 저보다 더 재미있어 했던 사람이 촬영을 맡은 야마자키 씨입니다.

처음에 저는 일반인들이 자신의 추억에 대해 "이랬던가?" "저랬을지도 몰라" 하며 제작진과 이야기 나누는 장면을 영화에 쓸 생각은 없었습니다. 저는 몇 번인가 "메이킹 영상은 알리바이용으로만 쓸 거니까 조금만 찍어도 돼요"라고 말했지만, 야마자키 씨는 제가 촬영 현장을 잠시 비울 때도 카메라를 돌렸던 모양입니다. 프로듀서가 "이제 필름 없어요"라고 주의해도 "그럼 비디오라도 좋으니 찍을게요"라며 촬영을 멈추지 않았습니다.

하지만 그 영상이 제게는 '발견'이었습니다. 편집을 시작했더니 상영용으로 찍은 추억 재현 필름보다 일반인이 추억을 이야기하고 재현 장소에 서서 고민하는 메이킹 영상이 더욱 생생하고 리얼했습니다. 다시 말해 그것은 '재현'이 아닌 '생성'이었습니다. 그래서 방침을 바꾸어 메이킹 영상을 영화에 남기고, 추억 재현 필름은 작품에는 넣지 않기로 했습니다.

다큐멘터리 카메라맨 야마자키 씨에게는 현장에서 흥미롭다고 느낀 대상을 찍는 것이 당연하겠지만, 각본에서 벗어나든 말든 감독에게 부탁을 받든 말든 찍고 싶은 건 찍는다는 자세에는 놀랐습니다. 그러나 본디 카메라맨이란 그래야 한다는 점을 저는 그때 느꼈습니다.

리얼함에 대해 말하자면, 촬영 때는 소리에도 주의를 기울였습니다. 이것도 〈환상의 빛〉을 본 시노자키 마코토 씨가 소리에 대해 몇 가지 지적해 준 일이 머릿속에 남아 있었기 때문입니다.

첫 번째는 〈환상의 빛〉 도입부, 꿈속에서 할머니를 쫓아 언덕을 올라가는 소녀의 장면입니다. 발소리가 멀어져야 할 부분에서 점점 가까워지는데, 이를 통해 언덕 위에서 가장 소리가 잘 녹음되도록 마이크를 설치했다는 것을 눈치챘다고 합니다. 녹음팀은 녹음이 안 되는 경우를 가장 무서워하기 때문에 되도록 무선 마이크를 병용합니다. 이 장면에서는 다리 위에 둔 마이크와 무선 마이크 소리를 합쳐서 썼는데(그것이 녹음팀의 상식이기도 합니다), 멀어지는 인물의 행동과 가까워지는 소리의 거리감이 틀어졌던 것입니다.

두 번째는 영화의 거의 마지막인 해변 장면. "거기서는 파도 소리 때문에 부부의 대화가 들리지 않아도 좋았을 텐데"라는 말을 들었습니다. 분명 화면을 롱숏[35]으로 잡아서 대화는 무선 마이크로 녹음했는데, 적어도 마이크를 가진 사람이 바위 뒤에 숨어서 파도 소리와 함께 대화를 녹음했다면 소리의 공간적 넓이가 생겼을 것 같습니다.

소리의 원근감은 카메라의 거리와 기본적으로는 같게 만들어야 한다는 점을 시노자키 씨에게 배운 저는 〈원더풀 라이프〉 이후 소리와 영상의 조립을 중시하며 시행착오를 거듭하고 있습니다.

'자기표현 욕구'를 찍다

되돌아보면 그 무렵 저는 다큐멘터리 감독 오가와 신스케[36]라는 존재로부터 큰 영향을 받았습니다.

오가와 감독은 《영화를 찍다》라는 책에서 "다큐멘터리란 피취재자의 '자기표현 욕구'를 찍는 것이다"라는 말을 했습니다. 취재를 받는 자는 자신을 이렇게 혹은 저렇게 보이기 위해 연기를 하려 한다. 카메라는 그 연기하려는 모습이 아름다워서 그것을 찍는다. 즉 취재자의 이렇게 찍고 싶다는 욕구와 피취재자의 이렇게 찍히고 싶다는 욕구가 충돌하는 지점에서 다큐멘터리는 태어난다는 것입니다.

저는 텔레비전 다큐멘터리의 조작이 사회 문제가 되어 NON-FIX에서 〈다큐멘터리의 정의〉라는 작품을 만들 때, 오가와 신스케의 다큐멘터리를 오랜 세월 촬영한 다무라 마사키[37] 씨를 인터뷰했습니다.

조작을 비판하는 측은 "있는 그대로 찍어라. 각색하지 마라. 연출 따위는 필요 없다. 찍은 순서대로 이어라"라며 무모한 말을 합니다. 하지만 그러면 궁극적으로는 '도촬'이 되고 맙니다.(그도 그럴 것이 상대가 촬영한다는 사실을 눈치채지 못하도록 찍으니까요.) 이 의문에 대해 다무라 씨는 "도촬로는 상대가 자기표현을 할 수 없습니다. 그런 건 찍어도 다큐멘터리가 되지 않고 찍고 싶지도 않아요. 상대가 카메라를 의식하며 어떻게 연기하려 하는가, 그게 아름답고 재밌습니다"라고 대답했습니다. '촬영'이라는 행위에 대한 독특한 혹은 매우 여유로운 인식인데, 거기에는 도촬의 반대편에 있는 다큐멘터리의 한 형태가 존재합니다.

제가 〈원더풀 라이프〉에서 시도한 것도 자신의 소중한 기억을 이야기하려는 사람에게 카메라를 가져감으로써 (오가와 씨와 다무라 씨의 말을 빌리면) 피취재자의 '자기표현 욕구'를 촬영하는 것이었다고 생각합니다.

가령 천국 입구 촬영 세트에 온, 앞서 소개한 다타라 씨가 자신을 연기하는 소녀가 춤추는 장면을 세트장 구석에서 바라보며 "오늘 아침, 불단에 절하며 (영화에 출연하는 것을) 오빠에게 알리고 왔어요"라고 말하는 장면이 있습니다. 판타지가 깨지므로 그 대사는 빼는 편이 좋지 않겠느냐고 걱정하는 제작진도 있었지만, 저는 "그것이야말로 자기표현 욕구니까"라며 영화에 남겼습니다. 그녀는 촬영되고 있다는 상황을 인지하고서 카메라 옆에 있는 저를 향해 그렇게 말했습니다. 그런 그녀의 자기표현, 오빠를 얼마나 그리워했는지가 단적으로 드러난 표정의 아름다움을 저는 우선했습니다.

편집을 시작하고 절실히 느꼈는데, 그들이 "이건 세스나가 아

니에요"라고 제작진에게 지적하거나 "내가 손수건을 어떻게 들고 있었더라?" 하며 당황하는 장면은 매우 재미있었습니다. 그 장면들은 자기표현 욕구라기보다 오히려 자신의 이야기와 재현되는 것 사이의 엇갈림, 또는 자신의 이야기와 기억의 엇갈림을 본인이 알아차리고 어떤 행동을 취하는 순간이었으며, 제가 바란 것 이상으로 생성의 순간 혹은 다큐멘터리였습니다.

그래서 영화가 완성된 뒤 만약 "이건 영화가 아니다" "이건 다큐멘터리가 아니다" "판타지로서 성립하지 않는다"라고 비판받는다 해도 저는 전혀 상관없었습니다. 프랑스의 세일즈 에이전트 사장이 "우리가 바라는 건 이런 영화가 아니다. 좀 더 아시아 분위기가 나는 작품이 좋다"고 했지만, 저는 〈환상의 빛〉보다는 훨씬 더 저다운 작품이 완성되었고 제작진의 작업도 이상적이어서 만족했습니다.

때마침 토론토 국제영화제의 당시 디렉터였던 노아 카원이 일본에 와서 영화를 보고 매우 따뜻한 편지를 줬습니다. 이 일은 솔직히 기뻤습니다. 그래서 월드 프리미어[38]를 9월 토론토에서 열기로 했습니다.

그 전달에 저는 뉴욕에서 매년 열리는 로버트 플라어티 필름 세미나에 참석했습니다.

로버트 플라어티[39]는 '다큐멘터리 영화의 아버지'로 유명한 미국의 기록영화 작가이자 영화감독이며, 오가와 신스케가 지대한 영향을 받은 인물입니다. 세미나는 그가 죽은 뒤 1955년에 시작되었는데, 매년 다큐멘터리 제작자들이 일주일 동안 아침부터 저녁까지 서로의 작품을 보고 토론하는 알찬 합숙이 진행됩니다.

저는 NONFIX에서 제작한 다큐멘터리 〈그가 없는 8월이〉와 〈기억이 사라진 때〉 두 편에 영어 자막을 붙여서 가지고 갔습니다. 또 세미나가 끝나서 〈원더풀 라이프〉도 상영했더니 반응이 매우 좋았고, "재미있는 작품을 봤다"는 입소문이 단숨에 업계에 퍼졌습니다.

덕분에 토론토 국제영화제에서 세 차례 상영은 모두 만석이었고 월드 프리미어는 대성공을 거두었습니다. 이 상영을 계기로 북미 배급이 결정되어 뉴욕 개봉에 성공하자 리메이크 이야기가 나왔습니다. 이 무렵에는 세일즈 에이전트도 "매우 감동적인 영화"라며 손바닥 뒤집듯 태도를 바꾸어 칭찬했습니다. 이런 일로 인간 불신에 빠지면 영화 비즈니스의 거센 파도를 헤쳐 나가지 못합니다. 어쨌거나 저의 첫 오리지널 작품이 된 〈원더풀 라이프〉는 이처럼 세계 전략이라는 점에서는 더할 나위 없이 좋은 스타트를 끊을 수 있었습니다.

주

1 미야모토 테루(宮本輝)
소설가. 1947년 효고 현 출생. 1970년
오테몬가쿠인 대학 문학부를 졸업했다.
광고회사 카피라이터를 거쳐 1977년
〈흙탕물 강〉으로 다자이 오사무 상을
수상하며 데뷔. 대표작으로 〈반딧불
강〉〈도톤보리강〉《금수》《파랑이 진다》
《유전의 바다》 등이 있다.

2 티브이맨 유니언(TVMAN UNION)
1970년 도쿄방송(현 TBS)을 퇴직한
하기모토 하루히코, 무라키 요시히코,
곤노 쓰토무 등의 연출가가 중심이 되어
설립한 일본 최초의 독립 텔레비전 방송
제작사.

3 고즈 나오에(合津直枝)
텔레비전·영화 프로듀서 겸 각본가.
1953년 나가노 현 출생. 와세다 대학
제1문학부를 졸업한 뒤 티브이맨
유니언에 입사했다. 대표작으로
영화 〈환상의 빛〉(제작), 〈낙하하는
저녁〉(감독·각본), 텔레비전 드라마
〈한낮의 달 속편·병원에서 죽는다는
것〉(제작), 〈서점 직원 미치루의 신상
이야기〉(연출·각본·제작) 등이 있다.

4 NONFIX
후지TV의 다큐멘터리 방송. 1989년 10월
방송을 시작한 뒤 현재까지 이어지고
있다.

5 이와이 순지(岩井俊二)
영화감독. 1963년 미야기 현 출생.
요코하마 국립대학 교육학부를 졸업한
뒤 1993년 텔레비전 드라마 〈불꽃놀이
아래서 볼까? 옆에서 볼까?〉를 연출하여
일본영화감독협회 신인상 수상.
대표작으로 〈러브레터〉〈스왈로우테일
버터플라이〉〈릴리 슈슈의 모든 것〉
〈하나와 앨리스〉 등이 있다. 최신작
〈립반윙클의 신부〉는 2016년 개봉.

6 구로사와 기요시(黒沢清)
영화감독. 1955년 효고 현 출생.
릿쿄 대학을 졸업했다. 〈태양을 훔친
사나이〉의 제작 조수, 〈세일러복과
기관총〉의 조감독을 거쳐 1983년
성인영화 〈간다가와 음란전쟁〉으로 감독
데뷔. 대표작으로 〈큐어〉〈밝은 미래〉
〈도플갱어〉〈도쿄 소나타〉〈해안가로의
여행〉 등이 있다. 첫 해외 작품 〈은판
위의 여인〉이 2016년 개봉.

7 나카보리 마사오(中堀正夫)
촬영감독. 1943년 출생. 니혼 대학

예술학부를 졸업한 뒤 쓰부라야
프로덕션에 입사했다. 텔레비전 영화
〈울트라 세븐〉〈울트라맨 다로〉 등을
촬영했다. 극장용 영화 대표작으로 〈제도
이야기〉〈환상의 빛〉〈낙하하는 저녁〉
〈질주〉〈하리야마 다리〉〈넥〉 등이 있다.

8 허우샤오시엔(侯孝賢)
타이완의 영화감독. 1947년 중국 광둥성
출생. 1980년 감독 데뷔. 대표작으로
〈동년왕사〉〈연연풍진〉〈비정성시〉
〈희몽인생〉〈호남호녀〉〈카페 뤼미에르〉
〈빨간 풍선〉〈자객 섭은낭〉 등이 있다.

9 〈허우샤오시엔과 에드워드 양〉
타이완을 대표하는 두 영화감독
허우샤오시엔과 에드워드 양의 촬영
현장과 인터뷰를 담은 다큐멘터리.
1993년 후지TV의 NONFIX에서
방송했다. 47분.

10 〈연연풍진〉
허우샤오시엔 감독이 1987년에 만든
타이완 영화. 일본 개봉은 1989년. 감독의
성장기 4부작 중 하나로 평가된다.

11 천밍장(陳銘章)
타이완 음악가. 1956년 타이베이 시
출생. 타이완 민족음악과 타이완어에

애착을 가지고 있어서 '민요 시인의
대사(大師)'로도 불린다.

12 베니스 국제영화제
이탈리아 베니스에서 1932년부터 시작된
세계에서 가장 오래된 국제영화제. 칸
국제영화제, 베를린 국제영화제와 함께
세계 3대 영화제 중 하나. 매년 8월
말~9월 초에 열린다.

13 한신·아와지 대지진
1995년 1월 17일 발생한 효고 현 남부
지진에 의한 대규모 재해. 사망자 6434명,
행방불명자 3명, 부상자 4만 3792명.

14 옴진리교 지하철 사린 사건
1995년 3월 20일 도쿄 도 데이토
고속도교통영단(현 도쿄메트로—
옮긴이)에서 옴진리교가 맹독성 신경가스
'사린'을 사용하여 일으킨 동시다발
테러 사건. 승객과 역무원 등 13명 사망,
부상자 수는 약 6300명이라고 한다.

15 이봉우
영화 프로듀서. 1960년 교토 출생. 일본
조선 대학교 외국어 학부를 졸업한
뒤 프랑스 소르본 대학으로 유학을
떠남. 1989년 영화배급사 시네콰논
설립. 1993년 첫 영화 〈달은 어디에 떠

있는가〉를 제작했다. 제작한 대표작으로
〈박치기〉〈아무도 모른다〉〈훌라걸스〉
등이 있다.

16 스오 마사유키(周防正行)
영화감독. 1956년 도쿄 출생. 릿쿄 대학
문학부 졸업. 1984년 오즈 야스지로에
대한 오마주를 포함한 성인영화
〈변태가족 형의 신부〉로 감독 데뷔. 그 후
일반 영화로 진출, 〈으랏차차 스모부〉〈쉘
위 댄스〉의 빅히트로 명실상부한 인기
영화감독이 되었다. 대표작으로 〈그래도
내가 하지 않았어〉〈종(終)의 신탁〉
〈마이코는 레이디〉 등이 있다.

17 그림 콘티
영화, 애니메이션, 텔레비전 드라마,
광고 등의 영상 작품 촬영 전에 준비하는
일러스트로 나타낸 표, 설계도.

18 도쿄 국제영화제
1985년에 창설되어 매년 10월에 열리는
영화제.

19 칸 국제영화제
프랑스 칸에서 1946년부터 시작된
세계에서 가장 유명한 국제영화제.
영화제의 중심인 경쟁 부문 외에 주목할
만한 시선 부문, 단편 부문, 특별 상영

등이 있다. 매년 5월에 열린다.

20 트란 안 홍(Tran Anh Hung)
영화감독. 1962년 베트남 다낭 출생.
열두 살 때 베트남전쟁을 피하기 위해
프랑스로 이주했다. 1993년 〈그린 파파야
향기〉로 칸 국제영화제 신인감독상
수상. 대표작으로 〈씨클로〉〈여름의
수직선에서〉〈상실의 시대〉 등이 있다.

21 〈씨클로〉
트란 안 홍 감독이 1995년에 만든 프랑스
영화. 일본 개봉은 1996년. 베니스
국제영화제 황금사자상 수상작.

22 퍼블리시스트
홍보 담당자.

23 토론토 국제영화제
캐나다 최대의 도시 토론토에서 매년
9월에 열리는 국제영화제. 1976년에
창설되었고 비경쟁 영화제라는 점이
특징이다.

24 밴쿠버 국제영화제
캐나다 밴쿠버에서 9월 말부터 10월
초까지 열리는 북미 최대의 국제영화제.
심사위원 투표로 뽑는 작품상과 관객
투표로 뽑는 관객상이 있다.

1장. 그림 콘티로 만든 데뷔작

25 하시구치 료스케(橋口亮輔)
영화감독. 1962년 나가사키 현 출생.
오사카 예술대학 중퇴. 1985년부터
영화감독 겸 각본가로 활동하기
시작했다. 1993년에 〈스무 살의 미열〉로
감독 데뷔. 대표작으로 〈모래알처럼〉
〈허시!〉〈나를 둘러싼 것들〉〈세 가지
사랑 이야기〉 등이 있다.

26 시노자키 마코토(篠崎誠)
영화감독. 1963년 출생. 릿쿄 대학
문학부를 졸업한 뒤 영화작가로
활약했다. 1995년 〈오카에리〉로 장편영화
데뷔. 대표작으로 〈개와 함께 걸어 봐요〉
〈기요코의 은밀한 섬생활〉〈괴기: 무서운
이야기〉〈셰어링〉 등이 있다. 현재 릿쿄
대학 영상신체학과 교수.

27 가와세 나오미(河瀬直美)
영화감독. 1969년 나라 현 출생. 오사카
사진전문학교를 졸업한 뒤 같은 학교에서
강사 생활을 하며 8밀리 카메라 작품
〈따뜻한 포옹〉〈달팽이〉를 만들어
주목받았다. 1997년 〈모에의 주작〉으로
칸 국제영화제 신인감독상 수상.
대표작으로 〈너를 보내는 숲〉〈앙〉 등이
있다.

28 낭트 3대륙 영화제
프랑스 낭트에서 1979년부터 개최된
영화제. 아시아·아프리카·
라틴아메리카 3대륙 작품에 특화되어
있다.

29 에른스트 루비치(Ernst Lubitsch)
영화감독. 1892년 독일 베를린 출생.
1914년 감독 데뷔. 대표작으로 〈카르멘〉
〈굴공주〉〈마담 뒤바리〉〈삶의 설계〉
〈블루비어드의 여덟 번째 아내〉
〈니노치카〉〈사느냐 죽느냐〉 등이 있다.
1947년 타계.

30 〈천국은 기다려 준다〉
에른스트 루비치 감독이 1943년에 만든
미국 영화. 일본 개봉은 1990년.

31 하기모토 하루히코(萩元晴彦)
텔레비전 프로듀서 겸 연출가. 1930년
나가노 현 출생. 와세다 대학 문학부를
졸업한 뒤 라디오도쿄(현 TBS)에 입사.
〈신이 이를 고쳐 주시다·심장외과
수술의 기록〉 등의 작품을 제작한 뒤
1970년 TBS 동료들과 티브이맨 유니언을
창립, 초대 사장이 되었다. 이후 클래식
음악에 관한 방송을 다수 제작했다.
2001년 사망.

32 무라키 요시히코(村木良彦)
미디어 프로듀서. 1935년 미야기 현
출생. 도쿄 대학 문학부를 졸업한 뒤
라디오도쿄(현 TBS)에 입사. 미술부,
텔레비전 연출부, 텔레비전 보도부
등을 거쳐 1970년 티브이맨 유니언
설립, 1976년 대표이사 사장이 되었다.
1997년 '방송인의 모임'을 설립, 간사로
취임했다. 2008년 사망.

33 곤노 쓰토무(今野勉)
프로듀서 겸 연출가. 1936년 아키타
현 출생. 도호쿠 대학 문학부를 졸업한
뒤 라디오도쿄(현 TBS)에 입사. 이후
텔레비전 초창기의 명연출가로서 다수의
드라마와 다큐멘터리를 만들었다. 1970년
티브이맨 유니언 설립. 연출 대표작으로
〈7인의 형사〉〈멀리 가고 싶어〉〈천황의
세기〉〈유럽에서 사랑을 담아〉〈바다는
되살아난다〉 등이 있다.

34 야마자키 유타카(山崎裕)
촬영감독. 1940년 출생. 니혼 대학
예술학부를 졸업한 뒤 1965년 기록영화
〈육필 우키요에의 발견〉으로 카메라맨
데뷔. 수많은 텔레비전 다큐멘터리와
기록영화 등을 찍은 한편, 다수의 극장용
영화 촬영도 담당했다. 고레에다 감독의
작품 중에는 〈원더풀 라이프〉〈디스턴스〉

〈아무도 모른다〉〈하나〉〈걸어도 걸어도〉
〈진짜로 일어날지도 몰라 기적〉〈태풍이
지나가고〉를 담당했다. 2010년에는
〈토르소〉를 감독했다.

35 롱숏(long short)
영화에서 피사체와 카메라의 거리가 매우
먼 숏.

36 오가와 신스케(小川紳介)
다큐멘터리 영화감독. 1935년 도쿄 출생.
고쿠가쿠인 대학 정경학부를 졸업한
뒤 신세이키에이가에 입사. 1966년
오가와 프로덕션을 설립하고 '산리즈카'
시리즈를 만들었다. 대표작으로 '마기노
이야기' 시리즈, 〈일본국 후루야시키
마을〉〈만산 홍시 가미노야마—감나무와
사람의 왕래〉 등이 있다. 1992년 사망.

37 다무라 마사키(田村正毅)
촬영감독. 1939년 아오모리 현 출생.
오가와 프로덕션 출신으로 오가와
신스케 감독의 많은 작품을 촬영했다.
다큐멘터리 대표작으로 '산리즈카'
시리즈, 극장용 영화로 〈수라 눈공주〉
〈소변 라이더〉〈민들레〉〈아타미
살인사건〉〈헬프리스〉〈모에의 주작〉
〈유레카〉〈게게게의 아내〉 등이 있다.
〈드라이브 인 가모〉로 감독 데뷔.

38 월드 프리미어(world premier)
세계 최초로 하는 공식 영화 상영. 출연
배우 등을 불러서 화려한 시사회를 연다.

39 로버트 플라어티(Robert Joseph
Flaherty)
미국의 기록영화 작가 겸 영화감독.
1884년 미시간 주 출생. 가족과 함께
현지에서 지내며 촬영했던 그는
'다큐멘터리 영화의 아버지'라 불린다.
대표작으로 〈북극의 나누크〉〈모아나〉
〈남해의 하얀 그림자들〉〈아란 사람〉〈더
배틀 오브 차이나〉 등이 있다. 1951년
사망.

2장

청춘기 그리고 좌절

1989-1991

〈지구 ZIG ZAG〉 1989

〈그러나… : 복지를 버리는 시대로〉 1991

〈또 하나의 교육 : 이나 초등학교 봄반의 기록〉 1991

스물여덟 살,
이 한 편으로
계속해 나갈 수 있다고
생각했다

지구 ZIG ZAG

1989

방송 취재 대상에 대한 '공작'

텔레비전 방송에 대해, 특히 다큐멘터리 방송에 대해 말하는 것은 재방송이라도 하지 않는 한 여간해서는 그 작품을 다시 볼 기회가 없기 때문에 어려운 일이지만, 영상 제작자로서의 제 정체성은 어떤 면에서는 영화보다 이쪽에 더 깊이 새겨져 있으므로 열심히 이야기해 보겠습니다.

영화감독이자 빼어난 텔레비전 다큐멘터리를 많이 남긴 오시마 나기사[1]는 기록영화(다큐멘터리)를 충족시키는 창작자의 조건은 '대상에 대한 사랑과 깊은 관심'과 '그것을 지속시키는 시간'이라는 두 가지를 전제로 "취재를 통해 찍는 쪽에서 일어난 변혁까지 포함하여 작품화하는 것"이라고 썼습니다.

2장. 청춘기 그리고 좌절

20대 후반부터 30대 초반까지 경험한 몇몇 텔레비전 다큐멘터리 제작 현장에서 저는 분명 오시마의 말을 그대로 체험하고 실감했습니다. 그 경험을 잠시 회상해 보겠습니다.

1989년 저는 〈지구 ZIG ZAG〉라는 방송으로 비로소 연출가 데뷔를 했습니다. 방송은 일반 대학생이 대원으로서 해외에서 홈스테이를 하고 현지 사람들과 교류하며 다양한 체험을 하거나 배움을 얻는 내용이었습니다. 때때로 연예인 등 유명인이 대원으로 기용되는 경우도 있어서, 이 방송은 이후 〈세계 우루룬 체재기〉(토크쇼와 퀴즈쇼를 겸한 세계 기행 다큐멘터리—옮긴이)가 탄생하는 계기가 되기도 했습니다.

구성은 대체로 체험하고, 좌절하고, 도전하고, 성취감을 맛보고, 헤어짐을 겪고, 눈물을 흘리며 돌아오는 흐름으로 짜여 있습니다. 장기 홈스테이라면 다양한 사건이 일어날 테니 그걸로 편집하면 되지만, 방송 제작을 위한 체류는 4, 5일에서 길어야 일주일. 그 짧은 체류 기간 안에 무언가 '사건'을 일으켜야만 하니, 연출가는 때때로 다양한 장치를 깔도록 강요받습니다.(가령 홈스테이 집주인에게 "출연자한테 화를 좀 내 주세요"라고 부탁하는 등.)

제가 생각한 기획은 '스리랑카 카레 대결'이었습니다.

"우리 집 카레가 일본에서 가장 맛있어"라는 스무 살짜리 학생이 스리랑카에 가서 시장에서 카레를 만들지만, 현지 사람들에게

"맛없어" "이건 카레가 아니야"라고 비판받아 본고장의 맛을 배우기 위해 홈스테이 생활을 시작한다는 구성입니다.

그러나 놀랍게도 예상과는 반대로 학생이 만든 버몬트 카레는 맛있다는 호평을 받아 버렸습니다.(카레라고 여기지 않았을 수도 있지요.) 학생은 매우 기뻐했지만 저는 혼란에 빠졌습니다. '우여곡절 끝에 4년차에 겨우 연출가가 되었는데, 이 방송 하나로 끝인가?!' 싶어서 당황했습니다.

그래서 현지 코디네이터를 통해 근처에 있던 스리랑카인 남자에게 "뭐라고 이유를 대며 맛없다고 해 주세요"라고 부탁했습니다. 다시 말해 '장치'를 깐 것입니다. 남자는 고기 볶는 방식에 트집을 잡으며 맛없다고 했습니다. 그러자 학생은 그 말을 곧이곧대로 믿고 풀이 죽었습니다.(이런 제 행동에 대해서는 그 자리에서 카메라맨에게 "내가 고생하며 찍은 세 시간은 대체 뭐가 돼? 그럴 거면 처음부터 네가 원하는 그림만 지시하면 되잖아"라고 혼났습니다. 정말로 고마웠습니다.)

방송은 무사히 완성되었지만 이 사건은 제 안에 심한 괴로움을 남겼습니다.

〈지구 ZIG ZAG〉 1989년 10월 1일~1994년 3월 27일 방송 | TBS계열 | 총 224회 **제작** 마이니치 방송, 티브이맨 유니언 **개요** 매주 응모를 통해 뽑은 일반인이 혼자서 약 일주일간 해외의 동네, 마을, 섬 등에 머무르고 현지인들과 교류하며, 다양한 체험을 하거나 배움을 얻어 귀국한 뒤 그 체험을 스튜디오에서 고백하는 휴먼 다큐멘터리 방송. 고레에다는 5편을 연출했다.

잘 생각해 보면 '맛없다'는 말을 들어야 하는데 '맛있다'는 말을 들은 상황 속에 분명 다큐멘터리가 있었을 것입니다. 제가 생각한 구성이 눈앞의 현실 때문에 뒤집혔다는 사실이 가장 재미있는 겁니다.

그러나 방송 자체가 그런 것을 배제할 수밖에 없는 구성입니다. 아니, 그 이상으로 저 자신이 그 틀에 얽매여 있었습니다. 연출이란 무엇인가? 그런 의문을 품은 채 저는 되도록 '장치'를 깔거나 '속임수'를 쓰지 않고 만들 수는 없는지, "한 번 더 갈게요"라고 말하지 않고 끝내려면 어떻게 해야 할지 생각하며 그 뒤로도 몇 편을 더 제작했지만, 언제나 주위로부터 "태도가 미지근하다" "현장에서 아무것도 안 한다" "네가 하는 건 연출 포기다"라고 비난받았습니다.

이처럼 방송 취재 대상에 대한 '공작'을 어디까지 허용할지는 연출가 개개인이 무엇을 소중한 '진실'로 인식하는가 하는 사고방식(주위 사람들에 대한 공작을 허용하는 태도는 그 공작을 통해 현지로 데려간 대원의 체험이나 감동을 강화한다는 목적의 정당성에 의한 것입니다. 이는 대원에게 "울어 주세요"라고 직접적으로 요청하는 행동과는 구별됩니다. 적어도 연출가의 내부에서는요.)이나 취재 대상과의 관계 속에서 정해지는 것이며, 반드시 여기까지는 '연출', 여기부터는 '조작'이라고 선을 그을 수 있는 건 아니라고 생각합니다. 단, 이

때의 저는 첫 체험의 실패가 트라우마가 되어 '연출'을 상당히 고지식하게 생각하고 있었습니다.

"너의 개성이나 작가성은 필요 없어"

하지만 저는 저대로 열심히 연출에 대해 생각하고 있었습니다. 상대를 속이는 연출을 하지 않으면서 어떻게 하면 상투적인 구성에서 벗어나 재미있는 작품을 만들 수 있을지 계속 생각했습니다. 선배 연출가가 촬영 현장에서 어떻게 연출하는지 알기 위해 휴일에 몰래 편집실에 가서 편집 전의 소재 테이프를 보기도 했습니다.

하지만 제작 현장이나 방송 제작진 회의에서 연출 이론이나 허용 범위를 가지고 토론하는 일은 거의 없었습니다. 아마 다른 제작사도 마찬가지였겠지요. 대부분의 제작자가 자신이 어시스턴트로 붙은 연출가의 방식을 답습해 나갈 수밖에 없지 않았을까요. 그러한 이론이나 철학의 공유, 계승, 검토가 불충분하다는 점이 가장 큰 문제라고 생각합니다.

그러나 갖은 '공작'으로 대원에게 압력을 더해 가는 그들의 연출이 명백하게 재미있고 알기 쉬우며 시청률도 높고 스폰서나 대

　　　　　　　　　　　　　　　　2장. 청춘기 그리고 좌절

리점의 반응도 좋습니다. 그 점이 딜레마였습니다. 어떻게든 다른 연출가들과 구별되는 작품을 만들려고 하면 "네 자기만족을 위해 방송이 있는 게 아니야" "너의 개성이나 작가성은 필요 없어"라는 말을 들었습니다. 당시에는 저의 사고방식이 절대적으로 옳다고 믿었는데, 역시 지금 돌이켜 보면 지나치게 고지식했습니다. 풋내 나는 자기애에 지나지 않았던 것 같습니다.

〈지구 ZIG ZAG〉 같은 정규 방송은 누가 찍어도 그런대로 결과물이 나오는 시스템을 만들어 둬야만 유지가 됩니다. 연출가가 바뀔 때마다 방송의 인상이 바뀌면 곤란합니다.

이는 〈미토 고몬〉 연출자가 바뀌었다고 해서 인롱(드라마 〈미토 고몬〉의 주인공 미쓰쿠니가 악의 무리를 응징한 뒤에 매번 내보이는 도쿠가와 가문의 문장이 새겨진 둥근 함—옮긴이)이 나오지 않으면 드라마를 보는 사람들이 납득할 수 없는 것과 같습니다. 실제로 "인롱은 반드시 나와야 해. 우리가 만드는 건 〈미토 고몬〉이니까"라는 말을 들은 적도 있습니다. 누가 하든 인롱은 꺼내야 합니다. 악의 무리는 응징해야 합니다. 하지만 저는 인롱이 나오지 않는 〈미토 고몬〉이 있어도 좋을 거라고 생각했습니다.(실은 지금도 그렇게 생각합니다만.)

그 간극이 결정적으로 벌어진 것이 '홍콩 얌차 수업' 편이었습니다.

교자를 잘 만드는 학생을 홍콩으로 데려가 얌차飮茶(차를 마시며 딤섬을 먹는 것—옮긴이)로 가장 유명한 레스토랑 주방에서 수행시킨다는 단순한 기획이었는데, 학생은 제가 오디션으로 뽑았습니다.

그러나 일류 대학을 나와 일류 기업 입사가 정해져 있다는 그 학생은 유감스럽게도 오만불손해서 주방에서 일하는 사람을 뒤에서 업신여겼습니다. 그런 태도는 역시 상대방에게도 전해지는 법인지, 어느 날 밤 주방장이 "그런 예의 없는 녀석은 아무리 방송 때문이라 해도 주방에 둘 수 없다. 불쾌하니까 오늘부로 촬영은 끝내 달라"고 말했습니다.

저는 "카메라로 찍을 테니 번거롭겠지만 그 말을 그대로 본인에게 해 주세요"라고 부탁했고 실제로 주방장은 그렇게 말했습니다. 하지만 학생은 그것을 연출이라 생각하여 밖에서 기다리다 보면 주방장이 나와 "자네, 한 번 더 열심히 해 보겠는가?"라고 말하리라 생각했습니다. 저는 정말로 울화가 치밀어서(젊었습니다) 학생에게 "너는 실제로 쫓겨난 거야. 이제부터 어떻게 할지는 스스로 정해"라고 말했습니다.

그의 태도는 홈스테이를 하는 집에서도 마찬가지였습니다.

그 집은 작은 중화요릿집이었는데 창업주인 할아버지가 살짝 치매를 앓아서 온종일 계산대에 있고 아들이 가게를 꾸려 나갔습

　　　　　　　　　　　　　　　2장. 청춘기 그리고 좌절

니다. 학생에게 가게 일을 돕게 하고 가족 모두가 할아버지를 소중히 여기는 분위기를 촬영한 날 밤에 학생에게 감상을 물었더니 "가족이 불쌍하네요. 그런 치매 걸린 아버지를 돌봐야 하다니" 하는 겁니다. 그때도 저는 몹시 화가 났습니다.(정말 젊었습니다.)

그런 여러 사정 때문에 저는 '쫓겨났다'는 결말로 '도전'도 '감동'도 없이 '좌절'만 남은 방송을 만들었고, "이런 회가 있어도 좋을 것"이라고 정색하며 프로듀서에게 보여 주었습니다. 이제와 생각하면 전혀 방송의 꼴을 갖추지 못한 작품이었지만, 당시는 '데려간 학생이 모두 열심히 일하고 상대방도 그 학생을 받아들여서 감동받고 돌아오는 것 따윈 거짓말이다. 가끔은 이런 학생이 있는 편이 리얼하다'고 생각했습니다. 예상대로 프로듀서는 "이런 학생을 데려간 제작진의 책임이 있을 텐데. 자네는 그 점에 대해 어떻게 생각하나? 대체 이런 방송을 누가 보고 싶어 하겠나?"라며 몹시 화를 냈습니다. 결국 그 방송은 그대로 묻혔습니다.

그리고 저는 이 정규 방송의 멤버에서 제외되었습니다. 스물여덟 살이었습니다.

이야기가 조금 옆길로 새지만, 정규 방송이라 해도 1960~1970년대로 거슬러 올라가면 양상은 조금 달라집니다. 그 예로 떠오르는 작품이 〈싸우지 않는 울트라맨〉입니다.

오시마 나기사가 설립한 독립영화 제작 프로덕션 소조샤[2]에 입사한 멤버 가운데 사사키 마모루[3]라는 각본가가 있습니다. 〈울트라맨〉[4]에서는 총 39편 중 6편, 〈울트라세븐〉[5]에서는 총 49편 중 2편을 썼는데, 그가 쓴 에피소드에서는 울트라맨이 괴수 가마쿠지라, 가바돈, 테레스돈, 자미라, 스카이돈, 시보즈를 적극적으로 무찌르려 하지 않았습니다.

물론 아이들은 싸우는 울트라맨을 좋아했습니다. 저도 울트라맨 소프트 비닐 인형을 가지고 놀 때는 당연히 싸웠습니다.

그러나 방송으로서 저의 뇌리에 강렬한 인상을 남긴 것은 사사키 마모루가 쓴 자미라가 등장하는 '고향은 지구' 편이나 스카이돈이 나오는 '하늘의 선물' 편, 그리고 〈돌아온 울트라맨〉[6]에서 각본가 우에하라 쇼조[7]가 쓴 '괴수 조련사와 소년' 편처럼 울트라맨이 싸우지 않는, 혹은 싸우고 싶어 하지 않는 이야기입니다. '싸움의 근거가 되는 정의가 없다'는 상황이 어린아이 마음에도 선명하게 느껴졌던 걸까요.

그렇다 해도 그런 실험적인 작품을 만들 수 있었던 건 방송을 관리하는 방법이 지금과는 완전히 달랐기 때문일지도 모릅니다. 당시는 녹화를 할 수 없으니 방송해서 끝나 버리면 문제 삼을 수가 없었습니다. 1960년대는 드라마조차 생방송인 시대였으니까요.

그로부터 10년도 채 지나지 않아 텔레비전은 보수화 일로를 걸었습니다. 그 상황을 개탄한 무라키 요시히코는 "텔레비전은 이

2장. 청춘기 그리고 좌절

단을 필요로 한다"고 명쾌하게 말했고, 스스로가 주류 아닌 이단이라는 점을 인식하며 텔레비전의 보수화에 항거해 나갔습니다.

무라키는 1968년 〈일본열도 여행〉이라는 기행 방송에서 '나의 화산'[8]이라는 에피소드를 연출했습니다. 주인공 소녀가 '내면의 화산'을 찾아다니는 매우 몽상적인 작품이었는데, 일반적인 의미로는 도저히 '여행'이라 부를 수 없는 내용이 담겨 있었습니다. 스폰서는 곤혹스러워했고 무라키는 제작 현장을 떠나게 되었습니다.

'이단'을 스스로 떠맡으려 했던 무라키 씨의 존재가 당시 저의 기댈 곳이었는지도 모릅니다. 이제와 생각하니 수준이 완전히 달랐지만요.

그러나… : 복지를 버리는 시대로

1991

처음 구성이 한 사건 때문에 무너지다

1990년 8월, 〈지구 ZIG ZAG〉에서 멀어져 집에서 한 달 정도 쉬고 있을 때 《엄마가 죽었다―행복 환상의 시대로, 르포르타주 '번영' 일본의 복지를 묻다》라는 책을 우연히 읽었습니다.

세 아이를 둔 서른아홉의 엄마가 복지 사무소에서 나오는 생활보호 수급이 끊겨서 굶어 죽은 참혹한 사건을 삿포로TV방송의 연출가 미즈시마 히로아키 씨가 취재하여 심야 다큐멘터리로 방송했고, 그것을 나중에 글로 정리한 책이었습니다.

며칠 뒤 고향 친구들과 만났을 때 그 이야기를 했더니 그중 두 사람이 "사실은 어릴 때 생활보호 대상자였는데 창피해서 남들한 테는 말 못했어"라고 털어놓았습니다. 의외로 가까운 곳에 존재하는 '복지'에 놀람과 동시에, 국가가 인정한 권리임에도 불구하고 남에게 말하지 못하는 '복지'란 대체 무엇인가라는 커다란 의문이 샘솟았습니다.

그래서 생활보호를 제재로 방송을 만들 수 없을까 생각했습니다. 묻혀 버린 작품으로 정규 방송을 떠난 처지여서 무언가 스스로 기획을 만들어 내지 않으면 먹고살 수 없었습니다. 티브이맨 유니언은 고정급이 아니라 작업에 따라 돈을 받는 구조였습니다.

저는 티브이맨 유니언의 선배 프로듀서에게 부탁하여 가네미쓰 오사무라는 후지TV의 심야 편성부장을 소개받았습니다. 훗날 방송 〈컬트 Q〉와 〈요리 철인〉 등에도 관여한 매우 뛰어난 편성맨입니다.

그때는 NONFIX용 기획서 두 개를 각각 A4 용지 세 장에 정리해서 가지고 갔습니다. 첫 번째가 앞서 말한 〈생활보호를 생각한다〉였고, 다른 하나는 패배한 인간이 어째서 졌는지에 대해 평계를 대거나 변명하거나 분석하는 〈패자는 말한다〉였습니다. 개인적으로는 후자가 통과하지 않을까 했는데 "〈패자는 말한다〉는 후지TV의 심야 방송이라는 분위기가 너무 짙으니 생활보호로 합시다. 나도 생활보호에 대해서는 아무것도 모르니까"라며 전자를 고르서서 놀랐습니다.

일반적인 편성맨은 자신이 아는 것을 방송하고 싶어 합니다.

하지만 가네미쓰 씨는 그 반대였습니다. 게다가 "예산이 적은 방송이니 자네의 경력도 묻지 않을 것이고, 새벽 1시 넘어 하는 방송이라 아무도 안 볼 테니 좋을 대로 하게"라고까지 말했습니다. 굉장히 고마운 말이었습니다.

복지를 둘러싼 트러블이 연달아 일어난 아라카와 구에서 취재를 진행하던 중, 마흔일곱 살에 자살한 호스티스의 고백 테이프를 발견했습니다. 테이프에서 그녀는 "여자니까 돈을 벌 방법은 얼마든지 있잖아"라는 말을 복지 사무소에서 들은 일, 월세 4만 엔짜리 아파트가 비싸서 어쩔 수 없이 이사해야 했던 일, 입원 중에 생활보호 중지 신청서를 억지로 써야 했던 일 등 자신이 받아온 '복지'에 대해 적나라하게 말하고 있었습니다. 그래서 이 테이프를 하나의 축으로 삼아 자살한 여성과 생활보호를 끊은 구청 복지과 남성이 대립하는 방송을 구성했습니다.

그런데 촬영 준비에 들어간 단계에서 한 사건이 터졌습니다. 12월 5일, 환경청 기획조정국장 야마노우치 도요노리[10] 씨가 미나마

〈그러나… : 복지를 버리는 시대로〉 1991년 3월 12일 방송 | 후지TV NONFIX | 47분 **제작** 티브이맨 유니언 **개요** 미나마타 병 화해 소송의 국가 측 책임자였던 한 관료가 자살했다. 야마노우치 도요노리. 53살. 오랜 세월 복지 행정에 종사해 온 그가 왜 스스로 죽음을 선택했을까? 현실 사회에 휩쓸려 가는 시대 속에서 괴로움에 몸부림치던 한 관료의 삶과 죽음의 궤적을 더듬어 나간다. **수상** 갤럭시상 우수상

ⓒ 티브이맨 유니언

타 병 재판의 국가 측 책임자로 환자와 정부 사이에 끼여 이러지도 저러지도 못하다 결국 자살한 것입니다.

매스컴은 연일 '엘리트 관료의 자살'을 선정적으로 보도했습니다. 야마노우치 씨에 대해 조사해 봤더니 경력에 '후생성 사회국 보호과장'이 있었습니다. 보호과장은 생활보호 행정의 사무처 책임자입니다. 게다가 복지에 대해 쓴 그의 책 두 권에는 생활보호 행정의 어려움이 상당한 페이지에 걸쳐 열정적으로 쓰여 있었습니다. 야마노우치 씨는 후생성에 들어간 이후 30년 동안 일관적으로 복지 행정에 몰두해 온 사람이었습니다. 그런 그가 좌절하여 스스로 죽음을 택했다……

저는 방송 구성을 재검토하기로 했습니다. '피해자인 시민'과 '가해자인 복지 행정'이라는 간단한 도식으로 묘사할 수 있을 만큼 사회는 단순하지 않았습니다.

그러나 1월 하순, 방송일이 다가오고 있었습니다. 곤란에 빠져 가네미쓰 씨에게 연락하자, 황금시간대 방송 제작에 밤낮으로 쫓겨 심야 방송에는 그다지 신경을 쓰지 않았던 모양인지 "미안, 1월 방송은 이미 찼으니까 3월로 연기해도 돼?"라는 것이었습니다. 이리하여 다행스럽게도 2개월간의 유예를 얻었습니다. 저는 야마노우치 씨를 축으로 구성을 처음부터 다시 짜서 관계자를 취재하기로 했습니다.

선입관이 현실을 만나 깨지는 쾌감

야마노우치 씨의 자료를 모아 열심히 읽던 중, 어떻게든 야마노우치 씨의 아내 도모코 씨의 이야기를 듣고 싶다는 생각이 들었습니다.

그러나 텔레비전이나 잡지의 보도 상황은 지금과 다름없이 가혹했습니다. 밤의 주택가에 조명을 번쩍번쩍하게 켜고, 연일 밤낮으로 집 인터폰을 누르며 문을 두드리고, 또 그것을 중계하는 식이었습니다. 그에 쐐기를 박듯 "이야기를 들려주세요"라고는 도무지 말할 수 없었습니다. 그래서 사십구재까지 기다리기로 했습니다.

그러던 중 잡지 《AERA》에 야마노우치 씨에 관한 르포가 실렸습니다.

필자는 《아사히 저널》 전 편집장 이토 마사타카인데, 야마노우치 씨와는 후쿠오카 현 최고 명문고인 슈칸 고등학교 동창입니다. 르포는 야마노우치 씨가 힘썼던 복지나 죽음을 선택한 일 등을 진지하게 다룬 굉장히 훌륭한 글이었습니다.

저는 이토 씨에게 편지를 써서 직접 만났습니다. 그리고 방송 구성 대본을 보여 주며 야마노우치 씨 부인의 이야기를 듣고 싶다고 하자, "자살을 선정적으로 다루는 방송의 취재에는 전혀 응하지 않지만, 이런 취지라면 어쩌면 받아들일 수도 있으니 내가 연락해 주겠다'고 말했습니다. 뒷날 이토 씨에게서 전화가 걸려 왔습니다. "부인이 취재에 응하겠다고 합니다"라고요. 고마웠습니다.

연초인 1월 10일, 저는 마치다 시에 있는 자택으로 야마노우치 도모코 씨를 만나러 갔습니다. 먼저 불단에 선향을 피운 다음 안내받은 현관 옆 다다미방에 앉아 주뼛거리고 있었습니다. 솔직히 뭐라고 말하면 좋을지 몰랐습니다.(적어도 "당신에게는 말할 의무가 있습니다"라거나 "모두가 알고 싶어 합니다"는 아니라는 것만은 알고 있었지만요.)

도모코 씨는 야마노우치 씨가 쓴 시나 노트가 전부 들어 있는 서랍을 가지고 왔습니다. 그 안에는 훗날 방송의 제목이 된 '그러나'라는 시도 있었습니다. 저는 그 작품들을 훑어보며 "복지에 대한 야마노우치 씨의 생각을 방송으로 만들고 싶습니다. 이를 위해 꼭 방송에 나와 주셨으면 합니다"라고 부탁했습니다.

동시에 '나는 매우 심한 짓을 하고 있는 건지도 모른다. 오랜 세월 함께 산 남편을 이제 막 잃은 여성에게 카메라 앞에서 사망 당일에 대해 이야기해 달라고 하는 건 너무도 섬세하지 못한 행동 아닐까'라고 괴로워하기도 했습니다.

그러나 도모코 씨는 이렇게 말했습니다.

"제게는 어디까지나 개인적인 남편의 죽음일 뿐이지만, 남편의 직업상 아주 공적이며 사회적인 죽음이라는 측면도 있겠지요. 그러니 남편이 인생을 걸고 힘쓴 복지에 대한 방송이라면, 아마 제가 그것에 대해 말하기를 그이도 바랄 거라고 생각해요."

세 시간 뒤에 집을 나온 저의 두 손에는 야마노우치 씨가 남긴 시와 작문과 함께 오렌지가 네 개 들려 있었습니다. "남편도 그랬지만, 당신 같은 일을 하는 사람은 과일을 챙겨 먹기 힘드니까요"라며 부인이 현관에서 건넨 것이었습니다. 이분한테 이렇게 다정한 대접을 받아도 될까? 저는 기쁨과 슬픔이 뒤섞인 복잡한 기분에 휩싸여 이 상냥함에 보답할 수 있는 방송을 만들자고 마음속으로 맹세하며 버스 정류장까지 이어지는 어두운 길을 걸었습니다.

남겨진 학창 시절의 시와 작문, 관료 시절에 쓴 복지에 관한 논문을 하나하나 읽으며 행정 측에 선 양심적인 한 인간이 복지를 버리는 시대 속에서 스스로 붕괴되어 가는 과정이 느껴졌습니다. 이처럼 취재로 발견한 것을 구성에 짜 넣으면서 방송은 보다 복잡한 현실과 대립할 수 있는 강도를 지니게 됩니다. 이 점을 저는 이때 몸소 실감했습니다.

그것은 저의 선입관이 눈앞의 현실을 만나 깨지는 쾌감이기도 했습니다.

사적인 죽음과 공적인 죽음

이야기의 앞뒤가 바뀌었지만, 당시 환경청(현재는 환경성)에 공보를 통해 취재를 요청하자 다음 날 후지TV 보도국에서 전화가 걸려와 "멋대로 행동하면 곤란하다"고 못을 박았습니다.

요컨대 취재는 자기네 보도국을 통하라는 것이었습니다.

좋지 않은 예감에 휩싸여 다시 환경청에 전화를 걸었더니 "당신, 후지TV 사람 아니지요? 우리에게는 방송기자클럽에도 들어 있지 않은 하청회사의 취재를 받아들일 의무가 없습니다"라며 쌀쌀맞게 전화를 끊었습니다. 제작사가 직접 취재를 요청하는 것은 그들(환경청과 방송국)에게는 규칙 위반이라는 사실을, 무지했던 저는 몰랐습니다.

보도를 하는 인간이 카메라를 드는 근거는 '국민의 알 권리를 대변한다'는 대전제에 있습니다. 저는 거기서 배제되었습니다. 다시 말해 '알 권리'를 배경 삼아 상대에게 카메라를 가져다 대지 못한다는 뜻이니 다른 근거를 찾아야만 했습니다.

그러나 제가 만들고자 한 것은 '방송'을 하는 프로그램이며, 이는 자주 제작 다큐멘터리 같은 '자기표현'과도 다릅니다.

'방송'이란 대체 무엇인가. 저는 고민에 빠졌습니다. 보도가 아닌 텔레비전 다큐멘터리는 어떤 근거로 상대에게 카메라를 가져다 댈 수 있는가. 국민의 알 권리가 아니라 피취재자가 카메라를 받아들이는 근거를 어떻게 파악하면 좋을까. 그 논리를 구축하지 않으면 제가 카메라를 드는 이유나 근거가 없습니다.

도모코 씨가 했던 '개인적인 죽음'과 '공적인 죽음'이라는 말은 그 이유나 근거에 대해 생각하는 계기를 주었습니다.

도모코 씨는 남편의 죽음 속에 있는 사적(개인적)인 부분과 공적(공공적)인 부분을 명확히 구분하며, "남편 죽음의 공적인 부분에 대해서는 이야기하겠어요"라고 매우 성숙하게 대응해 주었습니다.

그러나 대부분의 미디어는 죽음의 사적인 부분, 즉 자살에 대한 충격이나 유족의 슬픔을 취재하려 합니다. 왜냐하면 개인적인 슬픔이 임팩트가 더 강하고, 별 생각 없이 스토리를 구축할 수 있기 때문입니다. 하지만 텔레비전 저널리즘(혹은 다큐멘터리)은 본디 그 현상의 공공적, 사회적 측면에 눈길을 줘야 하지 않을까요.

제가 다큐멘터리에서 묘사하는 대상의 대부분은 공적인 부분입니다. 그래서 무언가 혹은 누군가를 비판해도 그 비판이 개인에 대한 공격으로 시종일관하지는 않습니다. 저는 그와 같은 개인을 낳는 사회구조 자체를 파악하는 시야의 넓이와 깊이를 소중히 여깁니다.

물론 부수적 형태로 개인적인 부분이 보이는 경우도 있고, 취재자와 피취재자의 관계 속에서 개인적인 부분이 중심이 되는 작품도 만듭니다. 하지만 그것도 개인적인 부분만 찍는 게 아니라, 개인적인 부분 건너편에서 항상 공적인 부분을 바라봅니다. 그러한 시선이 있는지 없는지에 따라 방송에서 묘사하는 대상이 열리거나 닫히는 커다란 차이가 생겨납니다.

'우연히 내가 카메라를 드는 쪽이 되었고 당신이 찍히는 쪽이 되었지만, 그로써 만들어지는 작품 혹은 프로그램에서 서로의 노력으로 뜻깊은 공적 장소와 공적 시간을 창출해 나가는 것, 그것이 방송이다'라는 사고방식이 만약 성립한다면, 취재자와 피취재자가 대립하지 않고 같은 철학을 바탕으로 방송을 공유할 수 있습니다. 이상론일 수도 있지만 제가 이 방송을 성립시키는 근거는 거기에 있었습니다.(물론 권력은 별개입니다. 경찰이나 정치가 등 공적 입장에 있는 사람을 상대할 때는 도촬이나 전화 도청 등도 필요하다면 해야 합니다. 그로 인해 고소를 걸어오면 당하면 되고, 재판을 해서 패소해도 됩니다. 그런 다큐멘터리를 만들 때는 그래도 찍어야 할 것은 찍는다는 각오가 필요합니다.)

다이얼로그가 초래한 것

당시 다큐멘터리에는 보는 사람도 만드는 사람도 '시청률이 안 좋아도 사회 고발이나 행정 비판 등 작품이 다루는 제재나 방송 자체에 의미가 있다'고 신앙하는 듯한 면이 있었습니다.(당시뿐만 아니라 지금도 그럴지도 모릅니다.)

그러나 영상미나 구성력을 갈고닦으려 하지 않는 사람들이 주제에만 기대어 30년간 만들어 왔다 해도, 그것이 텔레비전 방송으로서 재미있을까요? 저는 그러한 주제주의는 텔레비전 제작자의 어리광이라고 생각했습니다. 저는 제가 재미있어 하는 것을 만들고 싶었습니다. 주제에 기댄 사회 고발물을 만드는 게 아니라, 그 주제를 어디까지나 엔터테인먼트로 성립시키고 싶었던 것입니다. 그래서 저는 이 방송에서 아메리칸 뉴저널리즘의 문체를 도입하여 트루먼 커포티[11]의 《인 콜드 블러드》나 사와키 고타로[12]의 《테러의 결산》의 형식을 따라 해 보기로 했습니다.

NONFIX는 간토 지방의 지역 심야 방송이라서 시청률은 내용에 관계없이 1퍼센트도 되지 않습니다. 하지만 실제 시청자 수로 말하자면 50~60만 명은 본다는 뜻입니다.

실제로 〈그러나… : 복지를 버리는 시대로〉에 대한 반향은 컸습니다. 이례적으로 20회 정도 재방송되기도 했고요. 일반 시청자, 게다가 생활보호를 받고 있는 사람뿐만 아니라 후생성에서 일하는 사람이나 정치인의 비서 등으로부터도 익명으로 전화가 걸려왔고, "저도 야마노우치 씨처럼 일하고 싶지만 좀처럼 허용되지 않는 상황입니다"라는 말을 들은 적도 있습니다. 시민과 행정가 양쪽에서 반응이 있었다는 것은 방송이 단면적이지는 않았다는 증거이니 만들기를 잘했다고 생각했습니다. 지금도 영화 홍보차 지방의 방송국에서 인터뷰를 하면 "학생 때 그 방송 봤어요"라고 말해 주는 젊은 동업자가 있으니 기쁠 따름입니다.

또 하나 기뻤던 일은, 재방송 다음 날 아케비쇼보라는 출판사에서 전화가 걸려와 방송을 책으로 내자는 제안을 받은 것입니다.

사실 방송은 처음 필름을 이었을 때 2시간 반이었지만 최종적으로는 47분으로 편집했습니다. 그때 잘라 내야 했던 에피소드나 내용이 많아서 야마노우치 씨에 관해 조금 더 무언가를 쓰거나 만들고 싶다는 아쉬움이 있었습니다. 그래서 곧장 도모코 씨에게 연락해서 책을 위한 취재를 다시 하기로 했습니다. 그 뒤로 9개월 동안, 한 달에 두 번 정도 도모코 씨의 집을 방문하며 쓴 것이 저의 첫 책《그러나… ―어느 복지 고급 관료 죽음을 향한 궤적》[13] 입니다.

이때는 비디오카메라는 물론 녹음기도 지참하지 않았고, 또 도모코 씨 앞에서는 취재 노트에 메모하는 것도 삼갔습니다.

도모코 씨는 제가 갈 때마다 남편이 좋아했다는 비프스튜나 양배추롤 등을 만들어 줬고, 저는 그것을 먹으며 그분이 들려주는 부부의 추억담에 귀를 기울였습니다. 그때 젓가락을 놓고 가방에서 노트와 펜을 꺼내는 행동은 할 수 없었습니다. 반드시 메모가 필요한 화제가 나오면 화장실에 가서 메모를 한 뒤에 다시 식탁으로 돌아와 이어지는 이야기를 들었습니다.

이 대목은 오해하지 말았으면 합니다만, 카메라나 녹음기기는 취재자와 피취재자를 서로 공적인 장소에 두는 장치이기도 합니다. 카메라가 존재함으로써 이루어지는 관계성이란 몹시 중요합니다.

그러나 이때는 '기록을 남긴다'는 행위가 제가 지금 경험하고 있는 농밀한 시간을 부수지 않을까 하는 두려움이 있었습니다. 비록 취재라는 형식을 취하고 있었지만, 그것은 도모코 씨가 남편과의 추억을 반추하는 자리이자 마음을 토로하는 장이었기 때문일지도 모릅니다.

이런 말은 주제넘게 들릴 수도 있지만, 타인인 저에게 정기적으로 남편 이야기를 하는 것은 도모코 씨에게 슬픔을 치유하는 과정이 된 측면도 있었으리라 생각합니다. 〈환상의 빛〉 주인공처럼 가슴속 슬픔에 대해 누군가에게 말할 수 있다는 점이 인간의 씩씩함이자 아름다움 아닐까요. 그 슬픔을 받아 주는 쪽이 될 수 있었던 귀중한 체험은 제게도 매우 의미 있었습니다.

또 만약 제가 없었다면 모놀로그(독백)조차 되지 않을 뻔했던 이야기가 다이얼로그(대화)가 된 점은 도모코 씨에게도 조금은 의미가 있었으리라 생각합니다. 취재가 끝날 무렵, 도모코 씨는 지역의 민생위원이라는 남편과 같은 복지 일을 시작할 정도로 마음을 추슬렀습니다. "남편도 분명 기뻐할 거예요"라는 도모코 씨의 말에 제 마음까지 따스해졌습니다.

한 가지 재미있는 일이 있었습니다.

완성된 책을 도모코 씨에게 전하러 갔더니 그녀는 "제가 왜 당신의 취재에 응하기로 했는지 아세요?"라고 물었습니다. "모르겠는데요"라고 솔직하게 대답하자 도모코 씨는 "처음 취재하러 온 날, 거기서 쭈뼛쭈뼛 앉아 있는 당신이 맞선을 봤을 때의 남편과 무척 닮아서요"라고 했습니다……. 취재에 응할지 말지는 그런 지극히 개인적인 직감이나 마음에 달려 있는지도 모릅니다. 제가 야마노우치 씨에게 이끌린 이유 역시, 그가 초등학생 때부터 중학생 때까지 쓴 시나 작문이 저와 매우 비슷하다고 생각했기 때문입니다.(물론 저는 야마노우치 씨 같은 엘리트는 아니지만요.) 그런 우연의 일치가 그 책을 쓴 원동력이었습니다. 내가 쓰는 게 가장 적합하다, 야마노우치 도요노리에 대해서는 나만 쓸 수 있다는 믿음이랄지 자부심이 그때는 확실히 있었습니다.

또 하나 더, 그 책을 쓰면서 알게 된 점이 있습니다. 취재는 사적인 부분을 공적인 영역으로 여는 행위라고 말하면서도, 결국 저의 관심은 복지를 입구로 삼긴 했지만 한 쌍의 부부 모습, 한 여성의 슬픔 치유 과정을 향해 있었습니다. 그 개인적인 부분에 대한 관심이 취재를 하면 할수록 더욱 강해졌습니다. 다시 말해 저는 저널리스트가 아니라는 점을 이 취재를 통해 알게 된 것입니다.

어쨌거나 다큐멘터리 방송 데뷔작을 통해 야마노우치 씨 부부와 만날 수 있었던 점, 책을 쓰며 도모코 씨와 약 1년이라는 시간을 공유할 수 있었던 점은 제게 매우 큰 재산이 되었습니다.

또 하나의 교육 : 이나 초등학교 봄반의 기록

1991

아이들과 급식을 먹으며 찍은 나날

야마노우치 씨 부부에 대한 취재는 저에게 '취재의 원체험'이었습니다. 왜냐하면 그 뒤로 찍은 저의 많은 작품이 누군가 혹은 저 자신의 슬픔을 치유하는 과정이었기 때문입니다.

다음으로 착수한 〈또 하나의 교육 : 이나 초등학교 봄반의 기록〉에서도 뜻밖의 죽음을 경험한 아이들이 그것을 털고 일어나 슬픔을 승화해 가는 모습을 담았습니다.

1988년 4월. 앞서 이야기한 대로 저는 티브이맨 유니언에 입사한 첫 해가 끝날 무렵 출근 거부를 하고 있었습니다. 당시는 여행 방송 중 의도적으로 원자력발전소를 앵글 밖으로 빼거나 구성원 하나하나의 독립성을 중시한다고 말하면서도 프로듀서가 마음대로 근무 시간을 정하는 등, 요즘 말하는 '파워하라power ha-rassment'(직장 상사가 지위를 이용해 부하를 괴롭히는 것을 뜻하는 일본의 신조어―옮긴이)가 당연하다는 듯 방치되는 제작 환경에 반발한 출근 거부라고 스스로는 생각했습니다. 하지만 이제 와 돌이켜 보니 그저 제작 현장에서 별로 도움이 되지 않는 자신의 모습에 상처 받았던 것뿐이라는 생각이 듭니다.

그 시기에 중학교 시절 친구가 권해서 읽은 책이 고마쓰 쓰네오 씨의 《백성입문기》였습니다.

이 책은 《주간 아사히》 편집장이었던 저자가 과로로 쓰러져 요양 생활을 하는 가운데, 환경이나 교육 등의 사회문제를 자신에게 가까운 문제로 재인식하는 내용이 담긴 논픽션입니다. 저는 고마쓰 씨와 같은 관점을 가지면 제 생활에 바탕을 둔 방송을 만들거나 저널리스트로서 이상적인 자세를 취할 수 있을지도 모른다고 생각했습니다. 고마쓰 씨는 이밖에도 《아이가 교과서를 만드는 초등학교》[14]라는 책을 남겼는데, 이 책은 교과서를 쓰지 않는 '종합학습'에 열중했던 나가노 현의 이나 초등학교 모습을 취

〈또 하나의 교육 : 이나 초등학교 봄반의 기록〉 1991년 5월 28일 방송 | 후지TV NONFIX | 47분 **제작** 티브이맨 유니언 **개요** 나가노 현의 이나 초등학교는 교과서를 쓰지 않는 종합학습을 하고 있다. 방송은 3학년 봄반의 아이들과 송아지 로라의 3년간의 성장 기록. 거의 모든 장면이 고레에다가 직접 촬영한 홈비디오 영상으로 구성되어 있다. **수상** ATP상 우수상

ⓒ 티브이맨 유니언

재한 것입니다. 이 책을 읽고 떠오른 것은 대학교 때 보고 감동을 받은 TV아사히 '뉴스 스테이션'의 〈송아지를 기르는 초등학생들〉이었습니다.

이는 이나 초등학교 1학년 봄반의 아이들과 홀스타인 젖소 하루미의 학교생활을 9개월에 걸쳐 취재한 방송 프로그램입니다. 시리즈는 1학년 마지막, 성장한 하루미와 아이들의 이별 장면으로 마무리를 지었습니다.

꿈을 품고 제작 현장에 뛰어들었으나 1년 만에 좌절하여 의욕을 잃어 가던 저는, '이나의 아이들처럼 울고 웃는 얼굴이라면 찍어 보고 싶다'고 순수하게 생각했습니다.

그래서 수업을 견학해도 될지 학교에 연락했더니 예상 외로 쉽게 허락해 주셔서 저는 6월에 처음으로 이나 초등학교를 방문했습니다.

봄반은 이미 3학년이 되어 있었고 다시 한 번 자신들의 손으로 소를 길러 보고 싶다고 의논을 시작하던 때였습니다. '이번에는 다 자랄 때까지 길러서 젖을 짜고 싶다'는 이야기를 한창 나누고 있었습니다. 저는 대출을 받아 당시 가정용으로는 가장 성능이 좋았던 빅터 S-VHS 풀사이즈 비디오카메라를 샀고(42만 엔이었습니다), 업무 중에 틈틈이 이나 초등학교에 가서 그들의 모습을 기록하기 시작했습니다.

현실적으로 봄반 아이들과 담임선생님의 학교생활은 〈송아지를 기르는 초등학생들〉에서 방송된 감동적인 이별의 다음 날에도 반복됩니다. 매스컴은 그 담담하고 일상적인 부분을 여간해서는 다루지 않습니다. 그렇다면 내가 멋대로 속편을 만들어도 되지 않을까, 라고 생각했습니다.

종합학습은 다음 날의 시간표를 전날 정합니다. 오늘 아이들이 잘 따라 주었으니 내일은 그대로 산수를 배우자, 같은 재량권이 학급 담임선생님에게 있는 것입니다. 이는 옆에서 봤을 때 올바른 방법으로 여겨졌습니다.

그러나 뭐니 뭐니 해도 가장 멋진 점은 선생님 자신이 즐거워 보인다는 것이었습니다. 봄반의 담임은 모모세 시로라는 분이었는데, 소를 돌봐야 하니 주말뿐만 아니라 여름방학 때도 반드시 매일 학교에 옵니다. 상당한 각오가 없으면 불가능하겠지만, 의욕만 있다면 이만큼 재미있는 학교는 없지 않을까요.

또 교사가 생기 넘치는 것은 아이들에게 중요합니다. 아이들도 솔직히 말하자면 소 돌보기 같은 건 귀찮다고 생각합니다. 하지만 학급회의를 하면 "모모세 선생님이 열심히 하시니까 해 드리자" 같은 이야기도 나옵니다. 열심히 일하는 선생님의 모습을 보여 주는 게 아이들에게는 가장 좋은 교육이라는 점을 저는 봄반을 보며 실감했습니다.

그 아이들은 아마 제가 뭘 하러 온 사람인지 몰랐을 겁니다. 방송국이나 신문사는 팀으로 오기 때문에 명백하게 취재라는 사실을 알 수 있습니다. 당시 아이들은 취재에 완전히 익숙해져 있어서 제가 처음 갔을 때도 "무슨 방송국이에요?"라고 물을 정도였습니다. 일 년에 한 번 있는 공개수업 날에는 전국의 학교 선생님들이 1000명 단위로 대형 버스를 타고 오기 때문에 외부의 누군가에게 자신들의 학교생활을 보여 주는 것에도 익숙했습니다.

하지만 제가 찍는 건 방송 예정도 없는 완전한 자주 제작이므로 혼자 가서 모두와 함께 급식을 먹고 방과 후 모두와 함께 놀다 옵니다. '놀러 온 아저씨가 카메라도 들고 있다'는 느낌이었는지, 실제로 어른이 된 봄반 아이들과 재회했을 때도 "고레에다 씨는 일로 온 게 아니라고 생각했어요"라는 말을 들었습니다. 바로 그래서 다른 취재팀이나 제작진들을 대하는 방식과 저를 대하는 방식이 좀 달랐을 것이고, 다른 곳에서는 짓지 않는 표정도 보여 줬을지 모릅니다.

한편 아이들이 3학년 때부터 돌봐 온 송아지 로라는 순조롭게 성장하여 교배를 했고, 5학년 3학기인 2월에는 출산할 예정이었습니다.

그러나 로라는 3학기가 시작되기 바로 전 설 연휴에 예정일보다 한 달 가까이 빨리 새끼를 낳아 버렸습니다. 발견했을 때 새끼 소는 이미 차갑게 식어 있었고, 아이들은 울면서 새끼 소의 장례식을 치렀습니다. 게다가 사산이어도 어미 소는 젖이 나와서 매일 짜 줘야 합니다. 아이들은 처음 목표였던 젖 짜기를 하고 급식 때 데워 먹으며 그 느낌을 시나 작문으로 지었습니다.

다음은 그 시 가운데 하나입니다.

쭉쭉쭉쭉
오늘도 젖을 짠다
기분 좋은 소리를 내며
모두 함께 젖을 짠다
모두 기쁘다
그리고 슬프다
젖은 나온다
하지만 새끼는 없다
슬프지만 젖을 짠다

새끼 소의 죽음에 눈물 흘리며 슬프지만 젖 짜기는 즐겁다는 복잡한 심정이 아이들 작품에 여실히 드러나 있었습니다. 그 과정에서 아이들이 성장하는 모습은 매우 씩씩하고 아름다웠습니다.

취재하고 나서 반년 뒤 정신과 의사 노다 마사아키[15] 씨가 일본

항공 점보기 추락사고 유족의 심리 치료에 대해 쓴 논픽션《상중에》를 읽었을 때, "사람은 상중에도 창조적일 수 있다"는 대목을 보고 이나 초등학교 봄반 아이들을 떠올렸습니다. 또 야마노우치 도모코 씨도 생각했습니다. 애도는 비통하고 괴롭기만 한 게 아니라 그 과정에서 사람이 성장하기도 한다는 점을 새삼 느꼈습니다.

'나의 자리를 도쿄에서 찾지 못하면'

봄반의 기록을 찍고 모은 지 2년 8개월이 된 1991년 3월, NONFIX에서 기획이 통과되었습니다. 첫 작품인 〈그러나…〉의 평판이 좋아서 가네미쓰 씨에게 "달리 생각해 둔 기획은 없어?"라는 말을 듣고 그때까지 찍어 모은 비디오를 편집해서 보여 줬더니 그 자리에서 방송이 결정되었습니다. 고마쓰 씨가 말한 대로 자신이 주위에서 느낀 분노, 의문, 기쁨, 슬픔 등으로부터 작품을 만들기 시작하는 형태가 겨우 '일'로 성립되었습니다. 이걸로 안 된다면 이 업계에서 손을 씻으려는 생각으로 만든 〈그러나…〉가 다음 일로 이어진 것이 정말로 기뻤고, 이로써 당분간 이 일을 계속해 나갈 수 있다고 안도했습니다.

작품은 5월에 방송되었습니다. 신기하게도 교육 방송으로서 냉

정하게 봄반을 묘사하자고 거듭 다짐했음에도 불구하고 서정성
이 파고들 틈은 곳곳에 있었습니다. 여하튼 찍는 사람이 저이니
찍힌 화면이 전부 제 시선과 겹쳐져서 '카메라 앵글이나 구도는
대상을 바라보는 방식'이라는 점을 새삼 깨달았습니다. 이 시기
의 방송 제작은 대학 시절에 문자만으로 이해했다고 생각한 다큐
멘터리나 카메라라는 도구를 실제 작품을 통해 발견하고 확인해
나가는 매우 귀중한 체험이었습니다.

한편 의문이 두 가지 남았습니다.

교실에서 카메라로 촬영하면 아이들은 카메라를 향해 브이 자
를 하거나 곧바로 카메라를 봅니다. 저는 편집할 때 그렇게 카메
라를 의식하는 순간을 전부 잘라 내고 방송을 만들었지만, 카메
라가 그곳에 있으니 의식하는 쪽이 사실은 자연스럽고 정직한 행
동 아닐까 생각한 것이 첫 번째 의문입니다.

두 번째로, 소를 돌보는 아이들 중에는 방과 후 학원에 가기 위
해 당번을 빼먹어서 홈룸 시간에 질타를 받는 아이도 있었습니
다. 시골 초등학교라 해도 그것이 현실입니다. 당번을 빼먹은 아
이를 생각해서도 저는 그 장면을 쓰지 않았습니다. 즉 제 태도는
'공평'이나 '중립'과는 완전히 거리가 먼, 교육 방송을 만들고 싶
다는 의지를 뛰어넘어 아이들과 이나 초등학교에 대한 사랑에 질
질 끌려가 응원가를 부르는 듯했습니다. 그러면 다큐멘터리란 대

이나 초등학교 봄반 아이들과 함께

체 무엇일까? 무엇을 찍는 것일까? 이나 초등학교에서는 이런 의문이나 과제를 포함하여 취재한다는 것, 그리고 사랑하는 대상에 카메라를 대고 촬영하여 방송을 만드는 것에 대한 각오나 어려움을 배웠습니다.

또 커다란 과제도 남았습니다.

어느 날 취재를 마치고 담임 모모세 선생님과 멧돼지탕인지 뭔지를 먹을 때 "고레에다 씨가 봄반을 찾아와 주는 건 우리에게도 격려가 되고 기쁘지만 이 교실은 저와 아이들의 장소입니다. 고레에다 씨는 마주해야 할 아이를 본인이 나고 자란 도쿄에서 찾아야 하지 않을까요?"라는 말을 들었습니다.

몇 년 전 이나 초등학교 학급 모임에서 다시 만났을 때 모모세 선생님에게 그 이야기를 했더니 "내가 그런 실례되는 말을 했어요?"라며 완전히 잊고 계셨지만, 저는 그 말을 잊으려 해도 잊을 수 없었습니다. 모모세 선생님은 당시 제가 도쿄에서의 일이 벽에 부딪혀 이런저런 생각에 괴로워하며 이나 초등학교로 도망쳐 왔다는 사실을 느꼈을 테고, 저 자신도 "사실은 도망쳐 온 거예요"라고 털어놓은 적이 있었습니다. 그래서 "찍고 싶은 대상은 도쿄에서 찾아야 하지 않을까?"라고 넌지시 알려 주셨던 거겠지요. 내가 도쿄에서 마주해야 할 아이란 누구인가? 이 의문이 이윽고 〈아무도 모른다〉라는 영화로 이어지게 되었습니다.

2장. 청춘기 그리고 좌절

주

1 오시마 나기사(大島渚)
영화감독. 1932년 오카야마 현 출생.
교토 대학 법학부를 졸업한 뒤 쇼치쿠에
입사했다. 1959년 〈사랑과 희망의
거리〉로 영화감독 데뷔. 대표작으로
〈일본의 밤과 안개〉〈감각의 제국〉
〈전장의 메리 크리스마스〉〈고하토〉 등이
있다. 1960년부터는 텔레비전으로도 활동
범위를 넓혀 다큐멘터리 〈논픽션 극장
잊힌 황군〉, 각본을 쓴 텔레비전 드라마
〈청춘의 깊은 연못에서〉 등으로 화제를
모았다. 2013년 사망.

2 소조샤(創造社)
영화제작사. 1961년 오시마와 그의
아내인 여배우 고야마 아키코, 각본가
다무라 쓰토무, 이시도 도시로, 배우
고마쓰 호세이, 도우라 롯코가 설립했다.

3 사사키 마모루(佐々木守)
각본가. 1936년 이시카와 현 출생.
메이지 대학 문학부를 졸업한 뒤 1961년
라디오 드라마 〈소년 로켓 부대〉로 데뷔.
1964년 소조샤에 들어가 〈닌자 무예장〉과
〈교사형〉 등 오시마 감독 작품의 각본을
썼다. 그 뒤 짓소지 아키오 감독을 알게

되어 〈울트라맨〉 각본을 담당했다.
대표작으로 〈울트라세븐〉〈유도 일직선〉
〈실버 가면〉〈울트라맨 다로〉〈코멧 씨〉
〈7인의 형사〉 등이 있다. 2006년 사망.

4 〈울트라맨〉
TBS 계열에서 방영된 쓰부라야
프로덕션이 만든 특수촬영 텔레비전
프로그램. 1966년 7월~1967년 4월까지
총 39회 방송.

5 〈울트라세븐〉
1967년 10월~1968년 9월까지 총 49회
방송.

6 〈돌아온 울트라맨〉
1971년 4월~1972년 3월까지 총 51회
방송.

7 우에하라 쇼조(上原正三)
각본가. 1937년 오키나와 현 출생.
주오 대학 문학부를 졸업한 뒤
쓰부라야 프로덕션에 입사하여 1964년
〈시미루스루누가〉(오키나와 방언으로
'이걸로 좋다'라는 뜻―옮긴이)로 각본가
데뷔. 1969년부터 프리랜서로 활동했다.
대표작으로 '울트라' 시리즈, 〈힘내라!!
로보콘〉〈비밀전대 고레인저!〉 '우주형사'
시리즈 등이 있다.

8 나의 화산
TBS에서 1968년 1월 11일 방송했다.
청춘을 주제로 젊은 현대 소녀의 눈을
통해 가고시마의 다양한 사적과 경경
등을 콜라주 기법으로 묘사했다.

**9 《엄마가 죽었다—행복 환상의 시대로
르포르타주 '번영' 일본의 복지를 묻다》**
미즈시마 히로아키 지음, 1990년,
히토나루쇼보 출간.

10 야마노우치 도요노리(山内豊徳)
관료. 1937년 후쿠오카 현 출생.
도쿄 대학 법학부를 졸업하고
상급국가공무원 시험에서 99명 가운데
2등이라는 성적으로 후생청(현재의
후생노동성)에 들어갔다. 일관적으로
복지의 길을 걸으며 공해대책기본법
제정, 일본간질협회 설립 등에 힘썼고
나중에 환경청으로 옮겼다. 관방장,
자연보호국장, 기획조정국장을 역임했다.
1990년 미나마타 병 인정소송에서 국가
측 담당자가 되었고 같은 해 12월 5일
자택에서 자살했다. 향년 53세.

11 트루먼 커포티(Truman Capote)
소설가. 1924년 미국 루이지애나 주
출생. 17살 때 《뉴요커》의 직원이 되었다.
19살 때 실은 〈밀러임〉으로 오 헨리상을

수상하며 '앙팡 테리블(무서운 아이)'이라
불렸다. 대표작으로 《다른 목소리, 다른
방》《밤의 나무》《풀잎 하프》《티파니에서
아침을》《인 콜드 블러드》등이 있다.
1984년 사망.

12 사와키 고타로(沢木耕太郎)
논픽션 작가 겸 소설가. 1947년 도쿄
출생. 요코하마 국립대학 경제학부를
졸업한 뒤 르포 작가로 활동. 1970년
《병사의 블루스》로 데뷔. 대표작으로
《사람의 사막》《테러의 결산》《한순간의
여름》《나는 아직 도착하지 않았…다》
《단(檀)》《천애》《피의 맛》《무명》《동(凍)》
《여행하는 힘》《유성 하나》《은의 숲으로》
등이 있다.

**13 《그러나…—어느 복지 고급 관료
죽음을 향한 궤적》**
고레에다 히로카즈 지음, 1992년,
아케비쇼보 출간. 2014년 PHP분코에서
《구름은 대답하지 않았다—고급 관료
그 삶과 죽음》으로 제목을 바꾸어
문고본으로 재출간했다.

14 《아이가 교과서를 만드는 초등학교》
고마쓰 쓰네오 지음, 1982년, 신초샤
출간.

15 노다 마사아키(野田正彰)

정신과 의사 겸 논픽션 작가. 1944년 고치
현 출생. 저서로 《상중에》《전쟁과 죄책》,
공저로 《'아사하라 사형'으로 OK인가?》
등이 있다.

3장

연출과 조작

1992-1998

다큐멘터리의 수법은
시대와 함께 갱신된다

번영의 시대를 떠받치고─도큐먼트 피차별 부락

1992

우리의 '번영'을 떠받치고 있는 것

그 후에도 저는 다큐멘터리 방송을 잇달아 만들었습니다.

〈번영의 시대를 떠받치고─도큐먼트 피차별 부락〉은 〈그러나… : 복지를 버리는 시대로〉 뒤에 의뢰를 받아서 찍은 작품인데, 심포지엄이나 학교 등의 상영회용으로 제작했습니다.

1991년 6월 12일, 저는 후지TV 편성맨이었던 이시야마 신고 씨의 소개로 부락해방동맹[1](통칭: 해동) 관련 부락해방연구소의 가토 씨를 만났습니다. 〈그러나…〉를 본 가토 씨가 부락의 현재 상태를 알리는 다큐멘터리를 만들고 싶다고 이시야마 씨에게 협력을 요청했고, 이시야마 씨가 저에게 제작을 의뢰하여 세 사람이 처음으로 만나게 되었습니다. '부락'이라는 주제에 흥미는 있었지만 자세한 내용은 아무것도 몰라서, 이를 계기로 공부하려는 생각으로 의뢰를 받아들였습니다.

부락 차별 때문에 괴로워하며 자살한 여성의 편지가 있었는데, 해동은 그 편지를 축으로 〈그러나…〉 같은 방송을 만들어 주기를 바라는 듯했습니다.

하지만 저는 그런 피해자 측 입장에 선 단순한 방송을 만들 마음은 없었습니다. 그보다 피차별 부락 사람들이 얼마나 일본을 떠받쳐 왔고, 그 덕분에 일본이 어떻게 전후 부흥을 이루어 고도 경제성장을 향해 나아갔는가 하는 가해자 측 이야기를 하자고 생각했습니다. 그래서 기타큐슈의 탄광이나 자동차 폐차장, 도쿄에서는 아사쿠사의 가죽 무두질 공장 등을 해동 사람들과 취재했습니다.

취재 자체는 굉장히 재미있었습니다. 해동 측 취재 상대 대부분은 원래 야쿠자. 피차별 부락 출신으로 폭력단에 들어가 형무소에서 해방운동을 접하고, 갱생하여 출소한 뒤 해방운동에 전념하는 매우 성실한 사람들이 많았습니다. 영화 〈의리 없는 전쟁〉에서는 스가와라 분타가 연기하는 남자가 히로시마의 구레 시에서 폐품 회수업을 하는데, 그 모델이 된 (것 같은) 분도 취재했습니다.

도쿄에 있으면 부락 문제를 별로 의식하지 않고 지낼 수 있지만 지역에 따라 문제가 뚜렷하게 남아 있는 곳도 있습니다. 아키

타의 피차별 지역에 갔을 때는 "여기는 에타[2] 부락이고 저기는 히
닌[3] 부락이어서 교류가 없어요"라는 말을 들었습니다. 역사적으
로 부락민은 부락민끼리 결혼한다는 불문율이 있어서, 에타 부락
의 남자는 가까이에 있는 히닌 부락이 아닌 다른 현의 에타 부락
까지 가서 신부를 데려온다고 합니다. 도저히 현대의 일이라고는
생각할 수 없는 충격적인 이야기였습니다.

또 한 가지 재미있었던 점은 동행한 역사 연구가가 지도를 펼
치고 "이곳이 성이고 여기로 강이 흐릅니다. 그렇다면 이 부근일
까요……"라며 예상해서 간 곳에 거의 대부분 부락이 있었습니
다. 언제나 권력과의 관계로 인해 태어나는 명확한 차별성이 지
리적으로도 존재한다는 점을 이 선생님께 배웠습니다.

피차별 부락 사람들이 많이 일한다는 도살장도 취재했습니다.

도축업(짐승의 도살 또는 해체업)은 옛날에는 힘든 일이었지만 지
금은 기술이 발전하여 대부분 기계가 하게 되었다고 합니다. 그
러자 일이 낮에 끝나 버려서 거기서 일하는 사람들이 낮부터 술
을 마시기 시작하니 주위 사람들은 곱지 않은 시선으로 바라봅니

〈**번영의 시대를 떠받치고―도큐먼트 피차별 부락**〉 1992년 | VHS | 부락해방연구소
| 54분 **개요** 단순히 부락 차별 사건을 나열하는 것이 아니라 그 배경에 있는 사회구조까
지 다루며 부락이란 무엇인지를 다시 생각하게 만드는 작품. '군대와 피차별 부락―히
로시마 현 구레 시' '석탄 산업과 노동자―히로시마 현 다가와 군 가와사키마치' '자동
차 산업과 폐차업―교토 부 야와타 시' '답신과 방치된 부락―니가타 현 가미하야시무
라' '주변 지역 주민의 의식―오사카 부 하비키노 시' '가죽 산업과 외국인 노동자―도
쿄 도 스미다 구'의 여섯 가지 주제로 나뉘어 전개된다.

다. 하지만 그들에게는 결국 그 일밖에 없기 때문에 그렇게 될 수밖에 없는 측면도 있다는 점을 알게 되었습니다.

한편 취재를 허락해 준 어느 남자는 고기 중 가장 맛있는 부위를 시장에 내지 않고 집으로 가지고 와서 저도 초대하여 맛있는 고기 요리를 대접해 주었습니다. 아마 양牌 튀김이었을 겁니다. 여하튼 "먹고 가" "마시고 가" "자고 가"라는 말을 어딜 가든 들었습니다. 취재진인 우리에게도 매우 싹싹하고 몹시 개방적이었습니다.

그러나 지인 등에게 부락을 주제로 다큐멘터리를 찍는다고 하면 "어째서 알리려는 거야?" "부락의 존재 같은 건 잠자코 있으면 되잖아" "잠든 아이를 깨울 필요는 없잖아?"라는 말을 들었습니다. 촬영하는 것과 전달하는 것의 의미, 아는 것과 알리는 것의 의미를 생각하며, 어쨌거나 '잠자코 있어도 없어지지 않는 차별'에 대해 말하자고 생각했습니다.

하지만 유감스럽게도 완성본은 그다지 훌륭하지 않았습니다. 여러 지역에서 취재를 할 수 있었지만 주된 취재 대상은 해동의 활동가여서 그들이 말하는 것은 '운동 언어'였고, 따라서 사실적인 생활을 좀처럼 찍지 못했습니다. 그래도 니가타에서 취재할 때 우연히 근처를 지나던 할머니와 아사쿠사의 가죽 장인 두 분에게서만은 해동 소속이 아닌 사람의 이야기를 들을 수 있었고,

그래서 그 부분만은 재미있다는 생각이 듭니다.

제작비는 1000만 엔이었습니다. NONFIX가 600만 엔 정도이니 파격적인 금액입니다.

그러나 그 1000만 엔은 부락 출신자의 입사 합격을 취소한 어느 항공회사가 완성된 작품을 연수용으로 대량 구입하는 것이 전제된 예산 편성이었다는 사실을 나중에 알게 되었습니다.

해동은 압력단체이기도 하니, 어딘가에서 차별을 발견하면 그 회사의 간부나 인사 담당자를 모아 시사회를 하고 작품을 사게 하여 그것을 자금 삼아 다큐멘터리를 만들었던 것입니다. 이에 대해 처음에 알려 주지 않았던 것은 역시 규칙 위반이라고 생각하지만, 저는 그 사실을 듣지 못했으니 의뢰를 받아들이고 말았습니다. 그래서 티브이맨 유니언의 이름은 제작에서 빠지고 개인으로서 이 일을 받아들인 형태가 되어 저의 이름만 연출가로 남았습니다.

그렇다 해도 일반적으로는 취재할 수 없는 장소에 갈 수 있었다거나 사람과 만나 이야기를 들을 수 있었던 것은 매우 귀중한 경험이었으니, 부락해방연구소의 가토 씨에게는 지금도 감사하고 있습니다. 무엇보다 지금 우리의 풍요로운 생활이 어떤 '가해'의 역사 위에서 이루어져 있는지를 깨달은 것만으로도 세상 물정 모르는 저에게는 큰 수확이었습니다.

일본인이 되고 싶었다…
1992

심상 스케치 : 저마다의 미야자와 겐지
1993

그가 없는 8월이
1994

다면적으로 인간을 그리다

다음으로 저는 NONFIX에서 오가와 신이치라는 편성맨과 함께 〈재일 한국인을 생각하다〉라는 시리즈 기획 중 한 편으로 〈일본인이 되고 싶었다…〉를 만들었습니다.

이 작품은 시즈오카에서 호텔을 경영하던 초로의 남자가 여권 위조로 체포된 사건이 발단이 되었습니다. 조사해 봤더니 그는 재일 조선인이었는데, 한국으로 건너간 횟수가 많다는 점을 의심받아 스파이 용의를 덮어써서 호텔은 도산하고 본인은 보석 중에 행방불명되었습니다.

저는 경찰 취조 중 그가 남긴 "일본인이 되고 싶었다……"라는 말을 실마리로 그 반생을 다시 더듬기 위해 그의 고향 한국 어느 시골 마을에 가서 흔적을 찾아다녔습니다. 당사자는 마지막까지 등장하지 않는 실험적인 시도였고, 그의 마음속 풍경만을 비추어 나가는 일종의 로드무비로 구성했습니다.

이어서 만든 〈심상 스케치 : 저마다의 미야자와 겐지〉는 TV도쿄의 〈다큐멘터리 인간극장〉[4]이라는 프로그램에서 방송한 미야자와 겐지처럼 사는 서민들을 그린 작품입니다. 그중 한 꼭지로 이와테 현의 룸비니 학원(당시)이라는 장애인 지원 시설에서 점토로 탈을 만드는 아이들을 취재했습니다.

육친과 떨어져 생활하는 그들은 외부에서 방문자가 온 것이 기

〈일본인이 되고 싶었다…〉 1992년 6월 30일 방송 | 후지TV NONFIX | 47분 **개요** 처자식에게까지 진짜 국적을 밝히지 않은 채 1985년에 외국인등록법 위반 용의 등으로 체포된 한 재일 한국인. 보석으로 풀려난 뒤 실종된 그의 반생을 더듬으며 일본이라는 나라에서 조선인으로 살아가는 어려움에 대해 생각한다. **수상** 갤럭시상 장려상

〈심상 스케치 : 저마다의 미야자와 겐지〉 1993년 2월 23일 방송 | TV도쿄 다큐멘터리 인간극장 | 46분 **개요** 산나무 씨앗을 심고 묘목을 기르는 사람. 아이들에게 별 이야기를 들려주며 돌아다니는 사람. 사람의 얼굴로 본을 따서 점토로 탈을 만드는 남자아이. 미야자와 겐지처럼 자연과의 교감 속에서 생활하는 서민들의 생활을 담은 시적 다큐멘터리.

〈그가 없는 8월이〉 1994년 8월 30일 방송 | 후지TV NONFIX 스페셜 | 78분 **개요** 일본에서 처음으로 성관계를 통한 에이즈 감염 사실을 공표한 히라타 유타카 씨의 생활 기록. 투병 기록이 아니라 우리와 같은 한 인간의 고독과 연약함에 초점을 맞춘다. 주로 홈비디오로 촬영하여 취재자와 피취재자가 공유한 시간을 그린 사소설적 다큐멘터리. **수상** 갤럭시상 선장

3장. 연출과 조작

뼈서 어쩔 줄 모르겠다는 듯 카메라맨이 촬영하든 말든 태연하게 스킨십을 했고, 제작진에게도 말을 걸었습니다.

이를테면 나카이 히로유키라는 청년은 사람의 얼굴에 점토를 가져다 대어 형태를 본떠 탈을 만들고 있었는데, 촬영 중 카메라 옆에 있던 제게 "얼굴 모양 본떠도 돼요?"라고 물었습니다.(저는 "물론이죠"라고 대답했습니다.) 그날 밤, 그가 자기 방에서 워크맨으로 음악 듣는 모습을 촬영할 때는 "들으실래요?"라며 카메라맨에게 이어폰을 건넸습니다. 카메라맨이 손을 뻗어 이어폰을 귀에 꽂자 "러브 미 두. 저는 비틀스를 좋아해요"라며 수줍은 듯 웃었습니다.

그 두 장면을 편집실에서 봤을 때, 찍는 사람과 찍히는 사람이 그 시간에 공유한 공간이 전해지는 듯했습니다.

그래서 피사체의 이쪽을 향한 '작용'을 의식적으로 작품 속에 집어넣었는데, 작품 전체 가운데 그 '작용'의 시간이 사실적이었달까요. 취재자와 피취재자 사이에 있던 투명한 막이 찢어지는 듯한 느낌이 들었습니다. '이나 초등학교' 때는 편집에서 잘라 낸 이 '작용'을 남김으로써, 다큐멘터리라는 것을 면이 아닌 입체로 파악하는 계기가 된 작품입니다.

여담입니다만 〈다큐멘터리 인간극장〉은 우수한 편성국장이 직접 시작한 방송인데, 첫 회의에는 제작사 가운데서도 이름이 알려진 연출가가 몇 명이나 불려 갔습니다. 그때 그는 "예산은 많이 없지만 작품 오프닝에 연출가의 이름을 띄운다" "작가성을 중시하는 다큐멘터리를 만들어 NHK와의 차별화를 꾀한다" "터부는 없으니 무엇을 해도 좋다"라는 근사한 구상을 털어놓았습니다.

그러나 유감스럽게도 스폰서를 좀처럼 찾지 못해서 최종적으로 참여한 회사가 당시 일본선박진흥회(현재 일본재단)와 식품 기업 아지노모토였습니다. 그래서 제가 처음에 "이마무라 쇼헤이[5]의 다큐멘터리 영화 〈인간증발〉[6]처럼 집을 버리고 없어지는 사람의 이야기를 하고 싶다"며 기획을 들고 갔더니 통과되지 않았습니다. 아지노모토가 '가정의 따스함을 소중히 여기는 기업'이기 때문이라고 했습니다. 갑자기 터부투성이가 되었습니다. 그리하여 저는 이 한 편밖에 찍지 않았지만, 그래도 8년 동안 이 시리즈로 상당히 재미있는 방송이 만들어졌다고 생각합니다.

이듬해에 제작한 〈그가 없는 8월이〉는 1992년 가을, 일본에서 처음으로 성관계를 통한 에이즈 감염 사실을 커밍아웃한 히라타 유타카 씨를 취재한 작품입니다.

티브이맨 유니언의 사카모토 요시에 프로듀서에게서 찍어 보지 않겠느냐는 말을 들었을 때 장애인이나 병에 걸린 사람에 관해서는 아무래도 올바른 면만 묘사해야 하고, (특히 텔레비전의 경우에는) 미화할 수밖에 없는 상황이 있어서 거절할 생각이었습니다. 그러나 히라타 씨를 만났더니 그에게는 전혀 그런 부분이 없는 데다 독설가에 매력이 넘쳤습니다. 히라타 씨라면 사람으로서 입체감 있는 존재로 묘사할 수 있겠다고 마음을 고쳐먹고 취재를 시작했습니다.

그는 우리를 이야기 상대나 자원 봉사자와 똑같이 대해서 필연적으로 카메라에 찍히는 것은 '히라타 씨와 제가 공유한 시간'이었습니다. 정말로 남을 즐겁게 해 주는 사람이었는데, 이야기를 하고 악담을 내뱉고 우리를 웃기는 한편, 생활하는 데 도움을 달라는 요청을 하기도 했습니다.

저는 전작에서 깨달은 '관계성을 그린다'라는 방법을 구성의 축으로 삼기로 하고, 이를 위해 1인칭 내레이션을 처음으로 사용했습니다. 자신이 이렇게 생각했다, 이렇게 느꼈다는 것을 객관적인 정보로서가 아닌 개인적인 감회로서 작품 속에 집어넣은 것입니다.

가장 참고가 된 것은 사와키 고타로 씨의 《한순간의 여름》입니다. 사와키 씨는 그 무렵 《테러의 결산》에서 시도한 것과 같은 3인칭으로 사건을 전달해 나가는 미국의 뉴저널리즘 수법을 더욱 진화시켜, 《한순간의 여름》에서는 취재 대상과 자기 자신의 관계성을 그리는 '사적 논픽션' 수법에 이르렀습니다.

저는 이 방법론을 다큐멘터리로 이식하여 내레이션을 객관적인 형태가 아니라 '나'라는 주어를 명쾌하게 드러낸 형태로, 자신이 본 상대의 한 측면을 한정적인 정보로서 내놓는 방법을 시도했습니다. 이는 다큐멘터리는 객관적이라는 잘못된 고정관념에 맞서는 데도 유효할 것이고, 작품 자체에 대한 저의 자세로서도 성실할 것이라 생각했습니다.

전체를 1인칭으로 이야기해 나가는 이 '사적 다큐멘터리'가 다큐멘터리 방법론으로 가능할지 어떨지, 실험은 이후로도 저의 과제가 되었습니다.

방송 제작의 스폰서 사정

여기서 제작사의 연출가와 방송국의 관계에 대해 조금 설명하고자 합니다.

연출가가 만나는 건 대개 방송국의 편성맨입니다. 방송국에 따라 시스템이 다르지만, 후지TV를 예로 들면 크게 보도를 담당하는 '보도국', 드라마를 제작하는 '제작국', 어떤 틀로 무엇을 할지를 편성하는 '편성국' 세 군데로 나눕니다. 참고로 후지TV는 편성국이 제작국보다 힘이 세서 방송 기획의 결정권을 쥐고 있는 사람은 편성국장입니다. 그러므로 후지TV에 한해서 말하자면,

연출가는 편성국에 기획을 가져가는 편이 빠릅니다.

1990년대 초반 NONFIX에서는 부락 차별이나 정신질환 등 상당히 강도 높은 제재를 다룬 방송을 만들 수 있었습니다. 당시 편성맨이었던 가네미쓰 오사무 씨는 현재 후지 미디어 홀딩스의 전무이사로, 오가와 신이치 씨는 후지TV의 집행임원 편성제작국장으로 출세하여 지금은 거의 만날 수 없지만 저에게 두 사람은 은인이자 동지입니다. 그들은 작품 제작을 함께 즐겨 주었고, 내용에 관해서는 신뢰하고 맡겨 주었습니다. 그리고 그들이 흥미로워하는 관점도 제게는 매우 공부가 되었습니다.

또 오가와 씨는 〈일본인이 되고 싶었다…〉를 제작하는 중 조총련(재일본조선인총연합회)이나 민단(재일본대한민국민단)에 방송의 취지를 설명하거나 허가를 얻는 데 함께 가 주었습니다.(대체로 방송국 담당자는 그런 귀찮은 일은 현장에 맡기고 일절 나오지 않는 게 일반적입니다.)

〈공해는 어디로 갔나…〉라는 작품을 만들 때도 대기오염으로 주민들에게 공해 소송을 당한 지바 현의 가와사키철도(당시)를 취재했더니 가와사키철도가 국제 지바 마라톤 릴레이의 스폰서여서 스포츠국으로부터 "무슨 짓을 하는 거야?"라는 불만이 제기되었는데, 오가와 씨는 "이건 다큐멘터리니까"라며 일축했습니다.

유감스럽게도 지금은 그런 일을 해 주는 기개 있는 편성맨이 없겠지요. 마라톤 릴레이라는 커다란 이벤트가 우선이므로 방송은 틀림없이 제작이 중지될 겁니다.

자기네에게 악영향을 끼치는 뉴스나 정보를 방송하면 스폰서를 그만두겠다는 말은 보도방송 등에서도 조금씩 들립니다. 그러나 이를 허용해 버리면 스폰서가 방송을 후원하는 목적은 오로지 방송국에 압력을 넣는 게 됩니다. 저는 그것으로 좋다고 생각하지 않습니다. 방송을 후원하는 기업에도 방송국에도 그런 직접적인 이해관계와는 다른 철학이 필요하지 않을까요.

예전에 구메 히로시 씨가 뉴스 스테이션의 메인 캐스터로 활동할 때 NTT의 미공개주를 다루었더니 NTT가 스폰서를 그만둔 적이 있습니다. 그때 구메 씨는 "오늘은 스폰서가 좀 다릅니다"라며 가볍게 불쾌함을 드러내는 코멘트를 했습니다. 저는 '대단한 걸, 구메 씨'라고 생각했지만 지금은 그런 것도 불가능하겠지요.

가네미쓰 씨, 오가와 씨의 이야기로 되돌아가 후지TV에 한정하여 말하자면, 그다음 세대까지 심야는 독립 편성이었습니다. 편성국장 소관이 아니라 젊은 편성맨이 '심야의 편성부장'이라는 직함으로 독단적으로 편성했습니다. 그래서 실험적인 방송을 할 수 있었지요.

그러나 심야의 편성부장 시스템이 1990년대 중반에 끝나 심야는 황금시간대를 위한 물물교환의 영업장으로 변했습니다. "황금

시간대에 이 연예인을 쓰면 심야에는 그 연예인 소속사의 신인을 쓴다'와 같이, 심야 30분을 연예인 소속사에 넘겨 'ㅇㅇ엔터테인먼트 제작' 같은 일을 시작해 버린 것입니다. 이는 아마 다른 방송국도 엇비슷할 테지요.

그렇게 되자 심야의 자유가 완전히 없어져서 편성맨도 길러지지 않고 실험할 수 있는 장소도 사라진 게 틀림없습니다. 저도 1995년에 한 편 찍은 것을 마지막으로 2005년 〈시리즈 헌법〉의 〈망각〉까지 약 10년간 NONFIX를 떠나 있었습니다.(그 사이에 영화를 찍기도 했지만요.)

참고로 NONFIX 자체는 지금도 비정기적으로 이어지고 있지만 예산은 1990년대의 절반 이하라고 들었습니다.

제가 제작한 작품을 예로 들면 〈그러나…〉의 제작비가 650만 엔으로, 근교라면 카메라맨과 녹음기사를 데리고 일주일 정도 현지 촬영을 할 수 있습니다. 〈일본인이 되고 싶었다…〉는 시리즈 기획이어서 특별히 750만 엔을 받았고, 100만 엔의 추가금으로 해외 취재도 갈 수 있었습니다. 하지만 지금은 제가 아는 한 300만~350만 엔 정도까지 예산이 축소되었으니, 제작사가 이를 수주하여 관리비를 빼면 제작에 직접 쓸 수 있는 돈은 250만 엔 정도밖에 남지 않습니다. 그래서 편집이나 음악, 내레이션 등의 비용을 생각하면 만들 수 있는 한계에 부딪히기 마련입니다.

지금은 카메라 기재가 가벼워져서 연출가가 스스로 찍는다는 전제로 제작비를 줄일 수는 있지만, 역시 제재나 주제의 범위가 좁아지는 건 심각한 문제가 아닐지요.

다큐멘터리의 정의

1995

'다큐멘터리는 사실의 축적으로 진실을 그리는 것'인가

"다큐멘터리는 사실을 축적하여 진실을 그리는 것이다."

이런 소리가 예전부터 텔레비전 현장에서 계속 들렸습니다. 그러나 제가 다큐멘터리 방송을 제작해 보니 사실·진실·중립·공평과 같은 말은 매우 공허하게 들렸습니다. 오히려 다큐멘터리란 '다양한 해석 가운데 한 가지 해석을 자기 나름대로 제시하는 것'일 뿐이지 않을까요. 예전에 닛폰TV에서 〈논픽션 극장〉이라는 다큐멘터리 방송을 만든 우시야마 준이치[8] 씨는 "기록은 누군가의 기록이 아니면 가치가 없다"라는 취지의 말씀을 하셨는데, 정말로 맞는 말이라고 생각합니다.

특히 그 시기에 사와키 씨의 방법론을 경유하여 '나'의 시점으

로 말하는 방법론에 이르렀던 저와 '다큐멘터리란 이래야 한다'
라는 세간의 말 사이의 괴리는 매우 심각했습니다. 그런 딜레마
를 느끼던 무렵 NHK에서 커다란 조작 사건이 일어났습니다.

　바로 NHK 스페셜에서 방영한 〈히말라야 안쪽 금단의 왕국―
무스탕〉[9]이라는 다큐멘터리가 방송된 후 《아사히신문》으로부터
조작이라고 규탄받았고, NHK도 조사위원회를 꾸려서 최종적으
로는 NHK 회장이 공개적으로 사과한 사건입니다.

　방송은 험준한 산길을 고생하여 올라가 히말라야의 알려지지
않은 오지에 겨우 도착하는 내용으로 시작되는데, 사실 NHK 제
작진 일동은 그곳까지 헬리콥터로 갔습니다. 그리고 도중에 모래
가 흘러내리는 현상이 일어나 취재진이 위험에 노출되는 장면.
카메라맨의 눈앞으로 모래가 흘러내리는 극적인 구도였는데, 실
은 고의로 그런 현상을 일으키지 않는 한 있을 수 없는 위치로 설
정되어 있었습니다.(그렇지 않으면 카메라맨이 정말로 위험해집니다.)
그래서 이 장면이 등장한 시점에서 '연출가는 이런 게 괜찮다고
생각하는 사람이구나'라고 느끼게 됩니다. 제작진이 고산병에 걸
려 괴로워하는 장면도 실제로 일어난 상황을 나중에 당사자에게
재현하게 하는 등 이러한 '조작'이 방송 곳곳에서 눈에 띕니다.

〈다큐멘터리의 정의〉 1995년 9월 20일 방송 | 후지TV NONFIX 250회 기념 스페셜 |
90분 **개요** 다큐멘터리는 지금까지 명확한 정의가 없어서 그 표현 방법에 대해 비판받는
경우도 있었다. 온더로드, 티브이맨 유니언, 텔레콤 스태프, 다큐멘터리 재팬 등의 제
작사가 다큐멘터리를 정의한다. **수상** 갤럭시상 장려상

　　　　　　　　　　　　　　　　　　3장. 연출과 조작

하지만 이 연출가 입장에서는 '뭐가 나쁘다는 거야?'라는 생각이 들 겁니다. '알려지지 않은 땅에 겨우 도착하는 고난을 재현했을 뿐이다. 힘든 건 사실인데 왜 안 된다는 거지?'라는 마음이겠지요.

확실히 일본의 다큐멘터리 역사에서는 이에 가까운 행위가 허용된 시대가 있었습니다. 있는 그대로의 모습은 찍을 수 없으니까 부탁해서 재현해 달라고 합니다. 도촬이 아니고서야 카메라로 찍고 있다는 것은 상대도 압니다. 그런 상황에서 재현하는 이상 그것은 이미 '조작'이라는 냉소적인 인식에 이르는 연출가도 있습니다. 이런 사람은 자신은 있는 그대로의 사실을 찍고 전달한다고 굳게 믿는 연출가보다는 훨씬 낫습니다. 하지만 그렇다 해서 〈히말라야 안쪽 금단의 왕국―무스탕〉의 연출이 좋은가 하면 그렇지는 않다는 것이 현재의 제 입장입니다.

'재현'이 아닌 '생성'에 어떻게 참여할 것인가

가메이 후미오[10]의 〈싸우는 군인들〉[11]은 일본 다큐멘터리 영화사에서 대단히 중요한 작품입니다. 실제 전장에 카메라를 들고 가서 전쟁 상황을 찍은 전쟁 영화인데, 원래는 전의를 북돋우기 위해 만들었지만 내용이 염전적이어서 전의 고취로 이어지지 않아 그대로 묻혀 버린 희귀한 작품입니다.

이 영화에는 "어디어디에 몇 명이 부상을 입었습니다"라며 참모실로 전령이 잇달아 뛰어 들어오는 장면이 있는데, 이는 일지를 바탕으로 카메라 앞에서 한 번 더 되풀이한 재현 영상이라는 사실이 나중에 판명되었습니다.

어째서 재현했느냐면 촬영 중 실제로 전투가 벌어지면 곤란하기 때문입니다. 그래서 안전한 시간대를 노려 조명도 켜고 군인 본인에게 연기를 시켰습니다. 실제로 필름 감도도 나쁘고 연속으로는 40초밖에 찍지 못하는 상황도 있어서 현장에서 일어난 일에 대응하여 찍기란 기술적으로 불가능합니다. 불가능한 상황이니만큼 이와 같은 수법이 허용되었던 것이지요.

그러나 요즘 시대에는 그런 수법을 쓰지 않아도 찍을 수 있습니다.

이러한 수법을 옛날과 마찬가지로 "지금 허용해도 괜찮다"고 말하는 연출가는 '다큐멘터리는 시대와 함께 존재하며 기술의 변화와 함께 방법론도 변한다'는 점을 놓치고 자신의 방법론에 갇힌 사람이라 생각합니다. 그리고 그런 사람이 텔레비전 현장에는 너무 많습니다.

저는 '조작'이란 자신의 이미지(픽션)를 현실보다 우선시하는 닫힌 태도에서 태어난다고 생각합니다. 이런 의미로는 성실한 사회고발형 다큐멘터리라 할지라도 찍기 전부터 잠재적 이상이 연출가 안에 확고하게 존재하여 정신이 거기에 갇혀 버리면, 지향하는 뜻이 어떻든 간에 '조작'이라고 생각합니다. 현실 앞에서 '열린 자신'으로 어떻게 계속 존재할 수 있을 것인가, 이것이 다큐멘터리 연출의 가장 큰 과제입니다.

〈히말라야 안쪽 금단의 왕국―무스탕〉의 연출가는 눈앞의 현실을 무시하고 자신의 머릿속에 있는 '비경'이라는 이미지를 우선시했습니다. 이는 〈지구 ZIG ZAG〉에서 제가 선택한 것과 같은 태도입니다. 여기에는 발견하는 자세가 철저하게 결여되어 있습니다. '재현'이 아닌 '생성'에 어떻게 참여할 것인가, 다큐멘터리는 이러한 자세 앞에서만 태어납니다. 이 '생성'에 자신과 취재 대상을 열어 나가기 위한 연출과 재현에 스스로를 닫으려 하는 '조작'은 구별되어야 한다고 생각합니다. 그러나 신문을 중심으로 하는 수많은 활자 미디어는 그 목적을 구분하지 않고 수단으로서의 '조작'을 모두 단죄하려 했습니다. 이는 역시 활자 측도 영상에 대한 이해력이 낮기 때문이겠지요.

앞서 말한 '무스탕 조작 사건'으로 떠들썩할 때, 신문 보도 등에서 '다큐멘터리는 사실을 축적하여 진실에 이르는 것이다'라는 논조가 다시 시계추처럼 반복되어 방송국이나 프로덕션에서조차

'연출은 좋지 않다, 되도록 삼가야 한다'는 풍조가 만연했습니다. '다시 거기로 돌아가는 건가?' 싶어 걱정스러웠던 저는 '다큐멘터리란 대체 무엇인가?'에 대한 제 모색을 그대로 작품으로 만들었습니다. 그것이 〈다큐멘터리의 정의〉입니다.

이 작품의 취재차 텔레비전 다큐멘터리의 역사를 제 나름대로 조사했더니 1960년대가 명백하게 재미있었습니다. 연출에 대해 철저하게 자각적이었기 때문입니다. '나'라는 존재를 전면적으로 내보이거나 조작을 방법론으로 승화시키는 등 각각의 연출가들이 연출이라는 것에 대해 깊이 생각하고 있었습니다.

작품에서는 1967년을 보도·다큐멘터리의 분기점으로 삼아 그 무렵의 뛰어난 다큐멘터리 방송을 예로 들었습니다.

특히 〈JNN 뉴스코프〉[12]의 초대 캐스터 덴 히데오[13]가 북베트남에서 직접 취재한 증언을 토대로 영상을 틀며 스튜디오에서 진행하는 뉴스 다큐멘터리 〈하노이·덴 히데오의 증언〉, 나리타 공항 건설에 반대하는 농민 운동(산리즈카 투쟁)을 기록한 오가와 신스케의 영화 '산리즈카' 시리즈[14]는 중립과 공평, 연출과 조작에 대해 생각할 때 여전히 시사하는 바가 큽니다.

'무스탕 조작 사건'은 다큐멘터리에서 연출이란 무엇인지 다시 한 번 따져 물을 좋은 기회였습니다. 객관적 사실 같은 건 실제로는 찍을 수 없다는 점을 만드는 쪽도 보는 쪽도 이해하고 받아들일 가장 좋은 기회가 되어야 했습니다.

어쨌거나 일본인은 '다큐멘터리란 손대지 않은 사실에 카메라를 가져다 대고 진실을 찍는 것'이라는 사실 신앙이 몹시 강합니다. 반면 세계의 수많은 텔레비전 다큐멘터리 중에는 재현으로 이루어진 작품이 많으며, 보는 쪽도 그에 대한 이해도가 높습니다. 그러므로 뼈아픈 소리지만 일본도 보는 쪽이 성숙하지 않으면 성숙한 작품이 만들어지지 않을 테고, 전과 같은 발전 없는 논쟁이 다시 벌어지겠지요.

시대와 함께 갱신되어야 하는 방법론을 어떻게 해석하고 재구축해 나갈 것인가. 우리 창작자들은 지금 한번 스스로에게 따져 물을 시기가 되었습니다.

주

1 부락해방동맹
부락 차별 해소를 표방하는 동화(同和)
단체. 1946년 설립.

2 에타(穢多)
일본에서 중세 이전부터 존재한
신분제도의 신분 중 하나. 직업에
관계없이 부모로부터 자식에게 대대로
승계된다고 한다.

3 히닌(非人)
일본 중세의 특정 직능민·예능민의
호칭으로 차츰 피차별민의 호칭이
되었다.

4 〈다큐멘터리 인간극장〉
TV도쿄 계열의 휴먼 다큐멘터리 방송.
1992년 10월~2000년 3월까지 방송.

5 이마무라 쇼헤이(今村昌平)
영화감독. 1926년 도쿄 출생.
와세다 대학 제1문학부를 졸업하고
쇼치쿠오후나 촬영소에 입사했다. 오즈
야스지로 감독의 조감독으로 일하다가
1954년 닛카쓰로 이적. 1958년 〈도둑맞은
욕정〉으로 감독 데뷔. 대표작으로

〈돼지와 군함〉〈인간증발〉〈복수는 나의
것〉〈검은 비〉〈간장 선생〉〈붉은 다리
아래 따뜻한 물〉 등이 있다. 1983년
〈나라야마 부시코〉, 1997년 〈우나기〉로
칸 국제영화제 황금종려상을 두 번
수상했다. 2006년 사망.

6 〈인간증발〉
이마무라 쇼헤이의 다큐멘터리 영화.
현실에서 실종된 인간의 행방을 그의
약혼자와 함께 쫓는다는 설정을 바탕으로
일본 전국을 돌며 그 취재 과정을 영화로
만들었다. 1967년 개봉.

7 〈공해는 어디로 갔나…〉
후지TV NONFIX에서 1992년 방송.
쇼와 40년대(1965~1974년)의 공해 행정을
비약적으로 발전시킨 공로자였으나 훗날
공해 재판에서 태도를 완전히 바꾸어
기업을 옹호하는 입장에 서서 공해병
환자들로부터 배신자라고 비판받은 전
환경청 공무원을 추적한다. 51분.

8 우시야마 준이치(牛山純一)
다큐멘터리 영상작가. 1930년 도쿄
출생. 와세다 대학 제2문학부를 졸업한
뒤 닛폰TV에 입사하여 보도기자로
활약. 다큐멘터리 방송 〈논픽션 극장〉
〈히타치 다큐멘터리 멋진 세계 여행〉

3장. 연출과 조작

등을 제작했으며, 프로듀서로서 오시마 나기사의 〈잊힌 황군〉 등을 담당했다. 1997년 사망.

9 〈히말라야 안쪽 금단의 왕국—무스탕〉
NHK의 NHK 스페셜에서 1992년 9월 30일, 10월 1일 이틀 밤 연속 방송. 1993년 《아사히신문》이 '주요 부분 조작·허위'라는 제목으로 1면 단독으로 특종 보도했다.

10 가메이 후미오(亀井文夫)
영화감독. 1908년 후쿠시마 현 출생. 분카 학원 대학부를 중퇴한 뒤 당시 소련으로 건너가 레닌그라드 영화기술 전문학교의 청강생이 되었다. 1935년 〈모습 없는 모습〉으로 감독 데뷔. 이후 특히 기록영화 분야에서 활동했다. 대표작으로 〈상하이〉 〈베이징〉 〈싸우는 군인들〉 〈전쟁과 평화〉 〈여자의 일생〉 〈엄마라서 여자라서〉 〈여자 혼자 대지를 가다〉 등이 있다. 1987년 사망.

11 〈싸우는 군인들〉
가메이 후미오가 1939년에 만든 다큐멘터리 영화. 염전적인 내용이 문제가 되어 검열 뒤 상영 허가를 받지 못하고 개봉을 금지당했다. 그 뒤 네거티브 필름이 처분되어 환상의 영화로 여겨졌는데, 1975년 포지티브 필름 한 롤이 발견되어 80분 중 66분이 현재까지 남아 있다.

12 〈JNN 뉴스코프〉
TBS 종합 뉴스 방송. 일본 최초의 본격적인 캐스터 뉴스쇼로도 알려져 있다. 1962년 10월~1990년 4월까지 방송.

13 덴 히데오(田英夫)
저널리스트 겸 정치가. 1923년 도쿄 출생. 도쿄 대학 경제학부를 졸업한 뒤 교도 통신사에 입사하여 사회부, 정치부 기자로 활약했다. 1962년 TBS 입사. 같은 해 방송을 시작한 〈JNN 뉴스코프〉의 초대 메인 캐스터가 된다. 자유주의 진영 텔레비전 미디어 최초로 북베트남에서 베트남 전쟁을 취재하였는데, 그 보도 자세를 반미적이라고 본 정부 관계자가 TBS 수뇌부에 압력을 넣어 1968년 이 방송을 그만두었다. 그 뒤로는 정치 활동에 힘썼다. 2009년 사망.

14 '산리즈카' 시리즈
나리타 공항 건설에 반대하는 농민 운동(이른바 산리즈카 투쟁)을 기록한 다큐멘터리 시리즈로 오가와 신스케가 감독을 맡았다. 1968년 〈일본해방전선

산리즈카의 여름〉부터 1977년 〈산리즈카
5월의 하늘, 마을의 통로〉까지 총
7부작이다.

4장

희지도 검지도 않은
2001-2006

〈디스턴스〉 2001

〈망각〉 2005

〈하나〉 2006

회색 세계를 그리다

디스턴스

2001

범죄는 우리가 사는 사회의 고름 같은 것

영화 〈디스턴스〉는 미디어에 정의의 상징으로 자주 등장하는 '피해자 유족'이 아니라 '가해자 유족'이라는 흰색도 검은색도 아닌 사람들에게 초점을 맞추었습니다. 한 종교단체가 정수장 물에 독을 뿌려 무차별 살상을 일으킨 뒤 집단 자살을 하는데, 그 가해자 측 유족의 심정을 모티프로 그린 작품이지요.

〈원더풀 라이프〉를 촬영할 당시 차기작의 제재로 머릿속에 떠오른 한마디가 '사람의 마음속 어둠을 그리고 싶다'였습니다. 처음에는 '거짓말'을 주제로 〈원더풀 라이프〉에 출연한 이우라 아라타와 이세야 유스케'의 로드무비를 찍자고 생각했습니다. 서로 상대에게 말 못할 일을 가슴에 품고 여행하는 두 청년의 이야기.

그야말로 각본 없이 2주일 정도로 자유롭게 찍자고요.

그런데 한창 플롯(이야기의 줄거리)을 짜던 중 옴진리교[2] 전 신자 조유 후미히로[3] 씨가 히로시마 형무소에서 출소했습니다. 1999년 12월 29일이었습니다.

그날 방송국이나 신문사 등 각 미디어는 이른 아침부터 헬리콥터를 띄워 조유 씨가 출소한 뒤부터 그를 뒤쫓았습니다. 신주쿠의 호텔에서 숙박을 거부당한 그는 결국 요코하마의 교단 시설에 머무릅니다. 진행자도 해설자도 '위험하다'고 비판했지만, 미디어가 그를 교단 말고 돌아갈 장소가 없도록 몰아간 것은 명백했습니다.

그때까지 저는 '범죄란 범죄자 개인의 문제가 아니라 우리가 살아가는 사회의 고름이 그런 형태로 나타난 것이며, 이는 분명 우리와 관계가 있다'는 시점으로 범죄를 보도하는 것이 미디어의 역할이라고 생각했습니다.

논픽션 작가가 범죄자를 제재題材로 책을 쓸 때도 마찬가지여서 범죄자가 우리와 관계없는 악마 같은 존재라면 써 봤자 의미가 없습니다. 법적으로 제재制裁를 받는다는 전제를 가진 사람에게 사회적으로도 제재를 가하는 것이 텔레비전의 역할은 아니겠지요. 보도의 목적은 범죄나 범죄자를 우리 사회의 '음의 공유재'로 삼아 그로부터 교훈을 얻는다는 태도가 특히 텔레비전에는 필요하다고 생각합니다.

그러나 옴진리교가 일으킨 일련의 사건 이후 확실히 미디어도 시민도 그들을 '배제'하는 쪽으로 움직였습니다. 배제야말로 정의가 된 것입니다. 마치 "우리는 순진무구한 존재이며 우리의 생활을 위협하는 존재가 외부에서 우리를 습격할 때 안전한 우리 사회로 다가오지 못하도록 하는 것이 정의다"라고 말하는 것처럼요.

조유 씨가 출소하기 며칠 전, 저는 연출 노트에 이렇게 썼습니다.

> 12월 24일(금)
>
> 가족이라는 이야기＝허구의 붕괴라는 보편적인 주제를
> 옴진리교 사건을 통해 생각한다는 것인가. 어느 쪽이든
> 중요한 건 현실과 허구, 일상과 비일상, 피해자성과
> 가해자성 등 이중성 안에서 살아가는 사람들의 모습을

〈**디스턴스**〉 2001년 5월 26일 개봉 | 132분 **제작·배급** 〈디스턴스〉 제작위원회 **줄거리** 컬트교단 '진리의 방주'가 무차별 살인 사건을 일으킨다. 다섯 명의 실행범이 교단에 의해 살해당하고 교주도 자살한 사건으로부터 3년이 지난 여름. 가해자 유족 네 명이 기일에 모여 재를 뿌렸다는 산속의 호수를 찾아가는데……. 제54회 칸 국제영화제 경쟁 부문 초대작. **수상** 다카사키 영화제 최우수 작품상·최우수 여우조연상(나쓰카와 유이)·최우수 남우조연상(엔도 겐이치) **출연** 이우라 아라타, 이세야 유스케, 데라지마 스스무, 나쓰카와 유이, 아사노 다다노부, 료 외 **촬영** 야마자키 유타카 **미술** 이소미 도시히로 **녹음** 모리 에이지

ⓒ 2001 〈디스턴스〉 제작위원회

4장. 희지도 검지도 않은

그리는 거겠지.

두 청년의 로드무비로 시작된 세 번째 기획 〈디스턴스〉는 플롯을 써 나가는 단계에서 이와 같은 사고에 이르렀고, 조유 씨의 연말 출소에 관한 보도를 접하면서 '피해와 가해의 이원론'에 위화감과 반발심을 느낀 제 생각이 짙게 반영되었습니다.

내 안의 미숙한 이상주의

저는 조유 씨나 당시 옴진리교의 간부였던 신자들과 거의 같은 세대입니다.

우리는 1970년 안보투쟁으로 대표되는 학생운동 등 정치의 계절이 완전히 끝난 후 대학에 들어갔습니다. 버블 경제가 눈앞에 다가와 있어서 '이 세상은 돈'이라는 사고방식이 만연했지만, 한편으로는 그와 같은 풍조에 위화감을 느끼는 사람도 적지 않았으리라 생각합니다.

또 우리는 학생운동을 주도한 단카이 세대(제2차 세계대전 패전 직후인 1947~1949년에 태어난 일본의 베이비붐 세대—옮긴이)에게도 염증을 느끼는 세대였습니다. 저 또한 그런 일을 해도 세계는 변하지 않는다고 생각했고 "우리는 혁명을 일으키려 했어"라고 잘 난 척하며 무용담을 늘어놓는 어른들이 몹시 싫었습니다. "너희 오타쿠 세대는 싸운 적도 없잖아"라고 비판받으면, 내심 '그래서 지금은 골프 삼매경이냐. 사회변혁에 대한 열정을 청춘의 한 페이지로 삼지 않고 패배감을 질질 끌 작정이라면 평생 끌어안고 살아야지'라고 경멸했을 정도입니다.

요컨대 우리 세대는 세상에 대한 위화감을 어쩔 수 없이 느끼고는 있지만 새로운 가치관도 불안을 해소할 방법도 찾지 못한 채 그저 끙끙 앓기만 했습니다. 적어도 저는 그랬습니다.

완성된 사회 시스템에 의문을 품지 않고 취직 활동을 해서 일반 기업의 샐러리맨이 되는 사람이 대부분인 가운데 이처럼 끙끙 앓던 사람들이 사는 시대에 '학생운동'이라는 흡수처가 없다면, 그들이 향할 곳이 '오타쿠'나 '신흥종교'뿐인 것도 시대적 필연이지 않을까요. 저도 한 걸음만 잘못 내딛었다면 어떻게 됐을지 모릅니다. 왜냐하면 저 역시 그들과 같은 위화감만은 공유하고 있었기 때문입니다.

대학 시절, 한 종교단체가 다카다노바바 역에서 학생을 꾀어 사무실로 데려가 보여 주는 영화가 〈성 프란체스코〉라는 이야기를 들었을 때 저는 충격을 받았습니다. 제가 중학생 시절 매우 감명 깊게 본 영화였기 때문입니다. 감독은 올리비아 허시 주연의

4장. 희지도 검지도 않은

〈로미오와 줄리엣〉으로 일본에서도 단번에 유명해진 프랑코 제페렐리[4]. 중세의 수도사였던 성 프란체스코라는 성인이 주인공인 1972년 작품입니다.

줄거리는 이렇습니다. 12세기 이탈리아 아시시에서 매우 유복한 직물업자의 아들로 태어난 프란체스코는 열여덟 살 때 아시시와 페루자의 전쟁에 참가하지만 열병에 걸려 귀향합니다. 그 후 그는 가난한 사람들에게서 돈을 빨아들여 부자가 된 아버지에게 반발하여 아버지의 재산을 빈민들에게 나누어 준 일로 의절을 당해 수도사가 됩니다. 그러나 거기서도 호화로운 교회에 반발하여 "신을 섬기는 자에게 교회는 필요 없다"며 교회를 부정하고 이탈리아에서 처음으로 탁발 수도회를 세웁니다.

〈성 프란체스코〉의 원제인 'Fratello Sole Sorella Luna'는 "태양을 형제에게, 달을 자매에게, 자연과 함께 살아가자"라는 그의 설법에서 따왔습니다. 성 프란체스코는 이탈리아에서는 그리스도와 비슷하게 사랑받는 성인이지요.

그런 영화가 종교단체를 권하는 데 이용되다니. 저는 화가 나면서도 동시에 제게도 그것이 파고들 위험성, 즉 미숙한 이상주의가 존재한다는 사실을 깨달았습니다. 사유재산의 부정, 호화로운 교회의 부정을 주장한 그 영화에 10대였던 저도 마음이 흔들렸기 때문입니다.

몇 년 후 1991년 9월, 저는 TV아사히의 〈아침까지 라이브 텔레비전!〉이라는 방송에서 '종교와 젊은이, 옴진리교 vs 행복의과학' 편을 우연히 봤습니다. 토론자는 옴진리교 신자 몇 명과 행복의과학 신자 몇 명에 경제인류학자와 작가, 대학교수 등을 더한 17명이었습니다. 가게야마 다미오가 이끄는 행복의과학이 '믿으면 행복해진다'는 이미 종교라 부를 수 없는 현세 긍정 일색이었던 것에 비해, 옴진리교의 아사하라 쇼코만은 인간의 마음속 어둠을 제대로 이야기한다는 인상을 받았습니다. 당시 아사하라에게는 '이 사람만은 진짜 종교가일지도 모른다'는 생각이 들게 하는 무언가가 분명히 있었습니다.

그렇지만 옴진리교가 중의원 총선거에서 선거 활동을 시작한 1990년부터 제 안에 분명히 의문이 생겼습니다. 우연히 나카노신바시 역 앞에서 가두연설을 보았을 때 저는 아연실색했습니다. 그들의 복장과 노래, 동물 의상 등이 너무도 촌스러웠던 겁니다. 아무리 생각이 올바르다 해도 그 노래 센스는 받아들일 수 없었습니다. 그 모습은 그들이 얼마나 요즘 시대의 '문화'를 접하지 않고 자라 왔는지를 여실히 드러냈습니다. 뭐, 그만큼 순수 배양되었다는 뜻이겠지요.

신자들은 생활의 자잘한 풍요를 누리지 않습니다. 먹는 것은 간소하고 입는 것에도 흥미가 없습니다. 음악이나 미술, 영화,

책, 교양 등에도 전혀 눈길을 주지 않습니다. 세계는 그런 작은 것의 축적으로 이루어져 있는데도 그들은 그 사실을 알아차리지 못합니다. 그래서 '본질'을 잃게 된 게 아닐까요.

옴진리교는 선거에서 크게 져서 그 뒤로는 단번에 종말 사상에 빠졌고, 1995년 3월 20일 지하철 사린 사건을 일으켰습니다. 거기까지의 과정은 이미 저로서는 이해할 수 없는 영역이지만, 그래도 '옴진리교는 우리 사회에서 태어났다'는 사실은 잊어서는 안 될 것입니다.

피해자 유족 모두가 가해자를 저주하는 것은 아니다

텔레비전은 범죄 사건을 다룰 때 '슬픔의 대상으로서 정서적으로 등장하는 피해자' 대 '공격의 대상으로 등장하는 가해자'라는 단순한 도식에 끼워 맞추려 합니다. 저는 이 도식에 들어가지 않는, 사건의 직접적인 관계자가 아닌 사람이 어떻게 하면 사건을 자신의 일로 받아들일 수 있을지를 고찰해 보고 싶어서 가해자 측 가족을 주인공으로 삼기로 했습니다.

첫머리에 쓴 것처럼 그들은 흰색과 검은색 둘 다 지니고 있는 이중성을 띱니다. 즉 가해자성과 피해자성을 모두 가지고 있지요. 감정이입이 잘 안 되는 이런 대상은 텔레비전에서 배제됩니다. 텔레비전은 사건을 알기 쉽게 전달하기 위해 대담한 단언이 필요하다고 강박적으로 생각합니다. 저는 이 부분에 가장 큰 의문을 품고 있었습니다. 어떻게 하면 보는 사람을 생각하게 만드는 작품이 될까, 그것을 〈디스턴스〉에서 시험해 보고 싶었습니다.

지금은 지하철 사린 사건으로부터 20년 이상 지나 피해자 유족이 하는 말은 절대적이라는 풍조가 더욱 강해졌습니다. 가족이 "죽여 버리고 싶다"고 말해도 괜찮은 분위기, 세상 사람들이 그런 정서에만 이끌려 가는 모습에 저는 매우 위화감을 느낍니다.

이를테면 2009년에 시작된 배심원 제도도 아직 문제가 있습니다. '나도 어느 날 가해자가 될 가능성이 있다'는 인식을 희박하게 지닌 채 재판에 임하면, '내가 피해자라면 이 사람을 용서할 수 있을까?'라는 피해자 입장의 발상으로밖에 판단할 수 없습니다. 만약 그런 생각 한편에 '우리는 이 가해자를 낳은 사회에서 살고 있다'는 의식이 균형 있게 존재하면, 배심원 제도는 우리와 사회의 관계를 생각하는 데 있어서 우리를 성숙하게 만드는 도구가 되지 않을까요.

확실히 사회는 우리 시민들을 지키기 위해 법률을 만들고, 그 법률은 범죄자를 처벌합니다.

그러나 그 범죄자가 진실로 갱생할 경우에는, 혹은 갱생하기

위해서는 사회가 다시 한 번 그를 받아들이는 안전망이 되어야
합니다. 법률로 벌을 받는 것과 사회가 그들을 언젠가 용서하고
받아들이는 것은 결코 모순 없이 양립해야 합니다. 유감스럽게도
일본에서는 이와 같은 사회에 대한 성숙한 사고방식이 정착되어
있지 않습니다.

세상의 선악을 결정하는 것이 법률밖에 없어서 법률과 모순되
는 윤리관이 생겨나지 못하는 편향된 사회라면, 일반 시민이 재
판에 참여하는 것은 더욱 불균형을 조장할 뿐이지 않을까요. 저
는 그것이 두렵습니다.

제가 피해자 유족 가운데 강렬한 인상을 받은 사람은 고노 요
시유키 씨입니다.

옴진리교는 지하철 사린 사건을 일으키기 9개월쯤 전인 1994년
6월 마쓰모토 사린 사건[5]을 일으켰습니다. 고노 씨는 이 사건의
최초 신고자여서 사건 직후 경찰이 중요 참고인으로 삼은 분입니
다. 경찰의 수사가 바른지 그른지를 검증해야 할 미디어는 그를
범인 취급하며 경찰 정보를 흘렸습니다. 진상이 밝혀지기 전까지
전국에서 고노 씨의 집으로 욕하고 헐뜯는 편지가 날아들었다고
합니다.

그런 일을 당하면 인간 불신에 빠져도 이상하지 않고 옴진리교

를 저주해도 어쩔 수 없습니다. 하지만 고노 씨는 어느 전 신자에게 아내가 쓰러졌던 정원을 가지치기시키고 낚시나 온천까지 함께 갔습니다.

분명 어느 텔레비전 방송이었다고 기억하는데, 이와 같은 상황을 이상하게 여긴 미디어가 "어째서 그렇게 가해자를 용서할 수 있나요?"라고 묻자 고노 씨는 이렇게 대답했습니다.

"하지만 저는 당신들도 용서해서 이렇게 취재에 응하고 있지 않습니까."

고노 씨는 사건의 가해자인 옴진리교보다 당시 자신을 범죄자 취급한 텔레비전이나 신문기자들을 더 용서하기 어려웠습니다. 그래도 공식적으로 사죄하면 취재를 받아들였습니다. 미디어 측은 이 점을 완전히 잊은 채 염치도 없이 물었던 것입니다.

미디어로서는 고노 씨가 "옴진리교 녀석들을 죽이고 싶다" 같은 저주의 말을 퍼붓기를 바랄 테니, 그가 가해자인 전 신자와 거의 친구 같은 관계가 된 게 믿기 어렵고 이해할 수 없겠지요. 그러나 피해자가 모두 가해자를 저주하는 건 아닙니다. 인간의 감정은 이다지도 복잡하고 다양성으로 가득합니다.

저는 이 사실을 피해자 유족인 고노 씨를 통해 새삼 느꼈습니다.

4장. 흰지도 검지도 않은

"애드리브는 대사를 못 쓰는 사람의 핑계다"

이야기가 조금 딱딱해졌네요. 영화 이야기로 돌아갑시다.

전작 〈원더풀 라이프〉를 찍을 때 제가 일반인들에게 흥미를 느꼈다면 다큐멘터리 세계로 돌아갔을지도 모릅니다. 하지만 저는 촬영 현장에서의 한 사건을 계기로 일반인이 아닌 배우에게 흥미를 느끼게 되었습니다.

앞에서도 말했지만 영화에서 추억을 이야기하는 일반인으로 다타라 기미코라는 77세의 할머니가 출연했습니다. 다타라 씨가 어린 시절에 '빨간 구두' 춤을 추면서 하얀 손수건을 어떻게 들고 있었는지를 떠올리기 위해 노래를 흥얼거리며 직접 춤을 추기 시작하는 장면이 있습니다. 다타라 씨는 어린 시절의 자신을 연기하는 여자아이에게 손수건을 건네고 의자로 돌아갔지만 그 곁에는 데라지마 스스무 씨, 이우라 아라타 씨, 오다 에리카 씨가 나란히 앉아 모두 연기하는 여자아이를 다정하게 지켜보며 함께 빨간 구두를 흥얼거리기 시작했습니다.

그건 제 지시가 아니라 자연발생적인 행동이었습니다. 그 모습을 본 저는 솔직히 감동했습니다. 배우라는 매우 허구적인 존재가 일반인에게 영향을 받아 스스로 웃고 노래하고 움직이는 장면을 처음 봤기 때문입니다.

배우에게서 자발적, 내발적으로 생겨나는 감정을 이용하여 영화를 한 편 찍으면 재미있겠다. 그렇게 생각한 저는 차기작 〈디스턴스〉에서 배우를 쓰긴 하되 각본 없이 역할과 설정만으로 찍는, 일종의 실험적 스타일을 시도했습니다.

배우의 애드리브에 대해 생각할 때 머릿속에 떠오르는 연출가가 두 명 있습니다.

한 사람은 드라마 〈강변의 앨범〉〈들쑥날쑥한 사과들〉〈고교 교사〉 등을 연출한 가모시타 신이치[6] 씨입니다.

1997년 가모시타 씨가 연출한 연극 〈유리 동물원〉[7]의 연습 장면을 일주일 동안 구경한 적 있는데, 저는 그런 정교하고 치밀한 고도의 연출을 도저히 할 수 없다는 점을 뼈저리게 느꼈습니다.

가령 화자이자 주인공 롤라의 남동생 톰을 연기하는 가가와 데루유키 씨가 담배를 물고 "그게 가족의 추억입니다"라며 성냥을 긋는 장면. 연기를 마친 가가와 씨에게 가모시타 씨는 이렇게 말했습니다.

"아냐. '추억'은 내성적인 단어니까 성냥을 그으려면 바깥쪽이 아니라 안쪽을 향해 그어야지."

그리하여 안쪽으로 성냥을 그었더니 확실히 배우가 능숙해 보였습니다.

소름이 돋았습니다. 안쪽을 향하는 단어와 바깥쪽을 향하는 단어란 무엇일까, 하고 필사적으로 메모했던 기억이 납니다.

가모시타 씨는 배우가 계단에서 어떻게 멈춰 설지, 그건 오른발일지 왼발일지, 이쪽으로 돌아볼지 저쪽으로 돌아볼지 등 모든 행동과 대사의 의미나 역할을 설명할 수 있었습니다. 배우가 고민하며 묻는 것에는 모두 대답해 줄 수 있었습니다. "스스로 생각해 봐"라는 말은 한 번도 하지 않았습니다. 답은 모두 가모시타 씨가 가지고 있었습니다. 배우의 애드리브는 전혀 신용하지 않았던 게 아닐까 합니다.

가모시타 씨는 깊이 있는 교양이 뒷받침된 연출가였습니다. 대사를 음악에 비유하며 "피아노처럼 시작해서 바이올린으로 변하게" 같은 지시를 할 수 있었고, 세트 도면도 직접 그렸다고 합니다. 도쿄 대학 문학부 미학미술사과를 졸업한 그는 "연출가는 세트 도면을 전부 그릴 수 있어야 한다"고 말했습니다.

다른 한 사람은 극작가 히라타 오리자[8] 씨입니다.

히라타 씨와는 두 번 정도 대담을 했는데, 그의 사고방식은 매우 심플합니다.

"애드리브는 대사를 못 쓰는 사람의 핑계다."

"배우의 자기표현 같은 건 작가에게는 방해가 될 뿐이다."

"뛰어난 작가는 배우의 애드리브 같은 데 의지하지 않고도 그 대사가 그 자리에서 태어나는 것처럼 쓸 수 있다. 그런 대사를 쓸 수 없다면 작가가 되어선 안 된다."

두 연출가의 생각은 충분히 이해할 수 있습니다. 역시 같은 연기를 반복해야 하는 연극과 영화 사이에는 차이가 있겠지요.

현장의 자유로움인가, 작품의 자유로움인가

그러나 저는 〈디스턴스〉에서 구태여 배우에게 애드리브를 요구했습니다. 그들이 역할에 완전히 빠져서 분출하는 단 한 번의 대사나 움직임, 표정을 카메라에 담으려 했던 겁니다. 이 영화에서 몇 장면은 제가 원하는 대로 실현되었습니다.

이를테면 나쓰카와 유이 씨.

나쓰카와 씨에게 배역을 의뢰할 때, 그녀는 "각본에 쓰여 있지 않은 말을 한 적은 한 번도 없어요"라고 했습니다. "저는 이런 말투보다는 저런 말투가 더 말하기 쉽다는 식의 의견을 감독님께 전한 적은 있지만, 각본에 없는 말을 한다는 건 대체 뭘까요. 짐작이 안 가요. 하지만 흥미로우니까 해 보고 싶어요"라며 간신히 받아들였습니다.

하지만 그녀는 실제로 현장에 들어가자 한마디도 하지 못했습니다. 배우 미팅 후 요요기하치만 신사에 다 함께 산책하러 가서 시험 삼아 촬영해 봤는데, 이세야가 말을 걸어도 묵묵부답이었습니다. 카메라를 끄자 "이세야, 부탁이니까 나한테 말 걸지 말아 줘"라고 했습니다. 촬영이 시작되어도 마찬가지여서 부담감 때문에 위궤양에 걸렸습니다.

그러나 전환점은 분명 찾아옵니다.

아라타가 나쓰카와 씨와 향주머니를 들고 데이지 이야기를 하는 장면을 촬영했는데, 거기서 나쓰카와 씨는 불쑥 "남편이 마지막으로 집에서 나갈 때 신발을 잊어버리고 갔어"라고, 처음으로 스스로 남편 역인 엔도 겐이치 씨와의 장면을 떠올리며 말했던 것입니다. 매우 자연스럽게 역할에 빠져들어 기억을 떠올리듯 이야기했습니다. 촬영이 끝난 뒤 나쓰카와 씨는 "감독님이 원하는 게 뭔지 알 것 같아요. 하지만 역시 위가 아프네요"라며 웃었습니다.

다른 하나는 호수의 부두에서 료 씨와 아사노 다다노부가 대화하는 장면입니다. 촬영 전 저는 아사노에게 "대화가 진행되는 도중에 '도망가자'라고 료 씨를 부추겨 줘"라고 부탁해 두었습니다.

료 씨에게는 아사노가 그런 말을 꺼내리라는 것을 전하지 않았습니다. 미국 영화감독 존 카사베테스[9]가 "어떤 애드리브를 할 경우, 둘이라면 두 배우의 정보량에 차이를 둔다"는 방법을 책에 쓴 적이 있어서 실천해 보고 싶었습니다. 이때 료 씨의 "엇……" 하

© 2001 〈디스턴스〉 제작위원회

고 놀라는 표정, 당혹감, 그것을 받아들이는 아사노의 연기도 매우 스릴 있었습니다. 이와 같은 정보 격차 작전은 네 번째 작품 〈아무도 모른다〉에서도 응용할 수 있었습니다.

그러나 영화 전체적으로는 배우의 애드리브에 모조리 맡길 수 없는 부분이 있었습니다.

영화는 원래 '부성, 부권의 부재'가 주제였는데, 크랭크인 직전에 아버지가 돌아가셔서 제가 이 주제에 완전히 빠져 버렸기 때문입니다. 그 탓에 왠지 배우의 연기를 찍는다기보다 영화가 저의 상실감을 둘러싼 이야기처럼 되고 말았습니다. 그래서 제가 배우에게 무엇을 바라는지를 그들이 항상 신경 쓰게 되었지요. 결과적으로 모든 등장인물이 감독 저 자신으로 보이는 순간이 많았습니다. 그래서 배우도 오히려 '부자유'스러웠다고 생각합니다. 이것이 세 번째 작품의 반성점입니다. 만약 지금 배우의 애드리브만으로 영화를 찍는다면, 배우가 자기 자신과 보다 더 대화하기 쉬운 모티프를 고를 것입니다.

또 하나 실감한 점은 '배우가 촬영 현장에서 자유로운 것'과 '완성된 작품이 자유롭게 보이는 것'은 별개라는 사실입니다. 어느 쪽이 좋은가 하면 당연히 완성된 작품이 자유로운 쪽입니다. 이를 위해서라면 현장이 부자유스러워도 좋다는 가치관의 전환이 〈디스턴스〉에서 얻은 가장 큰 수확입니다.

그래서 여러 가지로 미숙하고 실패도 했지만, 저는 개인적으로는 이 영화를 아주 좋아합니다. 왜냐하면 확실히 그 시기에 생각했던 것, 느꼈던 것이 작품에 반영되었기 때문입니다.

감독 자신의 사고 과정을 따라 상업영화를 제작하기란 지금의 영화계에서는 좀처럼 힘들겠지요. 그래서 30대의 마지막에 이와 같은 아주 사치스러운 실험을 할 수 있었던 것에 감사합니다.

망각

2005

내 역사 속 '헌법'을 제재로 삼다

저는 그 후로도 계속 '가해와 피해'라는 주제에 매료되어 작품 두 편을 더 만들었습니다. 하나는 다큐멘터리인데 NONFIX에서 방송한 〈시리즈 헌법〉의 〈망각〉, 다른 하나는 영화 〈하나〉입니다.

〈시리즈 헌법〉은 NONFIX를 담당하는 후지TV 편성부의 프로듀서에게 연락받은 것이 계기였습니다. 과거 저를 포함한 제작 프로덕션 소속 연출가들이 참여했던 〈재일 한국인을 생각하다〉 시리즈와 〈다큐멘터리의 정의〉라는 방송이 업계에서 주목받은 적도 있어서, 그 프로듀서 역시 보다 이목을 끄는 기획을 시리즈로 다루고 싶다고 말했습니다.

그래서 저는 옴진리교를 다룬 다큐멘터리 영화 〈A〉 〈A2〉[10] 등을 감독한 모리 다쓰야[11] 씨와 1997년에 시인 다니카와 슌타로[12] 씨가 등장하는 〈시의 복싱〉이라는 멋진 작품을 찍은 텔레콤 스태프의 나가시마 고헤이[13] 씨 두 사람에게 이야기를 꺼냈습니다. 무엇을 할지 의논했더니 아마 나가시마 씨가 "헌법을 다루고 싶다"는 말을 꺼내던 것 같습니다.

저는 이 멤버로 헌법을 다루면 상당히 날카로운 작품이 되리라는 생각에 위험 관리 차원에서 후지TV 보도국도 끌어들이기로 했습니다. 나중에는 제작 프로덕션인 다큐멘터리 재팬과 슬로핸드도 참가하기로 했습니다. 모리 씨는 '제1조 천황', 나가시마 씨는 '제96조 헌법개정', 후지TV는 '제21조 표현의 자유', 다큐멘터리 재팬은 '제24조 남녀평등', 슬로핸드는 '제25조 생존권'을 골랐고 마지막으로 제가 '제9조 전쟁포기'를 선택했습니다.

헌법 제9조는 1967년 〈현대의 주역〉[14]이라는 다큐멘터리 프로그램에서 〈일장기〉[15]라는 작품을 방송하여 "편향되어 있다"는 평을 들으며 큰 문제를 일으킨 하기모토 하루히코가 다음에 다루려 했던 주제입니다. 하지만 그때 하기모토 씨가 생각했던 건 거리의 사람들에게 헌법 제9조를 낭독시키기와 같은 가벼운 기획이었다고 들어서, 저는 어떤 형태로 그려 나가야 할지 궁리했습니다.

〈망각〉 2005년 5월 4일 방송 | 후지TV NONFIX | 47분 **개요** 1962년 도쿄에서 태어나 자위대에서 검도를 배우고 울트라맨을 정의라 믿으며 어린 시절을 보낸 현재 42살의 연출가 고레에다 히로카즈 본인의 역사를 입구 삼아 헌법 제9조의 존재가 우리의 내면에 어떻게 관계해 왔는지, 지금도 관계하는지를 묻는다. **수상** ATP상 우수상

4장. 희지도 검지도 않은

솔직히 말하자면 제가 헌법에 대해 내내 생각했던 건 아닙니다. 다만 저는 2003년 12월 당시 총리였던 고이즈미 준이치로가 이라크 파병을 결정했을 때, 의도적으로 헌법 전문의 일부만을 들어 파병의 근거로 삼은 것에 충격을 받았습니다. 헌법의 근본 정신을 무시한 무모한 해석에 '이게 말이 되나?' 하고 진심으로 분노를 느꼈습니다.

또 하나, 제가 나고 자란 도쿄 네리마 구에는 자위대 주둔지가 있어서 그 존재를 매우 친근하게 느꼈던 것도 있습니다. 초등학교 옆이 주둔지여서 많은 친구들이 자위대 관사에 살았습니다. 그 아이들과 저는 매주 일요일이면 주둔지 안에 있는 도장으로 검도를 배우러 다녔고, 연습이 끝나면 부지 안에 놓여 있던 이제는 사용하지 않는 전차나 전투기에 들어가서 놀았습니다. 그러면 정말로 제가 울트라 경비대가 된 듯한 기분이 들었습니다. 제게는 그런 전차의 냄새나 감시창으로 보이는 풍경에 흥분했던 어린 시절의 원체험이 있었습니다.

또 저는 1962년에 태어나 전후 민주주의에 완전히 몸을 담고 살아왔습니다. 이제 전쟁은 일어나지 않는다, 평화로운 일상이 계속된다는 분위기가 당연한 듯했습니다. 하지만 나이를 먹을수록 오키나와 미군기지 문제나 자위대 문제에 대한 여러 모순을 깨닫게 되었습니다. 즉 어린 시절 자위대에 품었던 일종의 동경과 현실 사이에는 명백한 괴리가 있었던 것입니다.

저는 그런 저 자신의 괴리를 모티프로 삼아 오키나와, 히로시마, 타이완, 한국, 아우슈비츠, 미국 등에서 촬영했습니다. 헌법 그 자체에 대한 다큐멘터리라기보다, 헌법을 제재로 삼아 자신의 역사 속에서 의식되고 또 망각되어 온 '권력' '폭력' '가해성' 등을 재검토해 보는 작품을 만들고 싶었습니다.

촬영은 2004년 종전 기념일에 야스쿠니 신사와 지도리가후치 (지도리가후치 전몰자 묘원에는 제2차 세계대전 전사자 중 신원을 알 수 없는 사람 및 민간인의 유골이 안치되어 있다—옮긴이)에서 시작했습니다. 지도리가후치에는 고이즈미 총리의 헌화가 있어서 솔직히 불쾌했습니다. 평소 그의 언동을 보건대 8월 15일 이곳에 꽃이 놓여 있다는 것에 뻔뻔함과 오싹함을 느꼈습니다. 그래서 '위령이란 무엇일까?'라는 의문이 먼저 제 안에서 생겨났습니다.

'기념비'와 '추모비'

전쟁을 기억하는 형태는 나라마다 다르고 또 시대에 따라서도 다릅니다.

예를 들어 비碑에는 전승 기념으로 세우는 '기념비'와 희생자의 죽음을 애도하는 '추모비'가 있는데, 제 생각으로는 군인을 신으로 모시는 야스쿠니 신사는 기념 시설이고 지도리가후치 전몰자 묘원은 추모 시설입니다. 그래서 고이즈미 총리가 야스쿠니 신사에 가고 싶어 한다는 점은 둘째 치고, 그런 인간은 지도리가후치에는 오지 말아야 한다고 생각하기에 불쾌했던 것입니다.

미국 워싱턴 주에 있는 '베트남 참전 용사 추모 조형물'은 그야말로 추모비입니다. 길이 75미터, 높이 3미터에 이르는 화강암으로 만든 검은 벽이 두 개 나란히 서 있고, 벽 가득히 전사한 병사의 이름이 5만 8000개 이상 새겨져 있습니다. 방문한 유족은 벽에 종이를 대고 연필로 문질러 친족의 이름을 떠냅니다. 저는 그 압도적인 수의 이름을 보고 이만큼 많은 인생이 없어졌으며, 또 그것을 애도하는 가족이 있다는 사실을 뼈저리게 느꼈습니다. 이 시설은 아주 공적인 동시에 아주 사적이기도 합니다. 그 점이 멋지다고 생각했습니다.

오키나와에 있는 '평화의 초석'도 분명 '베트남 참전 용사 추모 조형물'을 모델로 삼았으리라 생각합니다만, 더욱 멋진 부분은 피해자 이름과 가해자 이름이 양쪽 다 함께 새겨져 있다는 점입니다. 오키나와에서 목숨을 잃은 미군의 이름도 같은 돌에 새겨져 있는 것입니다.(이에 대해서는 적지 않은 사람들이 반대했다고 들었습니다.) 피해자 측에도 가해자 측에도 서지 않는 자세는 매우 신선하게 느껴졌습니다.

아우슈비츠는 빈 영화제에 갔을 때 방문했습니다. 사람 몸에서
나온 기름으로 만든 비누나 머리카락으로 만든 스웨터 등이 전시
되어 있었습니다. 당시 독일인은 유대인을 '사람'으로 여기지 않
았지요. 인간이라는 존재가 이렇게까지 잔혹한 짓을 할 수 있다
는 점을 통렬히 느끼게 해 주는 장소입니다. 그런데 그 전시품 가
운데 제가 가장 충격을 받은 것은 엄청난 수의 신발이었습니다.
그리고 시계나 안경 등의 장신구. 무엇이 인간의 상상력을 자극
하여 과거를 선명하고 강렬한 이미지로 소생시키는지는 사람마
다 다르겠지만, 제 경우에는 이러한 물건에 엄청 민감하게 반응
합니다. 직접적인 전달법 이상으로 간접적인 묘사에 끌립니다.

한편 한국 서울 교외에 있는 '서대문 형무소 역사관'은 일제 강
점기 때 민족 독립운동에 몸을 던져 체포당한 정치범들이 투옥되
었던 형무소 유적인데, 전쟁의 비참함을 전하는 시설로는 그다지
잘 만들었다는 생각이 들지 않았습니다.

지하 고문실에서는 형사 드라마의 한 장면처럼 일본 경찰 인형
과 애국 열사 인형이 나무 책상을 사이에 두고 앉아 일본 경찰이
열사의 손톱 밑을 송곳 같은 것으로 찌르는데 스위치를 켜면 비
명을 지르도록 설계되었습니다.

하지만 그다지 리얼하지 않습니다. 인형의 만듦새가 나쁘다거

4장. 희지도 검지도 않은

나 컴퓨터 그래픽이 더 리얼하다는 뜻이 아니라 보는 쪽의 상상력을 자극하지 않습니다. 아우슈비츠에서 신발로 쌓은 산을 보고 '인간이란 무엇인가' 생각하게 되는 것처럼 사고의 깊이를 촉구하지 않습니다. 이는 제가 가해자 측인 일본인이기 때문일지도 모르지만 '일본인은 지독하구나' 이상의 생각은 들지 않았습니다.

물론 피해의 극심함을 호소하는 것이 목적이라면 그걸로 문제없을지도 모르지만, 전쟁을 어떤 식으로 다음 세대에게 설명할지를 결정할 때 피해자 쪽으로 기울어진 이야기가 큰 비중을 차지하면 거기서 사고가 멈추어 일종의 배타주의와 적대주의만 부추기게 되지 않을까요. 이는 입장을 바꾸어 히로시마나 나가사키에 대해 이야기할 때도 할 수 있는 말이라고 생각합니다.

'가해'를 망각하기 쉬운 국민성

독일의 전후 처리 방법은 훌륭했습니다. 자신의 가해성을 인정하고 그것을 공개해 나가는 공정함에 비해 일본은 유감스럽게도 그러한 입장을 취하지 않고 있습니다. 이는 피해자 의식이 국가적 수준에서도 국민적 수준에서도 지나치게 강하기 때문이 아닐까요.

이를테면 제 어머니가 추억으로 이야기하는 전쟁은 도쿄 대공습뿐이었습니다. "욕심 부리지 말고 타이완과 한국만으로 그쳤다면 좋았을걸. 그랬다면 지금쯤은……" 하고 주눅 들지도 않고 말하는 어머니에게는 명백하게 피해 감정밖에 없습니다.

이는 아버지도 마찬가지였습니다. 아버지는 식민지 타이완에서 나고 자랐는데, 타이완 시절의 행복했던 청춘기 이야기와 중국에서 패전을 맞이하여 시베리아로 억류되어 강제노동을 한 이야기밖에 하지 않았습니다. 그 사이에 중국에서 무슨 일이 있었는지(본인이 무엇을 했는지)는 결국 말하지 않았습니다.

개인의 수준이 이러니 당연히 일본사 자체도 그런 형태를 취하겠지요. '가해의 기억'은 없던 셈 치거나 "다들 그렇게 했으니까"라고 정색하거나 불문에 부칩니다. 즉 나라 전체가 잊는 방향으로 향하는 것입니다.

작품 제목으로 붙인 '망각'은 그런 점을 가리킵니다. 헌법 제9조는 대담하게 말하자면 성서에서의 '원죄'가 아닐까요. 요컨대 '가해'를 망각하기 쉬운 국민성에 대한 일종의 쐐기로, 우리가 항상 죄의식을 자각하며 전후를 살아가는 데 필요했던 게 아닐까요. 이 조항은 미국이 부여했다 할지라도 일본인에게는 중요한 역할을 해 왔고, 또 앞으로도 그렇지 않을까요.

저는 만약 일본 사회가 참된 의미로 성숙한다면, 그때는 일본인이 자신의 손으로 헌법을 고쳐 쓰고 제9조는 국민투표로 다시 선택해야 한다고 생각합니다. 이상을 말하자면 의사와 긍지와 각오를 가지고 제9조를 다시 한 번 선택하는 것입니다. 단, 그때는 미군 주둔 문제는 물론이고 쇼와 천황의 전쟁 책임까지 포함하여, 도쿄 재판(제2차 세계대전 당시 일본의 주요 전범 처리를 위해 열린 재판—옮긴이)도 일본인 스스로 반드시 다시 열어야 합니다. 가해의 책임을 제대로 되묻는 것입니다. 거기에는 시민도 휩쓸린 무차별 폭격을 반복한 미국의 전쟁 범죄 책임을 묻는 일도 당연히 포함됩니다.

종교학자 야마오리 데쓰오[16] 씨는 책에 "'일본인은 죽으면 모두 부처가 된다'고 하는데, 죽은 인간을 벌하지 않는 그 감각이 중국이나 한국과는 명백하게 다르다"고 썼습니다. 확실히 일본에서는 죽은 자를 채찍질하는 일은 윤리적으로 그르다고 여깁니다. '죽으면 어떤 악인이든 부처님'이라는 일본인의 사고방식이 이른바 A급 전범이라도 '영령'으로서 다른 전사자와 한데 묶어 버리는 것입니다.

그러나 "야스쿠니 신사에서 두 손을 모으는 것은 전쟁으로 희생된 사람들에 대한 애도"라고 아무리 말한들 국제적으로 이해받기는 어렵습니다. 적어도 어쩌면 야스쿠니 신사에 모셔졌을지도 모를 중국인과 한국인은 당사자로서 이 문제에 대한 의견을 말할 권리가 있다고 생각합니다.

　정부나 일부 일본인들은 종종 "내정간섭"이라느니 "외국인에게 이러쿵저러쿵 듣고 싶지 않다"느니 하지만, 지금 시점에서는 어쨌거나 야스쿠니 문제 자체가 전쟁 전부터 이어진 역사 문제인 이상, 중국과 한국, 타이완을 포괄한 형태로 대처해야 할 국제 사안이 아닐까 합니다.

양론 병기를 하지 않기 위해

　저는 항간(주로 인터넷)에서 말하는 것처럼 좌익이 아니며, 종교 경전을 외듯 헌법 수호를 외치면 평화가 유지된다고 생각할 정도로 단순하지도 않습니다. '일본은 전쟁을 하지 않는 평화로운 나라, 왜냐하면 헌법 제9조가 있으니까'라는 식으로 근거를 대는 것은 오키나와에 일방적으로 과도한 부담을 떠안기며 미일안보체제에 기대고 있는 이상 기만이라고 생각합니다. 그러므로 누가 뭐래도 헌법 수호다, 바꿔서는 안 된다는 시각으로 작품을 만들 생각은 없었습니다.

　헌법 관련 방송을 보면, 특히 NHK에서 두드러지는 현상인데 개헌파와 헌법 수호파를 양쪽 다 출연시키고 토론자 수와 말하는 시간을 똑같이 맞추는 등 거의 모두가 양론 병기로 도망칩니다. 이는 제작자의 사고가 멈춘 겁니다. 그들도 양론 병기가 공평하다고 진심으로 믿는 건 아니겠지요. 자신의 신변을 보호하기 위해 그렇게 할 뿐이라고 생각합니다.

본디 양론 병기란 보는 사람의 사고를 그다음으로 더욱 진전시키기 위해 존재하는 수단에 지나지 않습니다.

다양한 선택지를 제시하여 그다음을 생각하게 만들기 위해 쓰는 수단이지 목적이 아닙니다. 그 자체를 목적으로 삼으면 제작자가 다음 단계로 사고를 진전시키지 못하므로, 보는 사람도 마찬가지로 누구도 아무것도 생각하지 않는 상황이 벌어집니다.

그렇다면 제가 헌법을 작품 주제로 다룰 때 양론 병기를 하지 않으려면 어떻게 해야 할까요. 그 답은 '나의 역사'였습니다.

저는 NONFIX에서 시리즈를 만들고 싶다고 했던 앞서 말한 프로듀서에게 첫 번째 기획서를 낼 때부터 "제 역사로 만들겠습니다. 양론 병기는 하지 않겠어요"라고 전했습니다.

그 후 우여곡절 끝에 모리 다쓰야 씨가 이 기획에서 빠졌고, 제 기획도 어떻게든 양론 병기로 만들 수 없겠냐는 말이 나오는 등 시리즈 기획을 제안한 프로듀서는 방송국 상층부와 완고한 연출가들 사이에 끼여 이러지도 저러지도 못하며 방송이 가까스로 만들어지기까지 엄청난 고생을 한 모양입니다. 그래도 헌법에 관한 시리즈를 방송하려 했던 것만으로도 당시 후지TV는 기개가 있었다고 생각합니다. 요즘이라면 이런 기획은 어느 방송국에서도 통과하지 않겠지요.

방송 제작 당시 저는 《론자論座》라는 잡지에서 다음과 같은 발언을 했습니다.

> 살의나 전쟁 등 자신의 사고 바깥에 있는 것에 대해, 그
> 방송을 본 사람이 자신의 내부에서 바르게 상상력을
> 가동시켜 가는 것. 분명 텔레비전에는 그곳으로 향하게
> 만드는 힘을 가진 표현이 결여되어 있다고 생각한다. 그런
> 것과 마주치는 장소를 확보하는 일이 최종적으로는 공동체
> 자체와 개인을 풍요롭게 만든다고 생각한다. 그것이
> 공공재인 텔레비전이 해야 할 역할이다.
>
> ─《론자》 2005년 4월 호

이 생각은 10년이 지난 지금도 변함없습니다.

다큐멘터리를 영화관에서 상영하는 것에도 물론 의미가 있지만, 영화관에 헌법을 주제로 한 작품이 걸릴 때 그곳으로 오는 관객은 원래 헌법에 대해 진지하게 생각하고 있는 의식 높은 소수의 사람들입니다. 그러니 역시 심야라 해도 후지TV에서 방송하

는 것이 중요하지요.

　텔레비전을 보는 사람 가운데 "나는 후지TV는 싫어하지만 TV 아사히는 봐"라는 사람은 별로 없습니다. 재미있는 방송이라면 누구든지 볼 것입니다. 저는 그런 '뜻밖의 마주침'이 텔레비전의 장점이라고 생각하며, 그러므로 텔레비전 방송으로 작품을 본 사람의 사고를 더욱 깊이 있게 만들어 가려는 생각을 언제나 품고 있습니다.

하나

2006

영웅이 등장하지 않는 시대극

영화 〈하나〉는 원수를 갚지 않는 무사의 이야기입니다.

2003년 개봉한 미국 영화 〈라스트 사무라이〉[17]를 시작으로 서양 영화 중에서도 용맹한 시대극이 차례로 개봉되던 당시, 저는 영웅이 등장하지 않는 시대극을 그리자고 생각했습니다. 주인공은 '가난한 데다 검술도 약하고 도망치는 발걸음도 빠른' 도무지 무사답지 않은 무사인데, 아름다운 미망인을 사랑하여 충의와의 사이에서 고뇌도 합니다. '47인의 습격'(아코 번의 가신들이 주군의 원수를 갚기 위해 적의 저택을 습격한 사건. '주신구라'라는 제목으로 가부키 등으로도 만들어졌다―옮긴이)이나 라쿠고(우스운 내용으로 청중을 즐겁게 만드는 일본의 전통 예능―옮긴이) 등의 모티프도 차용하여 순수한 오락 시대극을 만들고자 했습니다.

하지만 스타트 지점으로 거슬러 올라가면 역시 거기에 있는 것은 2001년 9월 11일에 일어난 미국의 9·11 테러 사건입니다.

'선악의 이원화'는 매우 단순한 생각입니다. 9·11이 선악의 이원론을 정당화시켰다고 하면 과언일지도 모르지만, 당시 미국인의 80퍼센트가 이라크 공격을 지지한 것은 역시 이상한 일입니다.

일본도 고이즈미 총리가 어떤 검증도 없이 무조건적으로 미국 정부를 지지했습니다. 그리고 일본의 가장 나쁜 점은 아직까지도 그 정당성을 검증하지 않았다는 점입니다. 당시 영국 총리 블레어도 미국 대통령 부시도 다시 검증당해 적어도 정치적으로는 판결받았지만, 고이즈미 전 총리는 전혀 그런 과정 없이 "다음 총리로 누가 좋을까요?"라는 질문에 아직까지 이름이 거론됩니다. 바로 그가 지금 일본의 양극화 사회를 만든 원흉인데도 일본인은 정말로 이미지로만 판단합니다. 이는 미디어의 탓도 있겠지만 그래도 좀 이상하다고 생각합니다.

검증하지 않는다는 것은 결국 역사가 없다는 것입니다. 사람이 순간순간의 감정으로만 움직이니 매우 위험합니다. 저는 9·11 이후의 일본을 보며 '사람은 의외로 간단하게 전쟁에 가담하는구나'라고 느꼈습니다. 그리고 생각보다 더 이 일에 대한 책임을 잊어버린다고도 느꼈습니다.

당시 제가 신문에 칼럼을 실었을 때 '자위대의 이라크 파병'이라고 썼더니 "파견으로 고쳐 주세요"라는 말을 들었습니다.

미디어도 그런 식으로 그 사건을 에둘러 표현했습니다. 그러나 해외로 군대를 보내는 것은 그 옳고 그름에 대해 국민투표를 해야 할 정도의 대사건 아닌가요. 그런 절차도 밟지 않고 헌법을 크게 곡해하여 군대를 해외로 보내는 행위가 총리 한 사람의 인기 따위로 국민에게 받아들여지다니, 제2차 세계대전 직전과 상황이 다르지 않은 것 같아서 공포를 느꼈습니다. 일본은 민주주의 국가가 아니라는 생각이 절실하게 듭니다.

그로부터 10년이 지났지만 일본의 상황은 더욱 악화되고 있습니다.

요전에 어느 영화의 오디션을 보러 온 말레이시아 출신 남성이 "말레이시아에서는 민족 대립이 전혀 없어요"라고 말했습니다. 말레이시아는 말레이계 사람이 30퍼센트, 중국계 사람이 60퍼센

<하나> 2006년 6월 3일 개봉 | 127분 **배급** <하나> 필름파트너스(티브이맨 유니언, 엔진필름, 반다이 비주얼, 쇼치쿠) **줄거리** 때는 겐로쿠 15년(1702년), 아버지의 원수를 갚기 위해 에도로 온 젊은 무사 아오키 소자에몬은 인정 넘치는 연립주택에서 반 년 동안 지내던 중 '복수하지 않는 인생'도 있다는 사실을 깨닫는데……. **수상** 다카사키 영화제 최우수 작품상·남우조연상(가세 료)·특별상(배우 일동) 외 **출연** 오카다 준이치, 미야자와 리에, 후루타 아라타, 가가와 데루유키, 다바타 도모코, 우에시마 류헤이, 기무라 유이치, 가세 료 외 **촬영** 야마자키 유타카 **조명** 이시다 겐지 **미술** 이소미 도시히로, 바바 마사오 **의상** 구로사와 가즈코 **음악** Tablatura **프로듀서** 사토 시호, 에노키 노조무 **기획** 야스다 마사히로

트를 차지하는데 어릴 때부터 "민족은 다르지만 같은 나라 사람"이라는 교육을 철저하게 받는다고 합니다. 분리하여 살면 안 된다는 법률도 있습니다.

게다가 중국계 말레이시아인과 말레이계 말레이시아인이 오디션을 보러 와서는 "아시아는 우리가 말레이시아에서 어우러져 사는 것처럼 해야 발전할 수 있을 텐데, 일본과 중국과 한국은 같은 아시아인끼리·무슨 바보 같은 소리를 하는 건가 싶어요"라며 웃었습니다.

이런 발상을 지닌 사람이 왜 일본에서는 나오지 않을까요. 섬나라이기 때문일까요.

도망친 쪽을 그리는 것이 라쿠고

2002년 저는 이세야 유스케 감독의 〈가쿠토〉[18]와 니시카와 미와[19] 감독의 〈산딸기〉[20]를 제작했습니다. 이는 당시 '고레에다 프로젝트!'라고 불린, 두 신인 감독 작품에 제 신작을 더하여 세 편의 영화를 제작하는 기획이었습니다. 말하자면 끼워팔기로 세 편을 묶어서 투자받으려는 의도로 세운 계획이지요. 저는 이 기회에 제 아이디어를 모두 구체화해 두려는 생각에 7, 8편의 플롯을

짰고, 그 가운데 한 편이 〈하나〉였습니다.

그러나 프로듀서 야스다 마사히로[21] 씨에게서 "〈하나〉는 돈이 드니까 조금 먼저 찍는 게 어때?"라는 조언을 듣고 이럭저럭하는 사이에, 선센트 시네마웍스의 센토 다케노리 프로듀서에게 'J-WORKS'라는 프로젝트 가운데 한 편으로 맡겨 두었던 〈아무도 모른다〉의 기획이 선센트가 도산하며 공중에 뜨는 바람에 〈하나〉를 마지막에 찍게 되었습니다.

〈하나〉는 분명 9·11이 배경이긴 하지만, 저는 9·11이 일어나기 전부터 칼싸움을 하지 않는 시대극을 찍고 싶다고 생각했습니다. 야마나카 사다오[22] 감독의 〈단게 사젠 여화 백만 냥짜리 항아리〉[23]라는 코미디 시대극이나 〈인정 종이풍선〉[24]이라는 가난한 연립주택 이야기를 좋아해서 무사 정신을 그린 영화가 아닌 용맹하지 않은 시대극을 만들고 싶었습니다.

그래서 2001년 당시의 플롯대로 이미지 캐스팅을 하면 〈막말태양전〉[25]의 프랭키 사카이[26]나 〈구쓰카케 도키지로 유협일필〉[27]의 아쓰미 기요시[28]가 적임자였습니다. 하지만 두 분 다 그때는 이미 돌아가셔서 주인공을 청년으로 다시 설정하고 아버지에게 물려받은 것을 어떻게 다음 세대로 전하는지에 관한 이야기로 바꾸었습니다. 어떤 면에서는 청년영화가 되기도 한 것 같습니다.

일본 국민은 원수 갚는 이야기를 몹시 좋아합니다. 아니, 그렇다기보다 전 세계의 영화가 원수를 갚거나 복수하는 것을 영원한 주제인 양 반복해서 그립니다. 할리우드 영화에서도 살해당한 자식이나 부인의 원수를 갚기 위해 남자가 홀로 여럿에 맞서는 꿈 같은 이야기가 수없이 만들어지고, 한국 영화에서도 복수는 가장 자주 다루어지는 모티프입니다.

하지만 그렇기 때문에 더욱 저는 그렇지 않은 영화를 찍고 싶었습니다.

그래서 참고한 자료 가운데 다테카와 단시[29]의 《당신도 라쿠고가가 될 수 있다》라는 책이 있습니다. 책의 서문 '라쿠고란 무엇인가' 중 "'정의'는 쓸모없다"로 시작하는 단락에는 이런 말이 나옵니다.

> 영화나 텔레비전은 반복해서 주신구라 47인을 그려
> 왔지만, 사실 아코 번에서 주군을 잃은 무사는 300명 정도
> 있어서 습격에 가담하지 않은 250명이 존재한다. 그들은
> 다양한 이유를 대며 살아남았다. 라쿠고에는 원수를
> 습격한 47인은 필요 없다……

단시 씨는 "인간은 도망치는 존재입니다. 그리고 그쪽이 더 많답니다……"라며 도망간 쪽을 그리는 것이 라쿠고라고 명확하게

썼습니다. '원수 따윈 갚기 싫다'고 생각하는 인간에게야말로 지혜와 풍요로움이 있습니다. 이 책을 읽고 저는 그런 영화가 있어도 좋겠다고 생각했습니다.

실제로 이노우에 히사시는 《주신구라》라는 시대소설에서 도망친 쪽을 그립니다. 야마모토 슈고로의 《살인자》라는 소설도 아버지의 원수를 갚지 못하는 겁쟁이가 주인공입니다. 1972년에는 콩트 55호(일본의 개그 콤비—옮긴이), 1976년에는 마쓰다 유사쿠 주연으로 영화화도 되었습니다. 하세가와 신의 책 《일본 원수 갚기 이상異相》도 원수를 치는 쪽이 영웅으로 그려지지 않은 점이 좋습니다.

이렇게 흥미를 가지고 이것저것 조사했더니 원수 갚기의 관례라 부를 만한 규칙이 보였습니다.

원수 갚기가 결정되면 번에서 급료가 나옵니다. 즉 원수를 갚을 때까지(적어도 그 번이 부유할 동안은) 생활비가 계속 송금되는 것이지요. 그러면 원수를 갚지 않는 편이 장수할 수 있게 됩니다. 그래서 원수 갚기에 나섰지만 생활비를 받으며 결혼하거나, 좀처럼 원수를 찾지 못하여 돌아오고 싶어져서 길에서 횡사한 시체의 상투만 가져와 "원수를 갚았습니다"라고 보고하는 등 의외로 형편없는 이야기가 잔뜩 남아 있었습니다. 하지만 이것이야말로 인간의 지혜라고 해야 하지 않을까요. 일부 사람들은 금방 격분하며 "복수다!"라고 외치는 것이 남자의 자존심인 양 여기지만, 그렇지 않은 사람도 그때부터 많았습니다.

신초인가 단시인가

야마후지 쇼지[30] 씨가 고콘테이 신초[31]와 다테카와 단시의 라쿠고를 비교하며 이런 글을 썼습니다.

> '현대(이쪽)'에서 '과거(저쪽)'로 관객을 이동시키는 것이 신초이고, '과거(저쪽)'를 단숨에 '현대(이쪽)'의 물가로 끌어당기는 것이 단시다.
>
> —《에도식으로 웃고 싶다》, 다카다 후미오 편저

그리고 신초를 '픽션파', 단시를 '논픽션파'로 정의합니다. 매우 예리한 데다 알기도 쉬운 분석입니다.

저는 작품을 본 사람의 내부에 픽션은 도취를, 다큐멘터리는 각성을 불러일으킨다고 생각합니다. 감정이입을 유발하여 보는 사람을 주인공에게 동화시킴으로써 현실과 멀어져 두 시간 동안 꿈의 체험을 제공하는 역할을 하는 픽션과, 타자로서의 등장인물을 작품 안에 우뚝 세움으로써 오히려 보는 우리 쪽을 비평하는 역할을 하는 다큐멘터리.(그래서 저는 단순히 도취되어 눈물이 나는 다큐멘터리를 싫어합니다.)

물론 신초 씨의 라쿠고는 결코 단순한 고전이 아니며, 리듬이나 템포나 표현에 현대성이 넘치는 것은 틀림없지만 어쨌거나 들으면 상쾌하고 황홀해집니다.

반면 단시 씨는 관객이 듣는 동안 경험하는 그러한 몰입감을 지향하지 않고 오히려 적극적으로 부수려 드는 게 아닐까 합니다. 라쿠고가 그대로 라쿠고론論이 됩니다. 묘사하여 재현하는 세계의 비중이 높은가, 아니면 그것을 말하는 화자의 존재나 관점, 비평성의 비중이 높은가. 두 사람의 차이는 거기서 생겨납니다.

저는 계속 극영화(픽션)를 찍으면서도 솔직히 말하자면 도취보다는 각성을 목표로 삼아 왔습니다. 하지만 〈하나〉에서는 도취에, 즉 신초 같은 픽션에 도전하자고 생각했습니다.

하지만 제 의도는 절반 정도밖에 성공하지 못했습니다. 배우도 제작진도 정말 훌륭했지만 저 자신이 그 시대로 점프하지 못했습니다.

그 이유는 아마 복수라는 현대성 같은 것을 현대의 제가 마지막까지 계속 의식하면서 찍었기 때문이겠지요.

원래는 '아, 이건 9·11이구나'라고 생각하며 보는 게 아니라 그런 건 의식하지도 않은 채 이야기로 들어가는 영화여야 했는데, 주제가 승화되는 방식이 물러서 제대로 만들지 못했던 게 아닐까 하고 조금 후회하고 있습니다. 즉 도취를 목표로 삼았지만 역시 제가 각성 쪽에 머무르고 말았달까요……. 제 작품 가운데 이 영화를 가장 좋아한다는 분도 있으니, 이는 완전히 자기평가일 뿐이지만요.

사실 첫 각본은 아버지가 살해당해 주인공이 원수를 갚으러 나서기 3년 전의 일부터 썼습니다. 처음에는 복수할 작정이었지만 여행을 떠나 3년이 지나며 점점 마음이 복수에서 멀어지는 과정이 그 각본에는 그려져 있었습니다. 하지만 예산이 부족하고 로드무비를 만들 수 없는 등의 사정이 있어서 연립주택 이야기로만 범위를 좁혔습니다. 그래서 아버지가 살해당하는 장면도 아버지의 죽음으로 복수심에 불타는 장면도 없는 부분부터 시작하게 되었습니다. 이런 이유로 제가 처음 계획했던 구성이 다소 잘 보이지 않게 되어 본편에서는 처음부터 복수할 마음이 없는 청년으로 묘사되고 말았습니다. 그래서 오히려 단시 같은 작품이 된 게 아닌가 하는 반성이 지금은 듭니다.

의미 없는 풍성한 삶을 발견하다

이렇게 〈디스턴스〉 〈망각〉 〈하나〉 세 작품을 합쳐서 돌이켜 보니, 머리로만 생각을 많이 했던 것 같다는 느낌을 지울 수 없습니다. 각각의 근저에는 옴진리교가 일으킨 일련의 사건, 제2차 세계대전, 9·11 테러 등 실제로 일어난 심각한 사건이 있어서 아무래도 심각한 사고가 작품에 그대로 반영된 측면이 있습니다.

그와 동시에 이 세 작품은 '아버지의 부재'를 둘러싼 이야기이기도 하다는 점을 깨달았습니다.

〈디스턴스〉는 말하자면 부권적인 것이 존재하지 않는 시대에 자란 우리 세대가 아사하라 쇼코가 지닌 일종의 부성에 끌려가는 상황이 상징적이라고 인식한 작품이고, 〈망각〉에서는 제가 돌아가신 아버지의 고향인 타이완을 찾아갑니다. 〈하나〉는 그야말로 살해당한 아버지의 원수를 갚는 이야기……. 이렇게 모아 보니 '나는 파파보이인가?'라는 느낌도 듭니다.

혹은 저는 이 세 작품을 통해 '의미 있는 죽음'과는 대조적인 것을 그리려 모색했다고도 말할 수 있습니다.

정신과 의사인 노다 마사아키 씨와 2001년 옴진리교에 대해 대담할 때, 노다 씨는 이런 말을 했습니다.

고레에다 저는 사실 그다지 의미라는 형태로 삶을 인식하지 않습니다. 왜냐하면 삶에 의미를 부여하면 그 이면에서 의미 있는 죽음, 의미 없는 죽음이라는 사고방식이 나올 듯한 느낌이 들기 때문입니다. 그건 위험한 것 같아서……. **노다** 일본 문화에는 매우 친근한 사고방식이군요. 제2차 세계대전 이전의 무사도는 죽음의 의미를 찾는 게 중요하다고 말합니다. 죽을 때 죽는 것이 삶을 완성하는 것이라던지요. 하지만 저는 그건 매우 병리적인 문화라고 생각합니다. (중략) 원래는 의미를 묻기 전에 기분 좋게 살았다는 실감이 있어야 합니다. 가족이나 친구, 주위의 자연과 접하며 생기 넘치게 살고 싶다는 마음이 있어야 합니다. 그런 다음에 사는 의미를 말해야 하죠. 태어났을 때부터 무언가를 위해—좋은 성적을 받기 위해, 출세하기 위해—살면, 사춘기가 되어 사는 의미를 생각하기 시작할 때 곧장 그 생각이 뒤집혀 훌륭하게 죽는 것으로 이어집니다.

—《주오코론》 2001년 11월 호

  저는 〈하나〉의 각본 초고에 영화를 이해하기 위한 설명으로 이런 글을 남겼습니다.

「花よりもなほ」
── 裏長屋 路地」──

〈하나〉 연립 주택 골목 미술 디자인

"의미 있는 죽음보다 의미 없는 풍성한 삶을 발견한다."

이는 사상으로서는 옳았다고 생각합니다. 단, 영화의 완성도 측면에서는 이런 점을 의식하며 만든 〈하나〉보다 어쨌거나 살아 있는 실감만을 포착해서 디테일을 포함하여 만든 차기작 〈걸어도 걸어도〉 쪽이 그 가치관을 명확하게 구현할 수 있었다는 게 제 생각입니다.

영화가 그런 주장을 소리 높여 하는 게 아니라 영화 그 자체가 풍성한 삶의 실감으로서 존재할 수 있을 것. 지금의 제가 지향하는 바입니다.

주

1 이세야 유스케(伊勢谷友介)
배우·영화감독·실업가. 1976년 도쿄
출생. 도쿄 예술대학 미술학부를 졸업한
뒤 동 대학원 석사 과정 수료. 고레에다
히로카즈 감독의 〈원더풀 라이프〉
〈디스턴스〉 외에 많은 영화에 출연했다.
〈가쿠토〉로 감독 데뷔.

2 옴진리교
아사하라 쇼코가 창시한 일본의 불교계
신흥 종교집단. 1989년 설립. 마쓰모토
사린 사건, 지하철 사린 사건 등 테러를
포함한 다수의 반사회적 활동을 했다.
2000년에 소멸.

3 조유 후미히로(上祐史浩)
불교철학 모임 '빛의 원' 대표. 1962년
후쿠시마 현 출생. 와세다 대학 재학
중인 1986년 '옴신선회(훗날의
옴진리교)'에 입회. 이듬해 같은 학교
대학원 이공학연구과를 수료하고
특수법인 우주개발사업단(현 독립행정법인
우주항공연구개발기구)에 들어가나
퇴직하고 정식으로 출가했다. 교단
내에서는 '외신부장' 등의 직무를
맡았고 대변인 역할을 했다. 1995년
유인 사문서 위조 등의 용의로 체포되어
징역 3년의 실형 판결을 받았다. 1999년
12월 출소하여 교단에 복귀, 종교 단체
'Aleph'를 설립했다. 2007년 별개의 단체
'빛의 원'을 설립했다.

4 프랑코 제페렐리(Franco Zeffirelli)
영화감독 겸 각본가. 1923년 이탈리아
토스카나 주 출생. 루키노 비스콘티의
조감독으로 영화계에 들어왔다. 1968년
〈로미오와 줄리엣〉으로 셰익스피어의
작품을 원작으로 한 영화로는 공전의
히트를 기록. 대표작으로 〈챔프〉〈끝없는
사랑〉〈햄릿〉〈스패로우〉〈제인 에어〉
〈무솔리니와 차 한잔〉 등이 있다.
최근에는 오페라로 활약의 장을 넓혔다.

5 마쓰모토 사린 사건
1994년 6월 27일에 나가노 현
마쓰모토 시에서 일어난 테러 사건.
옴진리교도들이 신경가스인 사린을
살포한 사건으로 피해자는 사망자 8명,
중경상자 660명에 달했다. 사건의 최초
신고인인 고노 요시유키 씨가 중요
참고인으로 조사를 받던 중 매스컴이
그를 용의자 취급하며 보도가 과열되어
누명을 뒤집어쓸 뻔했으나 나중에 진상이
밝혀졌다.

6 가모시타 신이치(鴨下信一)

연출가 겸 텔레비전 프로듀서. 1935년
도쿄 출생. 도쿄 대학 문학부를 졸업한
뒤 라디오도쿄(현 TBS)에 입사했다.
〈강변의 앨범〉〈들쭉날쭉한 사과들〉을
연출했으며, 그 외 대표작으로
〈여자의 집〉〈추억 만들기〉〈아내들의
로쿠메이칸〉〈고교 교사〉〈마누라의
험담〉〈이상적인 상사〉 등이 있다.
무대로도 활약의 장을 넓혀 시라이시
가요코가 출연한 '괴담 놀이' 시리즈도
연출했다.

7 〈유리 동물원〉

테네시 윌리엄스의 희곡. 1944년에
집필하여 같은 해 시카고에서 초연했다.
이듬해 뉴욕 브로드웨이에서 장기
흥행했고 영화로도 두 번 만들어졌다.
가모시타 신이치가 연출한 무대는 1997년
전국 각지에서 막을 올렸다. 주연은
미나미 가호, 가가와 데루유키, 미도리
마코, 무라타 다케히로.

8 히라타 오리자(平田オリザ)

극작가 겸 연출가. 1962년 도쿄 출생.
국제기독교대학 재학 중 처녀작을
집필했고 이듬해 극단 '청년단'을
결성했다. 1994년에 대표작 〈도쿄
노트〉를 초연하여 기시다 구니오

희곡상을 받았다. 대표작으로 〈달의 곶〉
〈그 강을 건너, 5월〉〈서울 시민〉 3부작
등이 있다.

9 존 카사베테스(John Cassavetes)

영화감독 겸 배우. 1929년 미국 뉴욕
출생. 1954년에 배우 데뷔. 지인과 연극
워크숍을 개설했고 1959년 감독 데뷔작
〈그림자들〉을 만들었다. 1968년에 만든
독립영화 〈얼굴들〉은 안팎으로 절찬을
받아 독립영화가 자리매김하는 데
기여했다. 대표작으로 〈남편들〉〈영향
아래 있는 여자〉〈글로리아〉〈사랑의
행로〉 등이 있다. 1989년 사망.

10 〈A〉〈A2〉

모리 다쓰야 감독의 옴진리교를 다룬
다큐멘터리 영화. 각각 1998년, 2001년
제작.

11 모리 다쓰야(森達也)

다큐멘터리 영화감독. 1956년 히로시마
현 출생. 릿쿄 대학을 졸업한 뒤 여러
회사를 전전하다 1986년에 제작회사로
전직했다. 1992년 〈미제트 프로레슬링
전설 : 작은 거인들〉로 데뷔. 대표작으로
텔레비전 다큐멘터리 〈직업란은
초능력자〉〈방송금지곡 : 부르는 건
누구? 규제하는 건 누구?〉, 극장용 영화

〈A〉〈A2〉 등이 있다. 최신작으로 사기
작곡가 사무라고우치 마모루를 다룬
다큐멘터리 〈FAKE〉가 2016년 개봉.

12 다니카와 슌타로(谷川俊太郎)
시인·그림책 작가·각본가. 1931년 도쿄
출생. 1948년부터 시를 지으며 발표하기
시작했다. 1952년 첫 시집 《20억
광년의 고독》을 간행. 대표작으로 시집
《62의 소네트》《밤중에 부엌에서 나는
너에게 말을 걸고 싶었다》《전래동요》
《하늘의 푸름을 바라보고 있으면》
《아침의 형태》《좋아》《근사한 외톨이》,
번역서로 《키다리 아저씨》《으뜸 헤엄이》
《마더구스의 노래》 등이 있다.

13 나가시마 고헤이(長嶋甲兵)
텔레비전 프로그램 연출가. 히로시마
현 출생. 1984년에 제작회사 텔레콤
스태프에 입사. 주로 예술, 문학,
정치, 음악 등을 주제로 다큐멘터리를
연출했다. 대표작으로 〈시의 복싱〉
〈세기를 새긴 노래―꽃은 어디로 갔나〉
〈보도 스페셜 21세기의 전언 이노우에
요스이는 무엇을 노래해 왔나?〉
〈사카모토 류이치·포레스트 심포니〉
〈소세키 《마음》 100년의 비밀〉 등이 있다.

14 〈현대의 주역〉
TBS의 다큐멘터리 프로그램.
1966~1967년 방송.

15 〈일장기〉
〈현대의 주역〉에서 1967년 2월 9일 방송.
제정 후 처음 맞이하는 '건국 기념일'을
앞두고 각계각층 일본인의 '일장기'에
대한 생각과 이미지를 다각도로
분석했다. 구성은 데라야마 슈지가 담당.

16 야마오리 데쓰오(山折哲雄)
종교학자·평론가. 1931년 미국
샌프란시스코 출생. 1937년 귀국. 도호쿠
대학 대학원을 단위취득 퇴학한 뒤
슌주샤에 입사. 저서로 《도원》《신비체험》
《달라이 라마》《슬픔의 정신사》
《방황하는 일본 종교》《믿는 종교,
느끼는 종교》《극락왕생의 비법》《위기와
일본인》《천황과 일본인》《죽음을
생각하면 생이 보인다》 등이 있다.

17 〈라스트 사무라이〉
에드워드 즈윅 감독이 2003년에 만든
미국 영화. 같은 해 일본 개봉.

18 〈가쿠토〉
이세야 유스케 감독이 2002년에 만든
영화. 본인이 각본을 쓰고 출연도 했다.

19 니시카와 미와(西川美和)
영화감독. 1974년 히로시마 현 출생.
와세다 대학 제1문학부를 졸업한 뒤
고레에다 감독의 〈원더풀 라이프〉에
프리랜서 스태프로 참가했다.
2002년 자작 각본 〈산딸기〉로 감독 데뷔.
대표작으로 〈유레루〉〈우리 의사 선생님〉
〈꿈팔이 부부 사기단〉〈아주 긴 변명〉
등이 있다.

20 〈산딸기〉
니시카와 미와 감독·각본의 2003년 제작
영화. 주연은 미야사코 히로유키.

21 야스다 마사히로(安田匡裕)
영화·광고 프로듀서 겸 연출가. 1943년
효고 현 출생. 메이지 대학을 졸업한
뒤 덴쓰 영화사에 입사. 연출가로서
수많은 텔레비전 광고를 기획하고
연출했다. 1987년 제작회사 '엔진필름'을
설립. 광고를 제작하는 한편 소마이
신지 감독의 〈도쿄 하늘〉로 처음으로
영화를 제작했다. 1999년 고레에다
감독의 〈원더풀 라이프〉를 제작했고,
〈공기인형〉까지 기획·제작했다. 2009년
사망.

22 야마나카 사다오(山中貞雄)
영화감독·각본가. 1909년 교토 출생.

1929년 〈귀신의 피보라〉로 각본가 데뷔.
1932년 〈해변의 겐타·안고 자는 긴
칼〉로 감독 데뷔. 대표작으로 〈반가쿠의
일생〉〈거리의 전과자〉〈단게 사젠 여화
백만 냥짜리 항아리〉〈인정 종이풍선〉
등이 있다. 중화민국 각지를 전전하다
적리(급성 전염병인 이질의 일종)에 걸려
1938년에 사망. 향년 28세.

23 〈단게 사젠 여화 백만 냥짜리 항아리〉
야마나카 사다오 감독이 1935년에 만든
시대극 영화.

24 〈인정 종이풍선〉
야마나카 사다오 감독이 1937년에 만든
시대극 영화.

25 〈막말태양전〉
가와시마 유조 감독이 1957년에 만든
이색 코미디 영화.

26 프랭키 사카이(フランキー堺)
개그맨·배우. 1929년 가고시마 현 출생.
게이오 대학 법학부 재학 시절부터
진주군 캠프에서 재즈 드러머로
활약했다. 1954년 '프랭키 사카이와
시티 슬리커즈' 결성. 나중에 영화계로
진출했다. 대표작으로 '단게 사젠' '사장'
시리즈, 〈막말태양전〉〈나는 조개가

되고 싶어〉〈모스라〉〈미야모토 무사시〉
〈샤라쿠〉 등이 있다. 1996년 사망.

27 〈구쓰카케 도키지로 유협일필〉
가토 다이 감독이 1966년에 만든 시대극
영화.

28 아쓰미 기요시(渥美清)
개그맨·배우. 1928년 도쿄 출생. 주오
대학 경제학부에 입학한 뒤 순회공연
극단에 들어가 희극배우의 길로
들어섰다. 1956년 텔레비전 데뷔. 1958년
〈오토라 씨 대번성〉으로 영화 데뷔.
대표작으로〈모래 그릇〉〈행복의 노란
손수건〉〈여덟 묘촌〉 등이 있다. 국민적
스타가 된 '도라 씨'를 연기한 '남자는
괴로워' 시리즈는 1969~1995년까지 총
48편 제작되었다. 1996년 사망.

29 다테카와 단시(立川談志)
라쿠고가. 1936년 도쿄 출생. 도쿄
고등학교를 중퇴한 뒤 열여섯 살 때
5대 야나기야 고산 밑으로 들어갔다.
1963년 다테카와 단시의 이름을
계승하여 신우치(라쿠고가의 최고 계급—
옮긴이)로 승진. 고전 라쿠코에 정통했고
현대와 고전의 괴리를 끊임없이 의식하며
라쿠고에 계속 도전했다. 2002년 사망.

30 야마후지 쇼지(山藤章二)
초상화가·풍자만화가. 1937년 도쿄
출생. 무사시노 미술대학 디자인과 재학
시절부터 수상 경력이 있으며, 내셔널
선전연구소를 퇴직하고 프리랜서가
되었다. 1976년부터《주간 아사히》에
'야마후지 쇼지의 블랙 앵글'을 연재.
어릴 때부터 공연장을 다녀서 라쿠고에
친숙하여 코미디에 관한 대담집도
냈고, 코미디 예능 제작도 하고 있다.
대표작으로《세상 드러내기》등이 있다.

31 고콘테이 신초(古今亭志ん朝)
라쿠고가. 1938년 도쿄 출생. 5대
고콘테이 신쇼의 장남. 돗쿄 고등학교를
졸업한 뒤 아버지 아래로 들어가 5년째에
이례적인 속도로 신우치로 승진. 도쿄의
'라쿠고 사천왕' 중 하나. 명실상부한
주역으로 인기를 얻었다. 2001년 사망.

5장

부재를 껴안고 어떻게 살아갈 것인가

2004-2009

〈아무도 모른다〉 2004

〈걸어도 걸어도〉 2008

〈괜찮기를 : Cocco 끝나지 않는 여행〉 2008

〈공기인형〉 2009

부재는
채워지는가
채워지지 않는가

아무도 모른다

2004

어둡다는 말을 들은 결말을 바꾸고 싶지 않았다

네 번째 작품 〈아무도 모른다〉는 1988년 도쿄 도 도시마 구에서 일어난 '니시스가모 네 아이 방치 사건'[1]을 제재로 각본을 썼습니다.

실제 사건의 개요를 간단히 적자면, 아버지는 장남이 초등학교에 올라가기 전에 증발. 어머니는 백화점에서 일하며 그 뒤 몇몇 남성을 알게 되어 임신과 자택 출산을 반복했습니다. 아이는 장남, 장녀, 차남, 차녀, 삼녀로 다섯 명이었는데 차녀는 태어난 지 얼마 되지 않아 죽었습니다. 그중 아무도 출생신고가 되어 있지 않아서(즉 법률적으로 그들은 존재하지 않아서) 학교에도 간 적이 없었습니다.

장남이 열네 살 되던 무렵, 어머니는 애인과 함께 살기 위해 네 아이를 두고 집을 나갔습니다. 1987년 가을의 일입니다. 아이들은 엄마가 가끔 보내 주는 현금 등기우편에 의지해 생활을 이어 갔습니다. 그러나 이듬해 4월, 당시 두 살이던 삼녀가 장남의 놀이 친구들에게 폭행을 당해 죽었습니다. 장남은 삼녀의 유체를 지치부의 잡목림에 묻었습니다. 그 뒤 집주인이 아이들끼리만 산다는 사실을 눈치채고 경찰에 통보하여 사건이 드러났습니다.

제가 이 사건을 알게 된 시기는 〈지구 ZIG ZAG〉의 AD로 일하는 동시에 나가노 현 이나 초등학교에 다니며 봄반의 수업을 비디오카메라에 담던 무렵입니다. 아파트에서 아이들끼리만 산다는 것을 주위 사람들이 아무도 눈치채지 못하는, 혹은 눈치채려 하지 않는 희박한 인간관계가 자못 '도쿄'스럽다고 생각했습니다.

이 일은 가족의 유대가 희박해진 현대 도시의 어둠을 상징하는 사건으로서 연일 선정적으로 보도되었습니다. 미디어의 비판은 아이들을 방치한 어머니에게 집중되어 주간지에서는 "음란마귀 어머니" "지옥의 아이들" "무책임한 섹스" 등 자극적인 제목이 활개를 쳤습니다. 그러나 그런 일련의 보도를 접하며 제게는 한 가지 의문이 생겼습니다.

어째서 소년은 동생들을 버리고 집을 나가지 않았던 걸까요?

어느 날, 아동상담센터에서 보호 중이던 여동생이 중얼거린

"오빠는 다정했어요"라는 한마디를 신문 기사 제목에서 보고 제 안에서 싹텄던 의문은 상상의 날개를 펼치기 시작했습니다.

분명 이 불행한 사건은 어머니의 무책임에서 비롯되었습니다. 그러나 그녀 홀로 아이들을 낳고 그럭저럭 키워 왔다는 것 역시 엄연한 사실입니다. 만약 어머니가 그저 신경질적으로 아이들에게 폭력을 휘두르는 존재였다면, 장남도 동생들을 똑같이 대하지 않았을까요. 그들 모자 사이에는 적어도 보도에서는 엿볼 수 없는 풍성한 관계가 구축되었던 시기도 짧을지언정 있지 않았을까요…….

방치된 6개월 동안 그들이 본 풍경은 잿빛 '지옥'만은 아니었을 겁니다. 그들 생활에는 물질적 풍요와는 다른 어떤 '풍요로움'이 존재했을 테고, 남매들 사이의 감정 공유가, 기쁨과 슬픔이, 그리

〈아무도 모른다〉 2004년 8월 7일 개봉 | 141분 **배급** 시네콰논 **제작** 〈아무도 모른다〉 제작위원회(티브이맨 유니언, 엔진필름, 반다이 비주얼, 시네콰논) **줄거리** 도쿄 도내 방 두 개짜리 아파트에서 사랑하는 엄마와 행복하게 사는 네 아이들. 그러나 아버지는 모두 다른 사람으로 아이들은 학교에 다닌 적이 없고, 세 동생들의 존재는 집주인조차 몰랐다. 어느 날 엄마는 약간의 현금과 짧은 메모를 남기고 집을 나가는데…… **수상** 칸 국제영화제 남우주연상(야기라 유야), 플랑드르 국제영화제 그랑프리, 시카고 국제영화제 골든 플라크 상 외 **출연** 야기라 유야, 기타우라 아유, 기무라 히에이, 시미즈 모모코, YOU 외 **촬영** 야마자키 유타카 **미술** 이소미 도시히로, 미쓰마쓰 게이코 **녹음** 쓰루마키 유타카 **음악** 곤치치

ⓒ 2004 〈아무도 모른다〉 제작위원회

고 그들 나름대로의 성장과 희망이 있지 않았을까요. 그렇다면 우리는 아파트 밖에서 '지옥'을 이야기할 게 아니라, 전기가 끊어진 아파트 안에서 그들이 그럼에도 불구하고 체험했을 '풍요로움'을, 그리고 그것이 어떻게 상실되었는지를 상상할 필요가 있지 않을까요…….

마침 이나 초등학교 모모세 담임선생님한테 "도쿄에서 마주해야 할 아이를 찾으세요"라는 말을 듣기도 해서 저는 '이 네 아이들이야말로 내가 도쿄에서 마주해야 할 대상일지도 모른다'고 생각했습니다. 도쿄는 제가 태어나고 자란 곳이고, 또 아이들의 눈을 통해 제 나름의 '도쿄론'을 그릴 수 있을지도 모르겠다 싶었지요. 그들이 올려다본 도쿄의 하늘을 아파트 내부에서 그려 보고 싶다……. 그렇게 생각하고 각본을 쓰기 시작했습니다.

이 사건이 발생한 이듬해(1989년) 저는 첫 각본과 기획서를 완성하여 영화화하기 위해 움직이기 시작했습니다. 아는 사람의 도움으로 디렉터스 컴퍼니[2]라는 영화제작사의 프로듀서 미야사카 스스무 씨와 만나 감상을 들은 적도 있습니다.

디렉터스 컴퍼니는 대형 영화사에 기대지 않고 자신들이 원하는 영화를 만드는 시스템을 목표로 소마이 신지[3] 감독과 하세가와 가즈히코[4] 감독 등 영화감독 9명이 1982년 설립한 회사입니다. 유감스럽게도 여러 사정이 있어서 1992년 도산했지만 당시 영화

청년들이 동경하는 제작자 집단이었습니다.

미야사카 씨에게 보여 드린 당시의 각본 제목은 〈멋진 일요일〉
이었습니다.

완성된 영화에서는 편의점이 되었지만, 실제로는 스가모 역 근
처에 불량식품 가게가 있었는데 초등학생들의 집합소였습니다.
장남은 그 불량식품 가게에서 훗날 삼녀를 죽게 만드는 친구들과
만납니다.

이 불량식품 가게는 좀 특이해서 과자를 사러 온 아이들에게
도화지와 크레용을 주며 그림을 그리게 했습니다. 그림 몇 장이
가게에 걸려 있었는데, 장남이 그린 그림에는 '릿쿄 초등학교'라
는 사립 초등학교 이름이 적혀 있었다고 합니다. "주위 사람들이
물어보면 그렇게 대답하렴"이라고 했을 어머니의 지시를 고지식
하게 따랐던 거겠지요.

저는 그 불량식품 가게에 걸린 그림 이야기를 듣고, 영화는 장
남의 거짓말 그림일기로 진행되는 형태로 만들려고 했습니다. 그
가 사는 현실은 혹독하지만 불량식품 가게에서 그리는 그림일기
에는 "가족과 다 함께 ○○에 갔습니다"라며 즐거운 일만 쓰여 있
습니다. 그런 그림일기 내레이션이 스토리 사이사이에 몇 번쯤
삽입되고, 마지막에 여동생을 매장한 지치부의 산 그림에 "매우
멋진 일요일이었습니다"라는 소년의 내레이션이 겹치며 끝나는

구성입니다.

미야사카 씨와는 아카사카에서 만나서 함께 밥을 먹었습니다. 생판 모르는 애송이의 각본을 정성껏 읽고 여러 조언을 해 주셨는데, 결말에 대해 "어둡다"고 말씀하신 것을 기억합니다. "현실은 이럴지 몰라도 역시 마지막은 장남이 힘을 내서 여동생을 구한다는 식의 결말을 내지 않으면 영화가 되지 않을 텐데……"라고요.

이런 식으로 다양한 의견을 들으면서 제가 그리고자 하는 것이 제 안에서 확실해졌습니다. 그래서 역시 칭찬받는 것보다는 프로의 눈으로 제대로 읽어 달라고 해서 비판받는 것이 필요하다고 생각합니다. 미야사카 씨에게 이 말을 듣고 난 후 제가 그리고자 하는 것은 그런 구제도, 또 거기서 생기는 카타르시스도 아니라는 점이 명확해졌습니다.

단 그때 저는 영화를 아직 한 편도 찍지 않은, 신인 감독조차도 아니었기에 그런 인간이 이런 암울한 이야기를 영화로 만들기까지 갈 길이 험하다고 느꼈습니다.

그 후로도 저는 〈아무도 모른다〉(의 원형으)로 데뷔하려고 쭉 기회를 엿보았지만 1장에서 쓴 대로 〈환상의 빛〉을 먼저 제안받았고, 좋은 기회라고 긍정적으로 생각해서 그 제안을 받아들였습니다.

영화는 사람을 판가름하기 위해 있는 게 아니다

사실은 두 번째 영화 〈원더풀 라이프〉 다음으로 드디어 〈아무도 모른다〉를 찍을 예정이었지만 유감스럽게도 일은 그리 잘 풀리지 않았습니다.

4장에서도 살짝 이야기했는데, 1998년 프로듀서 센토 다케노리 씨가 WOWOW(일본의 위성기간방송 사업자—옮긴이)를 퇴사하고 선센트 시네마웍스라는 영화제작사를 만들어 해외에서 승부를 걸 수 있는 일본 영화를 한 편당 1억 엔으로 다섯 편 만드는 'J-WORKS'라는 프로젝트를 꾸렸습니다.

그 첫 번째 작품이 아오야마 신지[5] 씨의 〈유레카〉[6]입니다. 그다음 가와세 나오미 씨의 〈호타루〉[7], 스와 노부히로[8] 씨의 〈H 스토리〉[9], 리주 고[10] 씨의 〈클로에〉[11]로 이어지다 제가 다섯 번째로 〈아무도 모른다〉를 찍을 예정이었습니다.

하지만 그때까지 만든 네 편이 흥행하지 못하여 네 편으로 5억 엔을 다 써 버려서 선센트 시네마웍스는 도산하고 말았습니다. 당연히 맡겨 두었던 〈아무도 모른다〉 기획도 저에게 돌아왔습니다. 그래서 니시카와 감독의 〈산딸기〉와 이세야 감독의 〈가쿠토〉에 〈아무도 모른다〉를 더해 앞서 말한 '고레에다 프로젝트!'로 직접 제작하기로 하고 본격적인 시동을 걸었습니다.

〈아무도 모른다〉 기획이 15년이라는 상당히 긴 시간을 거치면서 가장 크게 변한 것은 저 자신의 '시선'입니다.

처음 각본을 쓴 1989년에는 아직 20대. 주인공 소년에 대한 동정심이 강했으며 독백도 많이 써서, 완성된 〈아무도 모른다〉보다는 이야기의 전개가 좀 더 극적이었습니다. 그 후 제목이 '멋진 일요일'에서 '어른이 되면 나는…'으로 바뀌었지만 이야기의 주어는 여전히 '나'였습니다.

하지만 저는 〈아무도 모른다〉를 찍기 시작한 2002년 가을에 사건 당시 어머니와 같은 마흔 살이 되었고, 어른의 입장에 설 수밖에 없었습니다.

또 20년 전이라는 가까운 과거를 배경으로 찍으면 제작비가 너무 많이 들어서 현재의 이야기로 만들었는데, 마침 '방치'라는 단어가 2005~2006년쯤에 일반적으로 쓰이게 되면서 발생한 당시에는 매우 특이했던 사건이 그 무렵에는 흔해졌습니다. 시대가 사건을 따라잡았다고 해야 할까요. 어쨌거나 그만큼의 시간이 흐른 것은 오히려 좋은 결과를 낳았다고 생각합니다.

이 영화에서 그리고 싶었던 건 누가 옳고 누가 그르다든가, 어른은 아이를 이렇게 대해야 한다든가, 아이를 둘러싼 법률을 이렇게 바꾸어야 한다는 등의 비판이나 교훈이나 제언이 아닙니다. 정말로 거기서 사는 듯이 아이들의 일상을 그리는 것. 그리고 그 풍경을 그들 곁에서 가만히 바라보는 것. 그들 목소리에 귀 기울이는 것. 이를 통해 그들의 말을 독백(모놀로그)이 아닌 대화(다이얼로그)로 만드는 것. 그들 눈에 우리의 모습이 투영되어 보이는 것. 제가 원했던 건 이러했습니다.

이와 같은 태도는 통상적인 픽션 연출에서는 드물지도 모릅니다. 하지만 이는 제가 텔레비전 다큐멘터리 현장에서 발견한 대상과의 거리를 잡는 방법이자 시간과 공간을 공유하는 방법이고, 취재자로서의 윤리적 자세입니다. 〈아무도 모른다〉도 기본적으로는 이런 태도로 찍기로 결심했습니다. 알기 쉬운 흰색과 검은색의 대비가 아니라 회색 그러데이션으로 세계를 기술하려 했습니다. 영웅도 악당도 없는 우리가 사는 상대적 가치관의 세계를 있는 그대로 그리고 싶었던 것입니다.

그 시도는 마지막까지 제대로 관철했다고 생각합니다.

〈아무도 모른다〉는 칸 국제영화제에서 80번에 가까운 취재를 받았는데, 가장 인상적이었던 건 "당신은 영화 등장인물에게 도덕적 판단을 내리지 않습니다. 아이를 버린 어머니조차 단죄하지 않지요"라는 지적이었습니다. 저는 이렇게 대답했습니다.

"영화는 사람을 판가름하기 위해 있는 게 아니며 감독은 신도 재판관도 아닙니다. 악인을 등장시키면 이야기(세계)는 알기 쉬워질지도 모르지만, 그렇게 하지 않았기에 오히려 관객들은 이 영화를 자신의 문제로서 일상으로까지 끌어들여 돌아갈 수 있게 되지 않을까요……."

이 생각은 지금도 기본적으로 변함없습니다. 영화를 본 사람이 일상으로 돌아갈 때, 그 사람의 일상을 보는 방식이 변하거나 일상을 비평적으로 보는 계기가 되기를 언제나 바랍니다.

내발적인 연기를 이끌어 내는 '말로 가르치기'

〈아무도 모른다〉는 네 아이가 주인공인 작품입니다. 제작은 2002년 봄부터 본격적으로 시작했습니다. 장남 역 말고는 오디션으로 7월 안에 거의 결정했지만, 장남 역을 찾지 못한 채 8월을 맞이했습니다. 처음에는 9월에 크랭크인을 할 예정이어서 찾지 못하면 촬영이 연기되어도 어쩔 수 없다고 생각하던 때, 한 소속사가 "갓 들어와서 아직 오디션도 본 적 없는 아이예요"라며 프로필 사진을 제게 보냈습니다. 그 사진 속 남자아이의 날카로운 눈에 매혹되어 곧장 사무실로 불렀습니다. 이 소년이 야기라 유야입니다. 만난 순간 '이 아이다'라는 생각이 들어서 연기 테스트도 하지 않고 주인공으로 정했습니다.

그런 다음에는 남매 넷이서 다 함께 신사 축제에 가거나 고기를 구워 먹는 등 아이들이 서로 친해지는 시간을 만들었습니다. 축제에 갔을 때 네 명 각자에게 용돈을 줬는데, 차남 역의 기무라 히에이는 신사 입구 근처에서 전부 써 버려서 나중에 먹고 싶은 음식이 나와도 돈이 없었습니다. 그런 모습을 관찰해 나가는 것이 중요합니다. 촬영에서 쓸 옷도 다 함께 마트에서 샀습니다. 같이 있는 시간을 만들면 아이들 각자의 취향을 점점 알게 됩니다. 평소에 어떤 옷을 입는지, 어떤 식으로 밥을 먹는지, 그런 요소 하나하나를 각본에 반영했습니다.

9월에는 어머니 역의 YOU 씨도 합류하여 촬영 때 쓸 나카노의 방 두 개짜리 아파트 방에서 밥을 먹거나 그림을 그리며 지냈습니다. 촬영용 카메라가 언제나 거기 있다는 데 익숙해지도록 이때부터 이미 16밀리 카메라를 방에 설치해 두었습니다.

크랭크인은 10월. 2주 동안 찍고 편집한 뒤 겨울 장면 각본을 썼습니다.

아이들은 정말로 사이가 좋아져서 촬영이 없을 때도 여자아이는 여자아이끼리 남자아이는 남자아이끼리 모여서 놀았습니다. 네 가족의 부모님이 모두를 데리고 놀러 간 적도 있다고 들었습니다.

촬영은 2002년 가을부터 이듬해 여름까지 1년이었고, 첫 번째 가을 말고는 겨울방학, 봄방학, 여름방학을 2주씩 썼습니다. 〈아무도 모른다〉에 대한 단 하나의 소망은 사계절을 찍는 것이었는데, 지금 떠올려 봐도 무엇과도 바꿀 수 없는 참으로 풍요로운 시간이었다는 생각이 듭니다.

'하드보일드'라는 말은 사람에 따라 다르게 받아들이겠지만 저는 〈아무도 모른다〉를 하드보일드라고 생각했습니다. 아파트 안에서 일어나는 사건을 대사가 아닌 액션(아이들이 뛰거나 물을 옮기거나 돌을 차는 등의 행동)을 겹겹이 쌓아 그리고자 했습니다. 미묘한 감정을 대사의 행간으로 표현하는 것 등은 고려하지 않았습니다. 그래서 그런 연기적인 테크닉을 발휘하는 것보다 고개를 조금 숙인 표정으로 보는 사람의 상상을 불러일으키는 편이 좋았습니다. 그런 면에서 유야를 처음 봤을 때 강렬하게 느낀 소년의 섹시함은 그야말로 하드보일드에 안성맞춤이었습니다.

저는 〈디스턴스〉의 몇몇 장면에서 시도했던 '대사를 말로 가르치기'를 〈아무도 모른다〉에서는 처음부터 끝까지 아역에게 시도했습니다. 솔직히 연기를 잘하는 건 별로 중요하지 않습니다.(특히 영화에서는요.) 저는 재주가 좀 있는 아이보다 '이 애를 찍고 싶다'라는 생각이 드는 아이를 찾으려 합니다. 이 영화의 네 남매도 바로 그런 기준으로 고른 아이들이었습니다.

마지막인 여름 시즌 촬영 전에 유야는 〈아무도 모른다〉와 병행하여 연속극 촬영을 했고, 각본에 쓰인 대사를 외워서 연기하는 경험을 했습니다. 그래서 그 뒤로 〈아무도 모른다〉 현장에서도 때때로 말에 감정을 실으려 했습니다. 하지만 사람은 보통 그런 식으로 말하지 않습니다. 그러므로 저는 그것을 배제하기 위해 특히 유야에게는 준비를 시키지 않고 연습 없이 곧바로 촬영했습니다. 그런 제 영화로 데뷔한 것이 그에게 행운일지 아닐지 당시는 알 수 없었지만, 요즘 아주 매력적인 배우로 성장해서 기쁘기도 하고 안심도 됩니다.

반대로 장녀 역의 기타우라 아유는 연기를 몹시 즐겼습니다. 극중 이름이 교코여서 "교코는 이때 어떤 기분일까요?"라고 저에게 종종 물었습니다.

기억나는 것은 영화 첫머리에서 새 아파트로 이사 오는 장면. 이불 위에서 뒹굴며 "이 다다미는 좋은 냄새가 나네"라는 대사를 YOU 씨와 번갈아 말하게 했는데, 이것 말고도 매니큐어 냄새를 맡는 장면이 있었습니다. 아유는 "교코는 냄새를 좋아하는 아이네요"라고 정확하게 지적했습니다. 자신과 다른 인격을 가진 캐릭터 설정이나 상황 파악에 매우 뛰어나서 어리지만 이미 여배우의 풍격을 지니고 있었습니다.

모두 함께 공원에 놀러 갈 때도 여동생 역인 시미즈 모모코의 손을 무심히 잡아끌기도 하고, 여동생이 뛰어내린 곳이 사람이 앉는 자리면 흙을 손으로 털기도 했습니다. 평소의 아유는 그런

〈아무도 모른다〉의 아이들과 함께

동작을 하지 않습니다. 또 아유는 국제학교에 다녀서 보통 아이들보다 활동적입니다. 하지만 일단 역할에 들어가면 평소와는 다른 슬픔이 문득 배어 나왔습니다. 여자아이들은 둘 다 본인과 역할을 전환시키는 데 무척 능숙했습니다.

한편 남자아이들, 즉 유야와 남동생 역의 기무라 히에이는 자신의 캐릭터를 역할로 가져와서 촬영이 끝난 뒤에도 계속 영향을 받으며 본인과 역할을 전혀 전환시키지 못했습니다. 전문가가 아니니 단언할 수는 없지만 이 부분은 성별 차이가 아닐까 합니다.

차이가 두드러지게 드러난 것은 형제가 싸우는 장면. 히에이가 가지고 노는 무선 조종기를 유야가 화를 내며 걷어찼는데, 사실 히에이에게는 무슨 일이 일어날지 말하지 않고 찍었습니다. 우선 히에이에게 "무선 조종기로 놀고 있으렴" 하고, 유야에게는 말로 대사를 가르치면서 화를 내며 무선 조종기를 걷어차 달라고 부탁했습니다. 히에이는 진심으로 울컥해서 "물건에 화풀이하는 거 아냐"라며 평소에 실제 어머니에게 듣는 말 그대로 유야에게 호통쳤습니다.

저는 컷을 외친 다음 히에이에게 "미안해. 멀리서 이런 장면을 찍으려고 일부러 유야한테 화내 달라고 했어"라고 설명했지만 두 아이는 한나절 동안 말을 하지 않았습니다. 같은 차를 타고 돌아가는데도 둘 다 반대쪽을 보고 앉아 있어서 교코 역의 아유가 어이없다는 듯 "둘 다 바보 아냐? 연기란 말이야, 연기"라고 말했던 것이 그립습니다.

아역에게 어디까지 할 것인가

대사를 말로 가르치는 방법과 별개로 〈아무도 모른다〉의 연출 자체는 기본적으로 픽션 연출로 찍었습니다. "너는 여기서 어떻게 생각했어?"라고 아역에게 물으며 찍은 것도 아니고 도촬도 하지 않았습니다. 특히 아이가 죽는 이야기인 만큼 아역을 괴롭거나 슬프게 만들어서 눈물을 찍는 건 규칙 위반이라고 생각했습니다. 그렇게 할 거라면 팔을 꼬집어서 울리는 게 가장 좋은 방법이 되고 맙니다. 저는 그런 짓은 하기 싫습니다.

〈내 친구의 집은 어디인가〉[12]로 유명한 이란의 압바스 키아로스타미[13] 감독은《그리고 영화는 계속된다》[14]라는 책에 나와 있는 대로라면, 실제로 아역을 괴로운 상황에 몰아넣고 촬영했던 모양입니다. 우선 숙제 공책을 스태프가 숨겨 주인공을 불안하게 만드는 동시에, 공책을 깜박한 반 친구가 선생님한테 호되게 혼이 나서 울음을 터뜨리는 모습을 보고 더욱 불안해하는 주인공을 찍어 그 표정을 전혀 다른 문맥에서 씁니다. 키아로스타미는 그렇게 할 수 있는 감독입니다. 그렇게 해도 괜찮은 감독이라 말해도 좋습니다. 하지만 저는 그렇게 하지 않기로 했습니다.

그러면 어째서 유야가 무선 조종기를 걷어차는 장면에서 히에이를 살짝 속였느냐면, 속임수에도 관계를 회복할 수 있는 것과 없는 것이 있다는 사실을 켄 로치[15] 감독에게 배웠기 때문입니다.

켄 로치 감독의 〈케스〉[16]라는 영화는 가족과도 선생님과도 대화를 나누지 못하는 낙오자 소년이 매 한 마리를 기르며 성장하는 이야기입니다.

이 영화 속에서 마음이 피폐한 소년의 형은 동생을 시샘해서 그가 기르던 매를 죽여 쓰레기통에 버립니다. 소년은 집으로 돌아와 매가 없다는 사실을 눈치채고 찾아다니다가 마지막에 쓰레기통 속에서 죽은 매를 발견하는데, 그때의 표정은 도무지 연기로는 보이지 않았습니다.

그래서 감독을 만났을 때 직접 물어봤더니, 감독은 "매가 없어지면 찾아다오"라고 소년에게 말한 뒤 실제로 찾게 했다고 합니다. 물론 소년이 진짜 소중히 여기던 매는 죽이지 않았고, 그와 닮은 매의 사체를 쓰레기통에 넣어 둔 뒤 소년이 그것을 발견하고 끌어안는 장면을 찍었습니다.

저는 깜짝 놀라서 "촬영 후 소년과의 신뢰 관계가 무너질 거라고 생각하지 않으셨나요?"라고 물었습니다. 그러자 감독은 "일시적으로는 무너질지 몰라도 그때까지의 우리 관계가 있으면 회복할 수 있다는 자신감이 있었습니다"라고 답했습니다. 실제로 〈케스〉의 촬영이 끝난 뒤 소년은 켄 로치 감독의 조감독이 되었다고 합니다.

감독과 배우 사이에 신뢰 관계를 구축한 뒤 어디까지 그런 도전을 할 것인가. 충분히 생각한 뒤에 할 수 있는가, 생각하지 않은 채 하는가. 특히 상대가 아이일 때는 정말로 신중해져야만 합니다. 그래서 저는 키아로스타미 감독의 방식은 부정하지만 켄 로치 감독의 방식은 긍정합니다. 하지만 키아로스타미의 영화에

출연한 아이들도 그가 촬영을 마친 후 다시 마을을 찾았을 때는 모두 반갑게 모여들었다지요. 어쨌든 당시의 영화 촬영은 그들 마음속에 즐거운 기억으로 남은 것입니다. 사실 아이라고 해서 그렇게까지 우직하게 대할 필요는 없을지도 모릅니다.

〈케스〉에서 또 하나 굉장하다고 생각한 부분이 있습니다. 소년은 죽은 매를 껴안은 뒤 볼에 비비거나 날개에 눈물을 흘리지 않고 사체를 형에게 가져가서 내밉니다. 형은 질색하지만 소년은 그런 형에게 매를 들이밉니다. 그 장면이 참으로 리얼했습니다. 여기서 감상적으로 흐르지 않는 켄 로치 감독의 연출에는 정말로 혀를 내두를 수밖에 없습니다.

도그마가 아닌 내 나름의 리얼리티

〈아무도 모른다〉는 2004년 5월 칸 국제영화제 경쟁 부문에서 상영되었고, 주연 야기라 유야가 역사상 최연소 및 일본인 최초의 남우주연상을 받아 운 좋게 스타트를 끊었습니다.

그런데 국내에서도 해외에서도 비평 가운데 "다큐멘터리 터치"라는 말이 자주 등장했습니다.(기자는 이 말을 호의적으로 썼을지도 모르지만요.)

확실히 조명은 거의 쓰지 않았고 카메라도 16밀리이며 핸드헬드로도 많이 찍었지만, 삼각대를 달고 찍은 장면도 의외로 많습니다. 또 각본을 전달하지 않았을 뿐 저는 대사를 썼습니다. 앞서 말한 대로 저는 철두철미한 픽션으로 찍었지만, 보는 사람들에게는 다큐멘터리 같다는 말을 듣고 말았습니다.

마침 1990년대 후반부터 2000년 전반까지 유럽에서 '도그마 95'라는 영화 혁명운동이 널리 퍼졌습니다. 이는 〈어둠 속의 댄서〉[17]로 칸 국제영화제 황금종려상을 받은 덴마크 영화감독 라스 폰 트리에[18]가 중심이 되어 할리우드 영화의 제작비 증대와 CG 등 첨단기술 집착에 따른 영화 자체의 질적 저하에 의문을 던지며 일으킨 영화운동입니다.

'도그마 95'에는 영화를 제작할 때 다음과 같은 '순결의 서약'을 따라야 한다는 규칙이 있습니다.

1. 모든 촬영은 로케이션으로 한다. 소도구와 세트는 현장에 있는 것을 쓴다.

2. BGM 등의 삽입 음악이나 음향효과는 쓰면 안 된다.

3. 촬영은 반드시 핸드헬드로 한다.

4. 컬러영화로 만든다. 모든 조명 기구는 사용을 금지한다.

5. 광학 처리와 필터 사용은 허용하지 않는다.

6. 이야기에 살인이나 폭탄 등의 표면적 표현을 담아서는 안 된다.

7. 시간적 혹은 지리적 괴리는 허용되지 않는다.(영화는 언제나 현재의 사건이며, 회상 장면 등의 사용은 금지)

8. 장르 영화는 금지한다.

9. 필름은 아카데미 35밀리를 쓴다.

10. 감독의 이름은 크레디트에 올리면 안 된다.

마침 같은 무렵 저는 〈원더풀 라이프〉에서는 배우가 아닌 일반인들을 출연시켰고, 〈디스턴스〉에서는 거의 핸드헬드로 대사를 정하지 않고 대본 없이 찍어서 '도그마 95'에 상당히 가깝다는 평가를 받았습니다.

하지만 저 자신은 당시부터 '도그마 95'를 별로 높게 평가하지 않았습니다. 일종의 '십계'를 지키며 이른바 다큐멘터리주의를 관철한다는 것은, 시도하는 이유는 알겠지만 배우의 연기가 연극적이라면 아무리 핸드헬드로 찍어도 리얼리티가 없습니다. 저는 이 방법으로 찍는다면 배우의 존재를 부정해야 하지 않을까 하고 느꼈습니다.

'도그마 95' 작품은 일본에서도 몇 편 개봉했는데, 벨기에 다르덴 형제[19]의 〈로제타〉[20]나 프랑스 브뤼노 뒤몽[21] 감독의 〈위마니테〉[22]

5장. 부재를 껴안고 어떻게 살아갈 것인가

등 몇 작품 말고는 솔직히 재미있다는 생각은 안 들었습니다.

이런 이유로 저는 '도그마 95'라는 것과는 다른 형태로 제 나름의 리얼리티에 다다르고 싶어서 〈아무도 모른다〉를 찍었습니다. 연기 경험이 없고 아마추어에 가까운 아역을 모은 것도 그런 경위 때문입니다.

특히 1990년대는 좋든 나쁘든 모처럼 촬영소 시스템과 무관한 곳에서 영화를 자유롭게 만들 수 있게 되었음에도 불구하고, 녹음 방식이나 컷 분할, 배우 메이크업 등에 촬영소 시대의 미의식이 남아 있었습니다. 실제 아파트에서 찍는다면 방법론적으로 세트와는 다른 새로운 촬영 방식을 찾아야만 합니다. 그렇게 생각해서 〈아무도 모른다〉는 실제 아파트에서 시간 축을 따라 사계절의 변화를 좇아 가며, 아이들에게서 즉흥적으로 나오는 표정을 놓치지 않기 위해 조명을 쓰지 않고 되도록 자연광을 살려서 슈퍼 16밀리 카메라로 촬영했습니다.

걸어도 걸어도

2008

어머니의 죽음에 대한 슬픔 치유 과정

〈걸어도 걸어도〉는 성인이 되어 집을 떠난 자식들과 늙은 부모의 여름날 하루를 그린 홈드라마입니다. 특별한 사건은 일어나지 않습니다. '왜 그날 가족이 모였는가?'라는 작은 수수께끼가 중반에 풀리는 정도로, 나머지는 가족끼리의 사소하면서도 다소 낯선 대화가 이어지는 이야기입니다.

각본 초고는 2006년 가을에 썼는데, 사실 같은 제목의 플롯은 그 5년 전부터 있었습니다. 단, 설정은 1969년이었고 내용은 좀 더 자전적이었습니다. 제가 초등학생 때 살던 낡고 기울어진 두 집짜리 목조 연립주택에 치매 걸린 할아버지가 계셨고, 아버지는 노름에 미쳐서 어머니가 아르바이트로 생계를 유지했으며, 마침 이시다 아유미의 〈블루 라이트 요코하마〉[23]라는 노래가 유행하던 무렵의 이야기입니다. 평소에는 집 안에서 별로 존재감을 드러내지 않던 아버지가 태풍이 온다는 소리에 지붕이 바람에 날아가지 않도록 로프로 묶기도 하고 창문 전체를 함석으로 덮기도 하는 그런 하루를 썼습니다.

그러나 프로듀서 야스다 씨가 "이건 예순이 넘은 다음에 할 이야긴데. 지금 하지 않아도 되잖아?"라고 해서 먼저 〈하나〉를 찍기로 했습니다.

〈하나〉를 만들던 무렵 어머니가 입원해서 저는 촬영이나 편집 틈틈이 짬을 내어 병문안을 갔습니다. 하지만 어머니는 2005년 영화를 한창 마무리하던 중 돌아가셨습니다. 역시 그건 큰 충격인지라, 자전적 영화는 아니지만 여기서 어머니 이야기를 찍어두지 않으면 앞으로 나아갈 수 없겠다는 기분이 들었습니다.

어머니가 쓰러지고 돌아가시기까지 2년 가까이 걸렸는데, 서서히 죽음을 향해 가는 인간이 일상 속에 있다는 것은 정신적으로 상당히 지치는 일이었습니다. 입원 당시는 의료물 다큐멘터리도 만들었기에 나름대로 지식도 인맥도 있다고 생각해서 제 힘으로 어머니가 어떻게든 쾌유를 향해 나아갈 수 있으리라고(좀 더 좋은 병원으로 옮겨 제대로 재활 치료를 받고 퇴원해서는 집에서 생활할 수 있게 되지 않을까 하고) 과신했습니다. 하지만 실제로는 무엇 하나 이루어지지 않았습니다.

어머니는 저의 장래를 몹시 염려했습니다. 〈원더풀 라이프〉가
좋은 평가를 받아 이름도 조금 알려졌지만 어머니는 영화로 먹고
살 수 있을지 내내 걱정했습니다. 〈환상의 빛〉이나 〈원더풀 라이
프〉는 봤어도 〈아무도 모른다〉는 완성 전에 쓰러져서 보지 못했
고, 칸 국제영화제에 참가했을 당시의 신문 기사를 병실에 붙여
두긴 했으나 그것도 잘 몰랐을 겁니다.

할 수 있는 일이 더 있지 않았을까. 적어도 〈아무도 모른다〉까
지 봤다면 안심하지 않았을까. 반년만 더 버티셨다면……. 그런
후회하는 마음이 〈걸어도 걸어도〉의 홍보 문구 "인생은 언제나
조금씩 어긋난다"가 되었습니다. 저는 이 문장을 공책 첫 장에 적

〈**걸어도 걸어도**〉 2008년 6월 28일 개봉 | 114분 **배급**
시네콰논 **제작** 〈걸어도 걸어도〉 제작위원회, 티브이맨
유니언, 엔진필름, 반다이 비주얼 **줄거리** 어느 여름날,
요코야마 료타는 아내 유카리, 아들 아쓰시와 함께 본
가에 간다. 이날은 15년 전 세상을 떠난 형의 기일. 하
지만 실직했다는 말을 하지 못하는 료타에게 부모님
과의 재회는 고통일 뿐인데…… **수상** 산 세바스티안
국제영화제 각본가협회상, 마르 델 플라타 국제영화
제 최우수작품상 외 **출연** 아베 히로시, 나쓰카와 유이,
YOU, 다카하시 가즈야, 기키 기린, 하라다 요시오, 다
나카 쇼헤이 외 **촬영** 야마자키 유타카 **조명** 오노시타 에
이지 **미술** 이소미 도시히로, 미쓰마쓰 게이코 **녹음** 쓰루
마키 유타카 **의상** 구로사와 가즈코 **음악** 곤치치 **기획** 야
스다 마사히로

ⓒ 2008 〈걸어도 걸어도〉 제작위원회

은 뒤 각본을 쓰기 시작했습니다.

어머니는 결코 상냥하고 좋은 사람은 아니었습니다. 상당한 독설가였는데 욕지거리를 아주 재미있게 하는 독특한 사람이었습니다. 또 〈데쓰코의 방〉(일본의 장수 토크쇼—옮긴이)과 〈홍백 가요대전〉의 심사위원이 매우 가치 있는 역할이라고 생각해서, 〈데쓰코의 방〉에 영화감독이 나오면 반드시 비디오로 녹화해서 제게 보냈습니다. "너도 언젠가 이런 방송에 나오면 좋겠다"라는 말을 곁들여서요. 어머니의 필체로 "스오 마사유키 감독"이라고 쓰여 있는 비디오테이프는 지금도 제 옆에 있습니다. 〈아무도 모른다〉의 유야가 〈데쓰코의 방〉에 출연했을 때는 저도 들러리로 나갔기에 병실에 있던 어머니 귓전에 "〈데쓰코의 방〉에 나갔어"라고 말했는데 알아들었을까요. 어머니가 그 방송을 보지 못했던 건 정말로 아쉽습니다.

어머니는 이처럼 속된 면이 있는, 어떤 의미로는 '세속' 그 자체인 분이었습니다. 그런 세속적인 부분을 떠올리며 각본에 담았기 때문에 이 영화의 도시코는 저의 어머니에 상당히 가깝습니다.

이를테면 '주인공이 아이 딸린 여자와 재혼해서 백중날 가족과 함께 본가를 방문한다'는 설정은 어머니의 "○○의 △△가 결혼한다더라. 상대가 재혼이래. 하필 남이 썼던 걸 말이야"라는 놀랄만한 발언이 바탕이 되었습니다.

그리고 이 이야기. 어머니는 자신이 쓰러져 입원해 있는데도 언제나 제 이를 걱정했습니다. 자신이 틀니를 했기 때문에 제게도 "너, 이 제대로 닦고 있어?" "이는 매일 닦으렴" 하고 침대 위에서도 몇 번이나 말했습니다. 그래서 기키 기린 씨가 연기하는 어머니가 아베 히로시 씨가 연기하는 아들에게 "아~ 해 봐"라고 말하는 장면을 썼습니다.

지금 돌이켜 보면 〈걸어도 걸어도〉는 어머니의 죽음에 대해 제 나름대로 슬픔을 치유하는 과정이었습니다. 어머니를 잃었다는 사실을 어떻게 받아들일지 궁리하다 영화로 만들자고 생각했습니다. 그래서 가장 중요하게 여긴 점은 어머니를 잃은 슬픔에 질질 끌려가지 않는 것이었습니다. 웃을 수 있는 영화를, 건조한 영화를 만들고자 하는 의식이 있어서 드라이한 홈드라마로 완성할 수 있었던 것 같습니다.

이야기의 큰 설정 두 가지

〈걸어도 걸어도〉는 캐릭터 이전에 이야기의 큰 설정이 두 가지 있었습니다.

첫 번째는 '조금씩 어긋난다는 중얼거림으로 끝나는 영화를 만들자'는 것. 두 번째는 어머니와 아들이 백중날 마음 불편하게 하룻밤을 보낸 뒤 어느 타이밍에서 〈블루 라이트 요코하마〉가 흘러나오는 것입니다.

제목 '걸어도 걸어도'는 〈블루 라이트 요코하마〉의 후렴 중 한 구절입니다. 이 노래를 부른 이시다 아유미는 그때 스물한 살이었는데, 앨범이 150만 장 넘게 팔리며 인기가 높았습니다. 당시 아

〈걸어도 걸어도〉 제작 노트의
첫 페이지

마도 〈밤의 히트 스튜디오〉라는 음악 방송에서 그녀가 물빛 의상을 입고 아이스스케이트를 타는 모습이 노래 사이에 삽입되는 장면을 본 기억이 있습니다. 저는 도쿄라 해도 네리마라는 공장과 밭밖에 없는 지역에 살았고, 가족끼리 외출하더라도 버스를 타고 이케부쿠로에 가는 게 고작이었습니다. 그런 환경 속에서 접한 '요코하마'라는 단어의 어감과 이시다 아유미의 모습은 몹시 도회적이어서 충격을 받았습니다. 그런 기억이 남아 있어서 제목만 먼저 정했습니다.

자잘한 디테일은 그다음에 채워 나갔습니다. 가령 〈블루 라이

트 요코하마〉가 나온다면 어머니가 심술궂게 트는 것일 테니 아버지가 바람을 피웠겠지…… 라든가, 식사를 한다면 모처럼이니 내가 좋아했던 옥수수튀김으로 할까 등등. 단, 먹는 장면은 밤의 장어 요리로 한정하고 나머지는 대체로 요리를 하거나 치우는 장면으로 만들었습니다. 그러는 편이 등장인물들이 말을 할 수 있기 때문입니다. 식사 장면에서는 먹는 것보다 준비와 정리가 중요하다는 점은 무코다 구니코[24] 씨의 홈드라마에서 배웠습니다.

캐스팅은 각본과 동시에 고려합니다. 주인공 료타 역에 누가 어울릴지 생각하던 중 우연히 후지TV의 〈침팬지 뉴스 채널〉이라는 정보 버라이어티 프로그램에 아베 히로시 씨가 출연한 회를 보았습니다.

이 방송은 침팬지 한 마리가 진행하는 토크쇼인데, 침팬지의 대사는 서브 스튜디오에 있는 비비루 오키 씨가 맡았습니다. 침팬지가 아베 씨의 머리에 기어 올라가기도 하고, 아베 씨가 러닝머신을 한창 타던 도중에 침팬지가 속도를 올리자 뛰면 될 것을 어째서인지 내내 빨리 걷는 모습이 몹시 멋없게 보였습니다. 풍채는 근사하지만 멋이 없는 료타의 이미지와 겹쳤습니다. 그래서 다음 날 기획사로 전화를 걸어 역할을 제안했습니다. 아무래도 "침팬지 뉴스 봤어요"라는 말은 못했지만, 훨씬 나중에 아베 씨에게 그 이야기를 했더니 "나가길 잘했어~!"라며 기뻐했습니다.

5장. 부재를 껴안고 어떻게 살아갈 것인가

어머니 역은 각본 집필 단계부터 기키 기린 씨를 염두에 두었기에 초고부터 그녀에게 맞춰서 썼습니다. 기키 씨는 어머니 역을 참으로 깊이 있게 이해해서 여러 아이디어를 냈습니다.

이를테면 욕실에서 틀니를 빼는 장면. "내 이는 전부 틀니고, 낮에 이를 걱정하는 장면이 있으니까 내가 틀니라는 걸 보여 주면 아들 이를 걱정하는 데 설득력이 생기겠지? 그래서 욕실에서 틀니를 빼려고 하는데"라고 기키 씨가 제안해서 실현한 장면입니다. 장남의 무덤을 찾아가기 전에 가볍게 립스틱을 바르는 것도 기키 씨의 아이디어입니다.

사람들은 애드리브가 많을 것으로 생각할지 모르지만 연기에 관해서는 매우 치밀하게 계산하고 현장에 임하는 분입니다. 촬영 첫날 "대사는 한 글자 토씨 하나도 안 바꿀게요. 쓸데없는 짓은 안 합니다"라고 말했고, 아이디어가 있을 때는 반드시 "이렇게 해 보고 싶은데" 하며 제게 와서 "필요 없으면 편집해도 돼"라고 했습니다.

원래 의사였던 아버지 역을 연기한 하라다 요시오 씨는 〈하나〉에 이어 이 영화에도 출연했습니다. 〈걸어도 걸어도〉에서는 "나는 그렇게 안 늙었으니까"라며 본인이 백발을 제안했습니다.

또 기키 씨와 나쓰카와 씨와 YOU 씨는 휴식 중에도 분장실로 돌아가지 않고 계속 수다를 떨었고 아베 씨가 지나갈 때마다 장난치며 놀았지만, 하라다 씨는 '가족에게서 조금 고립된 아버지 역'이어서 휴식 시간에는 분장실에 갔습니다. 〈하나〉 때는 현장의 분위기 메이커여서 휴식 시간이면 엔도 겐이치 씨나 데라지마 스스무 씨가 하라다 씨가 앉아 있는 근처로 와서 즐겁게 대화를 나누었던 만큼, 〈걸어도 걸어도〉 때는 역시 조금 쓸쓸해 보였습니다.

게다가 이 아버지는 아내를 험담하거나 자식과 대립하는 그릇이 작은 남자여서, 하라다 씨가 재미있어하긴 했지만 본인과는 동떨어진 역할이니 힘도 들었겠지요.

인상적이었던 건 밤에 가족끼리 장어를 먹는 장면입니다. 손자가 뱀장어 간으로 만든 국을 가리키며 "엄마, 이거 먹을 수 있어?"라고 물은 뒤 먹을 수 있다는 대답을 듣는데, 조금 징그러워서 망설이자 하라다 씨가 연기하는 할아버지가 "그럼 할아버지가 먹지 뭐"라며 손자 그릇에 자신의 젓가락을 찔러 넣습니다. 게다가 쩝쩝 소리를 내며 핥은 젓가락이었던 터라 손자는 남은 국도 못 먹습니다. 하지만 할아버지는 그것조차 눈치채지 못하는 장면입니다.

그래서 하라다 씨에게 "소리를 내며 젓가락을 핥아 주세요"라고 말했더니 조금 싫은 듯한 표정을 지었습니다. 하라다 씨의 미학으로는 그런 짓은 안 합니다. 하지만 이 할아버지는 하겠지, 라는 갈등이 보여서 저는 그 점이 재미있었습니다. 결국 저항감이 있으니 좀처럼 좋은 소리를 녹음하지 못해서 후시 녹음으로 소리를 더했던 것도 그리운 추억입니다.

각본은 배우와 소통하며 풍성해진다

역시 배우들과 소통하며 각본의 내용을 풍성하게 만드는 것은 매우 뜻깊은 작업이자 가장 즐거운 일입니다.

주인공 료타의 아내를 연기한 나쓰카와 씨의 경우, 그녀는 결혼도 안 했고 자식도 없지만 "시어머니랑 둘이 있을 때 무슨 말을 들으면 가장 싫을 것 같아요?"라고 물었더니 "여자다운 부분에 대한 말을 들으면 싫을 것 같아요. '머리나 손톱이 예쁘구나'처럼요"라고 대답하기에, "나쓰카와 씨는요?"라고 묻자 "저라면 보조개겠지요"라고 했습니다. 그래서 나쓰카와 씨가 연기하는 며느리가 시어머니에게 "보조개가 귀엽네"라는 말을 듣는 장면을 썼습니다. 그 대사를 추가한 새 각본을 분장실에서 건네자 나쓰카와 씨는 "썼네요. 이제 아무 말도 안 할 거예요!"라며 못을 박았습니다.

또 기키 씨가 영화 첫머리에서 YOU 씨의 머리카락을 만지며 "넌 이마가 예쁘니까 좀 더 내놓으렴"이라고 말하는 대사는 분장실에서 두 사람이 했던 대화를 그대로 가져온 것입니다.

하라다 씨의 한마디가 각본에 들어간 적도 있습니다. 클래식을 좋아한다며 허세를 부리는 남편에게 아내가 "요즘 노래방에서 엔카(일본의 대중음악 장르로 트로트와 비슷하다―옮긴이) 〈묘성〉을 부르잖아요"라며 찍소리도 못하게 만드는 장면이 있는데, 대본 리딩 후 하라다 씨가 "〈묘성〉은 엔카가 아닌데?"라는 것이었습니다. "그러네요…… 엔카가 아니네요"라는 식으로 이야기가 흘러서, 어디까지가 엔카이고 어디부터는 아닌지로 열띤 대화를 나누었습니다. 그래서 영화에서는 "〈묘성〉은 엔카가 아니야"라고 아이처럼 대꾸하는 장면으로 바꾸었습니다.(참고로 의사들은 노래방에서 〈묘성〉과 〈마이웨이〉를 부른다는 제 나름의 리서치 결과가 있었기 때문에 이 영화에서 〈묘성〉을 골랐습니다.)

〈걸어도 걸어도〉는 이렇게 완성된 각본으로 대본 리딩을 하고 다시 각본을 수정하여 한 장면씩 대사를 정한 다음, 세트 리허설을 통해 움직임을 결정한 뒤 거기서 다시 대사를 고치는 정통적인 방식으로 진행했습니다.

하지만 완성된 영화는 〈디스턴스〉처럼 배우의 개성에 기대어 대사를 하게 한 작품보다 각각의 인물상이 더욱 두드러지는 것 같습니다. 다시 말해 과정은 어떤 면에서는 '부자유'스러웠지만, 등장인물은 영화 속에서 자유를 얻은 듯이 보입니다. 뭐, 이것도

5장. 부재를 껴안고 어떻게 살아갈 것인가

자기평가일 뿐이지만요…….

컷 분할, 빛, 소리에 신경 쓰다

〈걸어도 걸어도〉를 찍기 전, 저는 일본 영화사에 남을 기술이나 노하우를 배우기 위해 나루세 미키오[25] 감독의 작품을 제법 다시 봤습니다.

카메라 각도로 말하자면 오즈 야스지로[26] 감독은 정면에서 찍지만 나루세 감독은 어느 장면을 봐도 반드시 카메라를 대상에서 비스듬하게 둡니다. 정자체와 흘림체라고 할 것까지는 아니겠지만, 그만큼 일본 가옥을 보여 주는 방식이 상당히 다르다는 인상을 받습니다. 나루세 감독이 카메라를 비스듬히 두고 찍는 이유는, 그 편이 방이나 가구 등의 위치 관계가 눈에 잘 들어와서 인간을 쉽게 움직일 수 있기 때문이겠지요. 반대로 오즈 감독의 영화는 공간을 파악하기가 몹시 힘듭니다.

또, 다시 보며 잘 알게 된 점은 1950년대의 도호 영화가 미술이나 조명, 촬영의 기술력이 압도적으로 높다는 것입니다. 같은 나루세 감독의 영화라도 도호와 동시대의 다이에이에서 제작한 영화를 보면 비교할 수 없을 정도로 도호의 기술력이 높습니다. 도

5장. 부재를 껴안고 어떻게 살아갈 것인가

호는 당시 홈드라마를 찍기 위해 집뿐만 아니라 골목까지 포함된 지역을 통째로 오픈 세트로 지었을 정도니, 그 풍성함이 화면에 반영된 것이겠지요. 하지만 요즘은 그렇게까지는 못하므로 있는 것으로 어떻게 풍성하게 찍을지가 관건입니다.

1965년 무렵에 지었다는 설정인 요코야마가(본가)는 의원과 주거 공간이 연결된 병용 주택입니다. 집 내부는 스튜디오에 지은 세트에서 촬영을 했기 때문에, 내부와 외관이 딱 맞아떨어지는 집을 찾기 위해 바쁘게 돌아다니던 스태프가 미타카의 소아과 의원을 찾아냈습니다. 정원과 거실을 중심으로 복도를 사이에 두고 안쪽에 부엌을 만든 이 집의 배치를 본떠 부엌이나 거실은 세트로 만들었습니다.

집 내부의 어디가 현지 촬영이고 어디가 세트인지 몰랐다는 기쁜 감상도 들었는데, 이는 수준 높은 미술과 오노시타 에이지 씨의 훌륭한 조명 덕분입니다.

미타카의 소아과 의원은 볕이 매우 잘 들어서 자연광으로 찍을 수 있을 정도였습니다. 하지만 오노시타 씨는 구태여 인공광을 더했습니다. 어째서인지 궁금해서 이유를 묻자 "의도적으로 인공적인 빛을 더해서 자연광을 살짝 인공광에 가깝게 만들어 두지 않으면, 세트 촬영분과 합쳤을 때 한 영화 안에서 조화를 이루지 않아요. 그 자리의 자연광이 아름답다고 해서 반드시 자연광만으로 촬영해도 좋은 건 아닙니다"라고 조명에 대한 철학을 들려주었습니다. 이 말을 들었을 때 기술자란 정말로 멋지다고 생각했습니다.

이 영화에서는 소리에도 세심한 주의를 기울였습니다. 가족 모두가 거실에 있을 때 정원에서 료타의 매형과 조카들이 왁자지껄 떠들며 돌아오는 장면. 일반적으로 세트에서 취약한 부분이 소리의 퍼짐새와 반향입니다. 아무래도 천장에 울려서 실내라는 느낌이 나지요. 그래서 놀다 돌아오는 아이들의 목소리를 도호 스튜디오 주차장에서 후시 녹음하여 그 소리를 장면에 입혔습니다. 그랬더니 단지 그것만으로도 '바깥' 장면으로 보였습니다. 그야말로 소리의 마법입니다. 소리의 '크고 작음'이 아닌 '멀고 가까움'에 주의를 기울여 소리의 거리감과 확산의 차이를 더함으로써 세트와 현지 촬영의 경계가 느껴지지 않는 리얼한 세계를 구축할 수 있었던 것 같습니다.

감독 조수라는 새로운 시스템

〈걸어도 걸어도〉에서 또 하나 시도한 것은 '감독 조수'라는 역할의 도입입니다.

감독 조수 시스템은 사실 〈원더풀 라이프〉 때 이미 싹터 있었습니다. 저는 그 영화에서 아직 대학생이던 니시카와 미와 씨에게 이 역할을 제안했습니다. 그때 그녀의 포지션은 조감독이었지만, 크랭크인부터 크랭크업까지의 촬영에만 관여하는 일반적인 조감독과는 달리 기획에서부터 리서치, 촬영, 편집, 마무리까지 모든 과정을 제 옆에서 경험하게 했습니다.

니시카와는 그 후 프리랜서가 되어 다른 감독의 조감독으로 일하면서 제가 연출하는 광고나 뮤직비디오 촬영도 도와주었습니다. 세 번째 영화에서 조감독을 맡았을 때 저는 그녀에게 "이십대 때 감독으로 한 편 찍는 게 좋아"라고 조언했습니다. 저 자신이 그렇게 하지 못했다는 부끄러움이 있었기 때문입니다.

잠시 조감독 일을 쉰 그녀가 써 온 각본 초고는 완성도가 매우 높았습니다. 솔직히 이건 영화가 되겠다고 생각했습니다. 무엇보다 대부분의 장면이 집 안에서 전개되어서 예산이 별로 들지 않습니다. 당시 제가 가장 신뢰하던 엔진필름의 야스다 씨에게 각본을 보여 주자 "고레에다, 이건 곧바로 찍는 편이 좋겠는데"라고 했습니다. 그래서 이세야의 〈가쿠토〉와 니시카와의 〈산딸기〉를 제가 제작하기로 했습니다.

'감독이 제작을 맡아 조감독을 감독으로 만드는' 시스템은 영화계에서는 드문 일이어서 다들 놀랐지만 텔레비전 세계에서는 일반적입니다. 가령 제가 연출가인데 AD가 기획을 가져오면 저는 제작자로서 기획을 방송국에 팔러 가고, 기획이 통과되면 그 AD가 연출가가 되어 방송을 만듭니다.

영화계에 그런 시스템이 없는 이유는 제작자와 감독이 별개의 직업이라고 생각하기 때문이겠지요. 감독의 직무 범위가 매우 좁은 것입니다. 확실히 촬영소 시스템[27] 시절에는 감독은 촬영이 끝나면 곧바로 다음 현장의 감독을 맡는 편이 효율이 좋았습니다. 그래서 편집은 편집감독에게 맡겼고, 예고편이나 포스터 등의 판촉물과 개봉 규모는 배급사가 정했습니다. 감독에게 그 부분의 권한은 없었던 것이지요. 하지만 저는 자신의 작품이 어떤 형태로 개봉될지에 관여하지 못하는 건 이상하다고 생각해 왔습니다.

영화감독이 편집이나 홍보 전개를 위해 업계 밖에서 인재를 끌어오거나 자신도 적극적으로 관여하기 시작한 것은 아마도 저와 이와이 슌지 씨가 처음이지 않을까 합니다.(그 전에 한 사람, 이타미 주조 씨가 있는 정도일까요.). 공통점은 둘 다 텔레비전 출신이라는 것입니다.(이와이 씨도 본인 조감독의 작품을 제작합니다.)

예를 들어 〈산딸기〉나 〈가쿠토〉의 제작비는 2500만~3000만 엔 정도인데, 이 규모의 제작비는 텔레비전 방송 제작자라면 일반적으로 다루는 금액입니다. 제 경우 그 이상 늘어나면 예산 관리는 다른 사람에게 맡기는 편이 낫지만, 어쨌거나 제작자의 일

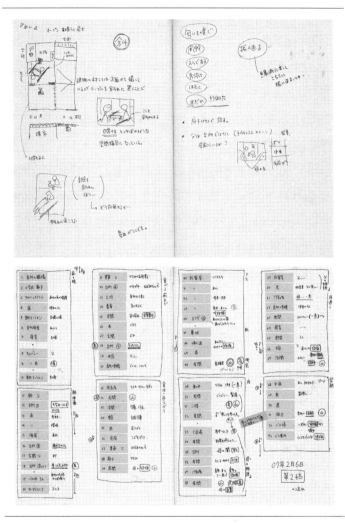

〈걸어도 걸어도〉 제작 노트
위 카메라 포지션 메모 아래 장면 순서 검토

을 할 수 있다면 되도록 하는 편이 좋겠지요.

감독 조수 이야기로 되돌아가면, 〈원더풀 라이프〉와 〈디스턴스〉에서 니시카와가 경험한 기획부터 마무리까지 관여하는 시스템은 효과가 매우 좋았습니다. 영화를 앞으로 앞으로 나아가게 하는 조감독과는 달리, 함께 멈춰 서서 영화에 대해 생각해 주는 브레인 같은 존재가 제 작품에는 필요합니다.

그래서 〈걸어도 걸어도〉에서는 스나다 마미[28] 씨에게 그 역할을 맡겼습니다. 제 촬영 현장에 참여해 보고 싶다는 정중한 편지를 3년쯤 전에 받았는데, 타이밍이 맞으면 그러자고 답장을 쓴 터였습니다. '감독 조수'라는 호칭은 영화의 엔딩 크레디트에 어떤 직무로 쓸지 의논했을 때 스나다 자신이 생각해 냈다고 기억합니다.

물론 조감독은 촬영 준비만 하지 않습니다. 하지만 아무래도 촬영이 시작되면 '몇 시까지 이 장면을 끝내고 15분 안에 이동해서 다음 장면을 다 찍지 못하면……' 하고 다음 일을 생각하게 되지요. 지금 다 찍은 장면의 내용을 다음 날까지 음미하며 곱씹을 여유가 우선 없고, "어제 찍은 장면은 혹시 NG 아닌가요?"라는 말은 절대로 못합니다. 그건 자신의 목을 조르는 일이기 때문입니다.

바로 그렇기 때문에 감독에게 언제 어떤 의견이든 말해도 좋은 '감독 조수'라는 역할을 도입했던 것입니다.

〈걸어도 걸어도〉 때는 스나다가 제게 각본을 들고 다가오면 조감독들이 '인마, 쓸데없는 소리 하지 마!'라는 무서운 시선을 보냈던 모양입니다. 하지만 지금은 조감독은 액셀, 감독 조수는 브레이크라는 역할 분담을 서로 이해해서 양호한 관계가 유지되고 있다고 생각합니다. 아마도 예전보다는요.

죽은 자는 신의 대리인이라는 설

제 영화는 전반적으로 "상실을 그린다"는 말을 듣지만, 저 자신은 '남겨진 사람들'을 그린다고 생각합니다.

이 생각은 〈아무도 모른다〉의 칸 국제영화제 인터뷰에서 러시아인 기자에게 "당신은 종종 죽음과 기억의 작가라고 불리지만 나는 그렇게 생각하지 않는다. 당신은 나중에 남겨진 사람, 즉 부모에게 버림받은 아이나 자살한 남편의 아내, 가해자 유족 등 누군가가 없어진 뒤에 남겨진 사람을 그린다"는 말을 들은 게 계기입니다. 이 말을 듣고 '과연 그럴지도 몰라' 하며 스스로도 납득했습니다. 제 의식 아래에 있는 모티프를 취재자가 콕 집어 말하는 것은 매우 흥미로운 체험입니다.

'상실'이라는 단어에 관해서는 또 하나 생각나는 바가 있습니다.

2000년 전후에 구로사와 기요시 감독이나 아오야마 신지 감독과 함께 해외 영화제 초청을 받게 되었는데, "왜 일본 작가는 상실만 그리는가"라는 질문을 자주 들었습니다.

그때는 '모두 저마다 사물을 받아들이는 방식이 다른데 싸잡아 말하는 것도 곤란하네' 싶었지만, 기자는 "히로시마와 나가사키의 원자폭탄을 체험한 것과 무슨 관련이 있는가?"라고 묻습니다. 구로사와 씨도 아오야마 씨도 히로시마나 나가사키와는 직접적인 관계가 없습니다. 하지만 외국에서 보면 그렇게 보입니다. 우리가 '유대인'이라는 단어에서 홀로코스트나 아우슈비츠를 연상하는 것과 마찬가지입니다. 요컨대 보는 쪽은 거기까지 거슬러 올라가서 작품에 존재하는 그 나라 국민의 독자성이나 근거를 찾고 싶은 거겠지요.

그런 질의응답을 몇 번인가 경험하자 서양과 동양의 차이를 생각하지 않을 수 없었습니다.

명백하게 다른 점은 서양인 그들에게는 삶이 끝난 다음에 죽음이 시작된다는 것입니다. 즉 삶과 죽음은 대립하는 개념이지요. 하지만 동양에서는(특히 일본에서는) 삶과 죽음은 표리일체이며 서로 좀 더 가까이에 있습니다. 반드시 삶이 끝난 뒤에 죽음이 시작되는 것은 아닙니다. 죽음은 언제나 삶에 내재되어 있습니다. 그런 감각은 제 안에도 틀림없이 존재하고요.

그 감각이 아마 서양인에게는 아주 신선하게 느껴지지 않을까요.

파리에서 열린 〈걸어도 걸어도〉 개봉 이벤트에서도 재미있는 질의응답이 하나 있었습니다.

유럽에서는 "왜 항상 이야기 속에 부재하는 죽은 자가 있는가?" "어째서 누군가가 죽는 것이 아닌 죽은 뒤의 세계를 계속 그리는가?"라고 반복해서 묻기에 답하기 곤란했는데, 그때 왠지 제게서 이런 대답이 나왔습니다.

"일본인의 어느 세대까지는 '조상을 뵐 낯이 없다'는 감각이 있습니다. 절대적인 신이 없는 대신 일상 속에서 죽은 자의 시선이 따라다니기 때문에 부끄럽지 않게 산다는 윤리관을 가지고 있지요. 저도 그런 식으로 살아왔습니다. 그러니 서양에서 말하는 '신'의 대리인이 일본에서는 '죽은 자'가 아닐까요. 죽은 사람은 그대로 없어지는 것이 아니라, 우리 생활을 바깥에서 비평하며 우리의 윤리적 규범이 되는 역할을 맡고 있는 게 아닐까요. 즉 이야기 바깥에서 우리를 비평하는 것이 죽은 자이고, 이야기 안에서 우리를 비평하는 것이 아이가 아닐까요……"

그 자리에 있던 기자는 이 대답에 상당히 동의했습니다. 그래서 저는 그때 이후로 '죽은 자는 신의 대리인 설'을 자주 씁니다.

'둘도 없이 소중하지만 성가신 것'이 나의 홈드라마

스스로 자기 영화를 비평하는 것은 쑥스럽지만 〈걸어도 걸어도〉는 다 만들었을 때 '상당히 납득할 만한 작품이 완성되었다'는 생각이 들었습니다. 왜냐하면 지금까지의 작품 가운데 가장 어깨 힘을 빼고 무리하지 않으며 만들 수 있었기 때문입니다.

그때까지는 역시 텔레비전 다큐멘터리 출신이라는 의식이 조금 콤플렉스여서 '영화란 무엇인가?'라며 장르나 방법론을 묻는 것 자체를 작품에 담는 '메타 사고'의 경향이 있었습니다. 하지만 〈걸어도 걸어도〉에서는 그런 방법론을 전혀 추구하지 않았습니다.

제게는 '이것이 홈드라마'라는 기준이 있습니다.

가족이니까 서로 이해할 수 있다거나 가족이니까 무엇이든 말할 수 있는 게 아니라, 이를테면 '가족이니까 듣기기 싫다'거나 '가족이니까 모른다' 같은 경우가 실제 생활에서는 압도적으로 많다고 생각합니다. 야마다 다이치[29] 씨는 분명 그런 홈드라마를 그렸고, 무코다 구니코 씨도 남자의 안식처는 전부 집 밖에 있다고 말하는 홈드라마를 썼습니다. 그래서 저도 제 나름대로 리얼한 가족 이야기를 그리자고 생각했습니다. 한마디로 말해 '둘도 없이 소중하지만 성가시다'. 홈드라마는 이러한 양면을 그리는 것이 매우 중요합니다. 〈걸어도 걸어도〉에서는 그런 부분이 상당한 수준으로 실현되지 않았나 합니다.

또 "이건 영화가 아니라 텔레비전 드라마네"라는 말을 듣는다면, 그럴 수 있다고도 생각합니다. 반론할 마음은 전혀 없습니다. 요컨대 나는 영화를 만드는 사람이 아니라 텔레비전 작가로구나, 하고요. 〈걸어도 걸어도〉는 그것이 저의 본질이니 어쩔 수 없다고 솔직하게 생각할 수 있는 작품입니다. 이는 정색이나 체념이 아니라, 창작자로서 제 내부에 어쩔 수 없이 각인되어 있는 텔레비전 DNA를 인정하고 받아들여서 마주보고자 하는 태도입니다.

괜찮기를 : Cocco 끝나지 않는 여행

2008

감동해서 계속 찍었다

다큐멘터리 영화 〈괜찮기를 : Cocco 끝나지 않는 여행〉을 찍기 시작한 것은 2007년 말입니다.

오키나와 출신의 가수 Cocco[30]는 1997년 메이저 데뷔, 2001년 4월 음악 활동을 잠시 멈추고 그림책을 내거나 오키나와 바다 청소를 호소하는 '쓰레기 제로 대작전'을 펼치는 등의 활동을 한 뒤, 2006년 음악 활동을 본격적으로 다시 시작했습니다.

2007년 11월 초순쯤 저는 매니저 우에노 아라타 씨의 연락을 받고 아오야마 북센터 본점 옆에 있는 카페에서 만났습니다. 거기서 〈듀공(바다소목 듀공과의 포유류―옮긴이)이 보이는 언덕〉이라는 싱글 발매에 관한 신문 전면 광고와 Cocco가 그 노래를 자선

콘서트 '라이브 어스Live Earth'에서 부르는 영상을 봤습니다. 무척 근사했습니다. 우에노 씨가 "뭔가 좀 더 구체적으로 해 보고 싶어요"라고 하기에 "뭐든 할게요"라고 대답했습니다. 저 역시 그녀가 노래하는 모습을 보고 '뭔가 하고 싶다'고 순수하게 생각했습니다. '뭔가 해야 한다'는 생각도 들었고요.

어떤 부분에 마음이 움직였냐면, 노래 첫 소절의 "아직 푸른 하늘" 중 '아직'이라는 한마디와 노래 중간에 나오는 "이제 괜찮아"의 '이제'라는 한마디입니다. '아직'과 '이제'를 쓴 방식에 솔직히 몹시 감동했습니다. 아마 '아직'이라는 언젠가 잃어버릴 미래를 향한 단어와 '이제'라는 짊어져 온 과거에 대한 단어, 그 두 가지에 기대어 '지금'이라는 시간이 존재한다는 사실을, 노래를 들은 순간 느꼈던 거겠지요.

저는 기본적으로 그다지 감동으로 움직이지 않는 타입이지만, 그때만큼은 '뭔가 할 수 있는 일을 하자'고 결심하고 투어 첫날인 11월 21일 나고야로 함께 가서 촬영했습니다.

여기에는 Cocco에 대한 답례의 의미도 있었습니다. 그녀는 런던에 머무르던 중 우연히 〈아무도 모른다〉를 봤던 모양으로, 2006년에 그녀의 〈햇살이 비치며 비가 오다〉의 뮤직비디오를 찍을 때 〈아무도 모른다〉에서 영감을 받아 만들었다는 노래 〈모래터의 해적〉을 개인적으로 선물해 줬습니다. 이 노래는 지금도 저의 보물입니다.

결국 거의 2개월 동안 각지로 투어를 함께 다녔고, 마지막에는 그녀가 태어난 고향 오키나와의 듀공이 보이는 언덕에서 인터뷰하며 촬영은 끝났습니다.

그간의 일을 떠올려 보면 다큐멘터리라기보다 그녀에게 감동해서 계속 찍었다고 하는 편이 맞습니다.

특히 나고야 공연 바로 다음 신주쿠에서 열린 에세이 《생각하는 것》 출판 기념 미니 라이브를 찍을 때는 작은 회장에서 Cocco가 관객에게 같은 눈높이로 말을 걸면서 〈새의 노래〉라는 곡을 처음으로 들려줬는데, 부끄럽지만 그 자리에 있다는 것을 감사할 정도였습니다. 찍는 동안은 거의 그런 일의 연속이어서, 그런 면에서는 제가 그때까지 찍은 다큐멘터리 취재 대상과는 관계가 조금 달랐다고 생각합니다.

〈괜찮기를 : Cocco 끝나지 않는 여행〉 2008년 12월 13일 개봉 | 107분 **배급** KLOCKWORX **제작** 〈괜찮기를〉 제작위원회 **줄거리** 2007년 11월, 데뷔 10주년을 기념하는 라이브 투어를 시작한 Cocco. 투어 도중 짬을 내어 방문한 고베에서는 한신·아와지 대지진의 위령과 부흥 기념비로 곡을 쓰고, 아오모리에서는 원자력 발전소 문제로 동요하는 롯카쇼무라의 소녀와 마음을 나누는 그녀의 모습을 좇은 다큐멘터리. **출연** Cocco, 오사다 스스무, 오무라 닷신, 다카쿠와 기요시, 시이노 교이치, 호리에 히로히사 외 **촬영** 야마자키 유타카 외 **조감독** 스나다 마미

© 2008 〈괜찮기를〉 제작위원회

Cocco는 이 투어를 하며 몇 번이나 관객을 향해 "살아!"라고 외쳤습니다. 2008년 1월 9일과 10일은 부도칸(대형 무도 경기장─옮긴이)에서 마지막 라이브 공연을 했는데, 거기서도 같은 말을 외쳤습니다.

하지만 촬영이 끝난 뒤 그녀가 보낸 편지에는 그때의 자신에게 "거짓이 있다고 생각했다"고 적혀 있었습니다. 사실 그녀는 내내 섭식장애를 앓았습니다. 저는 '잘 안 먹네. 점점 야위어 가는데 괜찮을까?' 하는 생각이 들었지만 그 정도일 줄은 몰랐습니다.

Cocco는 자신의 몸이 살아가는 것을 거부하는데도 바깥을 향해 "살아"라는 메시지를 보내는 데 괴리감을 느꼈던 모양으로, "이제 거짓말은 하고 싶지 않다"고 적혀 있었습니다. 저는 그때 "살아"는 외부를 향한 메시지이기도 하지만, 동시에 자신의 육체를 향해 외치는 말이기도 했다는 점을 깨닫고 매우 납득했습니다. 그녀도 "살아"라는 말이 어째서 자신에게서 나왔는지 처음으로 깨달았던 것 같습니다.

그래서 영화에서는 첫머리에 "먹는 거라고는 흑설탕밖에 본 적이 없다", 마지막에는 "입원했다"라는 자막을 넣었습니다. 그것이 두 사람이 동의한 도착점이었습니다.

동시에 편지에는 "듀공은 그 후로 어떻게 되었나. 오키나와는 지금 어떤가. 현 시점의 여러 상황을 마지막에 보여 줄 수 있다면 십 년 뒤에 봤을 때 의미가 있지 않을까"라고도 적혀 있어서 그 아이디어를 반영했습니다.

인상적이었던 두 가지 말이 있습니다.

첫 번째는 "그래서 부릅니다"라는 말. '하지만'이 아닙니다. 이 말에는 '노래하는 것'과 '사는 것'이 포개져 있는 듯한 느낌이 들었습니다. Cocco는 다양한 감정을 껴안고 있으면서도 그것을 긍정적으로 받아들여 올곧게 노래합니다. 그 점만은 이 작품에서 전하고 싶었습니다.

두 번째는 "욘나~ 욘나~"입니다. 오키나와 사투리로 '천천히 천천히' '느긋하게 느긋하게'라는 뜻인데, 신주쿠에서 〈새의 노래〉를 부르기 전에 "사는 것이 허락되어서. 노래하는 것이 허락되어서. 사는 건 평생 이어지는 일이니까 천천히 해요. 욘나~ 욘나~"라고 말했습니다.

남들에게 "서두르지 마, 초조해하지 마"라고 말하는 것과, 무대에서 "살아" 또는 "사는 데 흥미가 있다"고 말할 정도로 삶에 대한 강한 집착이랄지, 치열하게 사는 느낌 사이의 괴리를 본인이 얼마나 깨닫고 있는지 내내 궁금했습니다. 촬영을 마친 후 주고받은 메일에서 "길에 쓰레기가 떨어져 있을 때 전부 줍지 않으면 성에 차지 않는다. 하지만 쓰레기는 계속 떨어져 있으니 영원히 다 주울 수 없다"는 식의 내용이 쓰여 있어서 자각은 있다고 느꼈습니다.

순례

편집은 일단 3월 말에 마쳤는데, 다른 다큐멘터리 하나를 만든 후 다시 편집으로 돌아왔습니다.

편집 도중에는 Cocco에게도 보여 주며 의견을 구했습니다. 그녀는 "내 작품도 아니고 좋을 대로 해 달라"고 잘라 말했고, 절도를 지키는 범위 안에서 의견을 냈습니다. 하지만 그 의견은 분할 정도로 창조적이었습니다. 자신이 어떻게 보일지보다 "아오모리에서 나는 이런 말을 했던 것 같은데, 그 장면을 넣으면 이쪽이 살지 않을까?"와 같이 작품을 높은 곳에서 내려다본 의견이었습니다. 말하자면 작품에 그려진 세계관이나 메시지를 보다 잘 전달하기 위한 의견이어서 깨달은 바가 많았습니다.

한편 그녀가 "나도 가족 한 명 한 명과 친밀한 관계를 발견할 수 있어서 매우 기뻤다"고 말했기에, 그러한 작품으로 완성된 점은 그녀 개인을 위해서는 잘된 일이라고 생각합니다.

투어를 함께하며 제 나름대로 느낀 Cocco에 대한 인식 변화가 있다면, 그것은 '노래가 세계를 만나 태어난다'는 점입니다.

이를테면 고배의 지진 재해 기념비를 보고 만든 〈바이 바이 펌 프킨 파이〉라는 노래가 있는데, '살아'라는 메시지는 거기서 태어 나 결국 자기 자신에게로 되돌아옵니다. 그것은 본인에게는 상당 히 힘든 작업이겠지만, 그래도 세계를 돌고 온 노래이니만큼 자 신의 내면에서만 태어난 노래보다 강인함이 느껴졌습니다.

물론 그 전에도 그런 노래는 태어났을 테니, 그녀를 이해하는 데 있어서 그 점을 커다란 변화로 받아들이는가 하면 솔직히 잘 모르겠습니다. 하지만 저는 그런 시선으로 그녀를 보고 싶고, 거 기서 그녀가 지닌 현재의 강인함이나 아름다움을 보고 싶습니다. 그리고 그걸로 좋다고 생각했습니다.

또 Cocco는 종종 "모두의 노래로 만들고 싶다"고 말했습니다. 〈새의 노래〉에 대해 말하자면, 이 곡은 암으로 세상을 떠난 친구 를 위해 만들었고 그 친구의 관에 CD를 넣었습니다.

하지만 라이브 하우스에서 멤버의 즉흥 연주에 맞추어 이 노래 를 부를 때는 매우 따스하게 느껴졌습니다. 그때 이 노래가 그녀 의 원래 메시지와는 다른 형태로, 전파력을 가진 곡으로 다시 태 어났다는 생각이 들었고 '모두의 노래'가 된다는 건 이런 거겠구 나 싶었습니다. 앞서 말한 '감동'을 구체적으로 이야기하자면 이 런 것인데, 한창 투어를 하는 가운데 노래의 의미나 노래가 지닌 감정이 변해 가는 광경은 정말 뜻깊었습니다.

영화의 제목이 된 '괜찮기를'은 도입부에서 나고야 라이브의 사회를 보던 중 그녀 자신이 한 말입니다. 이는 제가 그녀에게 순수한 마음으로 해 주고픈 말이기도 했습니다.(그래서 제목을 '욘나 ~ 욘나~'로 해도 좋았겠지만, 이 말은 역시 영화를 보지 않으면 뜻을 모를 테니까요.)

하지만 사실 처음에 생각한 제목은 '순례'였습니다. 아오모리의 롯카쇼무라, 고베, 히로시마, 오키나와 등등. 그녀는 그 장소를 찾아가고, 감응하고, 피를 흘리고, 노래를 낳고, 부릅니다. 그 모습은 뮤지션이라기보다 종교인의 순례 같았습니다.

당시 저를 인터뷰한 작가가 "영화를 보고 노래하는 것과 기도하는 것이 겹쳐졌다"고 말했는데, 저 자신도 '이건 라이브 투어가 아니구나. 그 장소에서 기도하고 노래하는 것의 연속이 아닌가' 생각했습니다. 하지만 그 부분은 관객이 작품을 본 다음에 느끼면 되지 않을까 합니다. 제목이 정식으로 정해진 뒤 Cocco가 제목을 손으로 썼는데, 쑥스러웠는지 부제인 '끝나지 않는 여행' 밑에는 "끝내고 싶은 여행" "안 끝나네" "빨리 끝내고 싶다" 등이 쓰여 있어서 스태프와 함께 웃었습니다.

앞서 말했듯 이 영화는 일반적인 다큐멘터리를 찍을 때와는 대상과의 관계가 완전히 달라서 다큐멘터리 영화라 해도 좋을지 확신할 수 없습니다.

하지만 자주제작으로 시작해서 여비도 숙박비도 자기 부담이었고, '작품이 안 된다 해도 그걸로 좋다'고 생각하며 계속 찍었던 나날은 매우 기분 좋았습니다. 생각해 보면 처음 찍은 다큐멘터리 〈또 하나의 교육 : 이나 초등학교 봄반의 기록〉이 그야말로 그런 식이었는데, 오랜만에 그 좋은 기분을 다시 맛볼 수 있는 작품이었습니다.

공기인형

2009

빼어난 프로페셔널

일곱 번째 작품 〈공기인형〉은 2000년에 출간된 만화가 고다 요시이에[31] 씨의 걸작 단편집 《고다 철학당 공기인형》의 표제작을 모티프로 만든 작품입니다. 읽고 곧바로 영화 기획서를 만들었는데 여러 사정이 있어서 영화화까지는 9년이라는 세월이 걸렸습니다.

원작에 매료된 이유는 공기인형, 즉 러브돌(옛날 말로는 더치와이프)이 비디오 가게에서 일할 때 몸이 못에 걸려 찢어져서 몸속 공기가 빠져 쪼그라들자, 자기가 좋아하는 남자가 마루 위에서 숨을 불어넣어 주는 묘사가 매우 에로틱하고 영화적이라고 느꼈기 때문입니다. 고다 씨는 이 장면에서 숨을 불어넣고 숨이 불어넣어지는 호흡을 섹스로 묘사했습니다.

그때까지 제가 그려 온 것은 '부재'나 '죽은 자' 등 어두운 분위기를 풍길 수밖에 없는 작품이었습니다. 이 작품의 주제인 '공허'도 보통은 틀림없이 전과 마찬가지로 어두운 분위기를 풍길 테지만, 고다 씨가 그린 20쪽짜리 작품에서는 타자의 숨이 자신의 몸속으로 들어와 채워진다는, 타자와 관계를 맺는 방식에서 풍부한 가능성을 느꼈습니다.

다시 말해 공허는 타자와 만나는 장소에 펼쳐져 있다, 공허는 가능성이다, 자신이 채워지지 않았다는 것은 곧 타자와 연결될 가능성이다, 라고 말하는 매우 긍정적인 작품이라고 생각했습니다.

영화화는 주연인 공기인형 역을 배두나[32] 씨가 수락한 다음부

© 2009 고다 요시이에 | 쇼가쿠칸 〈공기인형〉 제작위원회

〈**공기인형**〉 2009년 9월 26일 개봉 | 116분 **배급** 아스믹 에이스 **제작** 〈공기인형〉 제작위원회 **줄거리** 패밀리 레스토랑에서 일하는 별 볼 일 없는 남자가 소유한 러브돌. 그는 인형에 이름을 붙여서 매일 말을 걸었는데, 어느 날 아침 그 러브돌이 마음을 가지게 되었다. 그녀는 거리로 나와 비디오 대여점에서 일하기 시작하는데…… 칸 국제영화제 주목할 만한 시선 부문 출품 **원작** 고다 요시이에 **수상** 일본 영화 프로페셔널 대상 여우주연상, 다카사키 영화제 최우수 작품상·최우수 여우주연상 등 5개 부문 외 **출연** 배두나, 이우라 아라타, 이타오 이쓰지, 다카하시 마사야, 요 기미코, 오다기리 조 외 **촬영감독** 리핑빙 **조명** 오노시타 에이지 **미술감독** 다네다 요헤이 **의상** 이토 사치코 **음악** world's end girlfriend **홍보미술** 모리모토 지에 **기획** 야스다 마사히로

터는 순조롭게 진행되었습니다. 출연할지 말지 고민했던 배두나는 한국의 봉준호[33] 감독에게도 상의했는데, "재밌겠는데. 하는 게 좋아"라는 말을 들었다고 합니다. 봉 감독에게는 매우 감사하고 있습니다.

실제로 촬영이 시작된 뒤로는 배두나의 역량에 놀랄 따름이었습니다. 우선 언어 문제. 물론 통역이 있었지만 촬영 중반부터는 없어도 괜찮았습니다. 귀가 매우 좋아서 대략적인 연출 의도를 파악하면 자잘하게 지시하지 않아도 이쪽의 의향을 이해하고 연기해 냈습니다.

역할에 들어가는 방식도 대단했습니다. 새벽 4시 반에 나와서 전신 메이크업을 하고 세 시간 정도 걸려서 현장에 들어오는데, 그때는 완벽하게 극중 인물이 되어 있었습니다. 어느 날 아침 제가 인사하러 갔을 때 메이크업을 하면서 대본을 읽고 울기에 무슨 일이 있었나 싶어 걱정했더니, 메이크업 담당자가 "촬영 중에는 인형 역이라서 못 우니까 지금 울어서 감정을 만들어 둔대요"라고 알려 주었습니다. 심지어 매일 그렇게 했다는 것을 나중에 들었습니다.

그런 사람이니 NG도 딱 두 번! 게다가 연기나 대사를 틀린 게 아니라 감정을 참지 못해 울었을 뿐입니다. 다카하시 마사야 씨가 연기하는 전 시인의 집을 찾아가서 그의 얼굴을 들여다본 뒤 고개를 숙였을 때, 자기도 모르게 눈물이 넘쳐흐른 것이었습니다. 어째서 연기 NG가 없는지 물었더니 "한국의 영화 현장에서는 나 같은 신인이 NG를 낼 여유가 없으니 거기서 단련되었다"고 했습니다.

〈하나〉에서 주연을 맡은 V6(남성 아이돌 그룹—옮긴이)의 오카다 준이치도 신체 능력이 매우 뛰어났는데, 카메라 프레임 안에서 자신이 어느 위치에 있는지를 항상 알고 있었습니다. 언제나 여섯 명이 춤을 추니까 보지 않아도 나머지 다섯 명과의 거리나 움직임의 차이를 파악하도록 훈련받았기 때문이라고 했습니다. 그의 달리기에 맞추어 카메라가 옆으로 움직이려 했더니 "제가 맞출 테니 카메라는 자유롭게 움직여 주세요"라고 해서 깜짝 놀랐는데, 그럼에도 프레임 밖으로는 전혀 나가지 않았습니다.

배두나도 그야말로 오카다와 비슷한 신체 능력을 지니고 있어서, 모니터 체크를 전혀 하지 않는데도 지금 자신이 화면 속에서 어느 위치에 있는지 부감으로 볼 수 있었습니다. 아마도 일류 축구 선수가 시합 중 자기 말고 나머지 열 명의 포지션과 움직임을 하늘에서 내려다보듯 파악하고 있는 것과 같은 감각이 아닐까 합니다.

예를 들어 배두나가 뒤쪽에, 상대역인 이타오 이쓰지 씨가 앞쪽에 있는 장면 중 카메라가 레일 위를 왼쪽에서 오른쪽으로 이

5장. 부재를 껴안고 어떻게 살아갈 것인가

동하며 촬영할 때의 일입니다. 어느 지점에서 배두나의 얼굴에 이타오 씨의 몸이 겹쳐지는데, 그녀의 대사 첫 마디가 조금 빨라서 입가가 아주 살짝 이타오 씨의 오른쪽 어깨에 가려졌습니다. 그래서 컷을 외치고 그녀에게 가려 했더니 "아, 괜찮아요. 다음엔 좀 늦게 할게요"라며 제가 아무 말 하지 않았는데도 알고 있었습니다.

방 안에서 둥실둥실 떠오르는 장면을 촬영할 때도 놀랐습니다.

촬영 자체는 매우 원시적인 방법으로 진행했는데, 사다리 같은 것에 배두나가 올라가면 소엔이라는 팀의 남성이 그녀의 양쪽 겨드랑이를 떠받치고 몸을 굽혔다 폈다 하며 손으로 들어 올립니다. 그리고 카메라는 배두나의 발 언저리만 찍습니다. 화면 위로 발이 사라졌다 다시 들어오고, 또 사라졌다 들어오는 것을 좋은 그림이 나올 때까지 몇 번이나 반복했습니다.

그 촬영이 끝난 뒤, 소엔의 남성이 "저 여배우 굉장하네요"라며 흥분했습니다. "우리도 몇 번이나 들어 올리다 보면 지쳐서 조금씩 못 들어 올리게 돼요. 그때 그녀는 스스로 조금씩 다리를 구부렸어요. 화면에서 자신의 발을 없애려고요. 그건 자신이 떠받들려 있으면서도 카메라 프레임이 완전히 보인다는 증거입니다. 제 경험으로 말하자면 요로즈야 긴노스케[34]나 가쓰 신타로[35] 같은 액션 배우의 정상급 신체감각이 아니면 여간해서는 못하는 일이

에요"라면서요.

그래서 배두나에게 어떻게 했는지 물었더니 "벽을 보고 있었어요. 꼭대기까지 올라갔을 때 시선의 높이가 어디인지 확인한 뒤, 좀 내려갔다 싶으면 그만큼 발을 들어 올렸지요"라고 했습니다.

그런 빼어난 능력의 소유자와는 어지간해서는 만날 수 없습니다. 현장에 있던 스태프들은 모두 감동해서 그녀를 위해 무언가해 주고 싶다고 생각했을 것입니다. 빼어난 프로페셔널이 한 사람 있으면 상승효과를 일으켜서 주위 사람들도 자신의 프로페셔널한 부분을 끌어내게 된다는 점을 실감한 현장이었습니다. 물론저 역시 그중 한 사람입니다.

대상을 '바라보고 보여 주기' 위한 도구

〈공기인형〉에서는 배두나 말고 또 한 사람의 해외 스태프와 함께 일했습니다. 촬영을 맡은 리핑빙[36] 씨입니다.

리핑빙 씨는 허우샤오시엔의 초기 작품 〈동년왕사〉[37]나 〈연연풍진〉 〈희몽인생〉[38] 등에서 고정 카메라[39]도 근사하지만, 왕자웨이[40]의 작품 〈화양연화〉[41]에서 감성적 카메라워크로도 충격을 안겨 준 촬영감독입니다.

촬영은 지금의 디지털 기술이라면 후처리로 밝게 만들거나 색감을 바꾸는 등 다양하게 만질 수 있습니다. 그래서 요즘 촬영감독의 일은 거의 현장 4할, 후처리 6할의 밸런스여서 현장에서 '일단 찍자'는 마음가짐이 되는 경우가 많습니다. 그런 시대에 리핑빙 씨는 필름을 써서 촬영은 현장에서 완결시키고 후처리로는 조정하지 않는 철저한 사람이었습니다.

하지만 렌즈 조리개와 필터워크[42]를 통해 화면이 어떤 느낌으로 완성되는지는 리핑빙 씨 본인만 압니다. 또 조명 전체를 조절하는 것도 촬영감독인 리핑빙 씨의 역할이었는데, 그는 조명부가 만든 조명을 전부 없애고 '이것만 있으면 돼'라는 식으로 대담하게 빛을 써서 주위를 놀라게 했습니다. 조명부는 처음에는 상당히 불안했을 것입니다.

하지만 첫 번째 러시프린트[43](분명 후지 스미코 씨의 장면이었을 겁니다)를 스태프 전원이 보고 다들 납득했습니다. 배두나와 리핑빙이라는 세계적인 수준을 우리가 어떻게 따라갈 수 있을지 필사적으로 생각하는 나날이 시작되었습니다.

저는 다큐멘터리와 픽션을 몇 편 찍으면서 작품에 맞는 촬영 방법을 찾기 위해 하나씩 시행착오를 겪고 있지만, 〈아무도 모른다〉로 '다큐멘터리 터치'라는 말을 들은 데는 위화감을 느꼈습니다.

이 애매한 말을 가장 많이 쓰는 것은 광고계 사람들인데 구체적으로는 '왠지 진짜 같다'는 뜻입니다. 1999년 미국에서 개봉한 페이크 다큐멘터리 영화 〈블레어 위치〉[44]의 영향이 컸기 때문에 당시 많은 할리우드 영화가 손떨림을 효과로 썼습니다.

하지만 카메라가 왜 핸드헬드로 흔들리는지에 대해서는 아무도 고찰하지 않습니다.

카메라는 대상을 바라보기 위한 도구임과 동시에 대상을 보여 주기 위한 도구이기도 해서 흔들리는 이유가 이 두 가지 중 어느 쪽에 있는지로 상당히 달라집니다. 하지만 대부분의 '다큐멘터리 터치'라 불리는 영상은 단순히 그 화면을 진짜같이 보여 주고 싶다(=유사 리얼리티)는 이유만으로 손떨림을 집어넣으려 합니다. 눈앞의 대상과의 관계 속에서 카메라가 필요에 의해 움직인 결과로 흔들리는 게 아닙니다. '스타일'인지 '관계'인지에 따라 같은 손떨림이라도 큰 차이가 있습니다.

제가 〈원더풀 라이프〉 〈디스턴스〉 〈아무도 모른다〉 〈하나〉 〈걸어도 걸어도〉에서 함께 일한 카메라맨 야마자키 유타카 씨는 다큐멘터리 출신이기도 해서 확실히 '대상을 어디서 볼지'로 움직입니다. 그것이 제가 생각하는 '다큐멘터리'의 카메라입니다.

그런데 카메라(야마자키 씨)가 대상을 바라보면 바라볼수록 관객은 카메라 뒤에 있는 인간(야마자키 씨)을 느끼게 되니 극영화가 극영화로서 성립하기 어려운 경우도 생깁니다. 실제로 〈디스턴스〉에서는 영화를 본 분이 "등장인물이 다섯 명이 아니고 한 명 더 있나요?"라고 물은 적도 있습니다. 즉 야마자키 씨가 배우 다섯 명을 바라보는 시선이 강렬하게 드러나 의지를 가진 눈으로 존재하기 때문에, 등장인물이 한 명 더 그곳에 있는 듯 여겨지게 만드는 부분이 있었던 것입니다.

야마자키 씨의 강렬한 시선은 핸드헬드뿐만 아니라 고정 카메라에서도 느껴집니다. 저는 〈걸어도 걸어도〉에서 야마자키 씨에게 "찍는 것 전부를 존경하며 찍고 싶다"고 부탁했습니다. 책상 위의 백일홍도 일상의 사소한 일도 전부 존경하고 사랑하며 찍고 싶다고요. 그런 영화가 되었다면 그건 야마자키 씨의 시선 덕분입니다. 단순히 예쁘게 찍으려는 게 아니라 '근사해' '좋아'라고 생각하며 대상을 바라보는 눈이 있었기 때문이지요.

한편 〈공기인형〉은 처음부터 '이걸 리얼하게 찍으면 종군위안부가 연상되겠지'라는 우려가 있었습니다.

배두나도 그 점을 염려했는데, 요컨대 이 작품을 다큐멘터리 터치로 찍으면 이쪽의 의도를 뛰어넘어 정치적으로 해석되어서 영화의 본질에서 벗어날 위험이 있었습니다. 그래서 철저하게 환상적인 픽션으로 만들기 위해 촬영을 리핑빙 씨에게 부탁했는데, 이는 최적의 선택이었다고 지금도 생각합니다.

'공허는 가능성'이라는 모티프

〈공기인형〉은 원작이 있지만 영화에는 몇몇 새로운 모티프나 아이디어가 들어 있습니다.

이를테면 안데르센의 동화 《인어공주》. 인간 아닌 존재가 인간을 사랑해서 자기도 인간이 되지만 마지막에는 물거품으로 사라집니다. 저는 인어공주 이야기를 이 작품의 본보기로 삼고자 했습니다.

또 하나가 판타지 영화 〈오즈의 마법사〉입니다. 소녀 도로시와 뇌가 없는 허수아비, 심장이 없는 양철 나무꾼, 겁쟁이 사자 등 다들 무언가가 결여된 존재들이 자신에게 없는 것을 채우려고 여행을 떠나는 이야기지요. 처음에는 이 영화의 영상 세계처럼 데포르메(자연의 대상을 예술적으로 변형하는 것―옮긴이)를 하자고 생각했습니다.

또 다른 하나는 요시노 히로시[45] 씨의 시입니다.

영화 〈걸어도 걸어도〉의 상영회를 센다이에서 했을 때, 행사를 주최한 선생님이 훗날 "감독이 그리는 영화의 세계관에 가까운 것 같아서"라며 요시노 히로시 씨의 〈생명은〉이라는 시를 보내줬습니다. 그 시의 한 구절인 "생명은 / 그 안에 결여를 품고 / 그것을 타자로부터 채운다"라는 부분이 그야말로 '공기인형'이라는

〈공기인형〉숨을 불어넣는 장면의 그림 콘티

5장. 부재를 껴안고 어떻게 살아갈 것인가

생각이 들어서 요시노 씨에게 연락하여 시를 그대로 쓰기로 했습니다.

영화 개봉 후 6년이라는 세월이 흘러 생각해 보니《인어공주》와〈오즈의 마법사〉, 요시노 히로시 씨의 시, 인형과 사는 사람들이나 인형사를 취재하며 얻은 다양한 요소를 각본에 투영하면서 '원작에서 느껴지는 긍정적인 측면을 심플하게 그리고 싶다'는 처음 생각이 조금 애매해진 게 아닌가 하는 후회가 듭니다. 특히 배우의 연기가 너무 훌륭했던 나머지 그 리얼리즘에 제가 끌려가 버려서 능숙하게 판타지로 맺고 끊지 못한 부분이 있습니다.

공기인형이 실수로 청년을 죽인다는 이야기의 비극성에 저 자신이 끌려가 버려서 제가 그리고자 했던 것, 즉 공허는 가능성이라는 긍정적인 생각이 영화를 본 후 감상으로서는 희박해졌습니다. 그녀가 느낀 충만함, 자신의 몸 안에서 좋아하는 남자의 숨을 느끼고, 공기 펌프를 버린 뒤 쪼그라드는 것을 받아들이며, 그것이 나이듦과 죽음으로 이어진다는 아주 단순한 이야기여도 좋았을지 모릅니다.

하지만 당시에는 그것이 지나치게 로맨틱한 느낌이 들었습니다. 인간과 인형 사이의 디스커뮤니케이션은 결여를 채워 주는 충족감과는 별개로 존재할 것이다, 그녀는 언제까지나 인형이므로 타자와의 불완전한 커뮤니케이션 문제를 제대로 묘사해야만

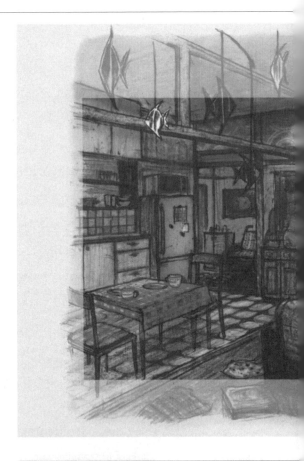

空気人形	Set Name: 秀雄の部屋 B	
	Director: Hirokazu Koreeda	Production Yohei

Hiroki Kaneko		Drawing Date: d 17 / m 11 / y 2008
rector: ɔki Kaneko	Set decorator: Tomomi Nishio	Production: TV MAN UNION, INC.

〈공기인형〉 '히데오의 방 B' 세트 이미지화

한다, 저는 이렇게 생각해서 청년의 존재를 원작보다 부풀렸습니다.

스스로 말하기는 쑥스럽지만 저는 이 작품이 정말 좋습니다. 제어력을 조금 잃은 면은 있지만 오히려 그 점이 매력인 부분도 적지 않으며, 높은 완성도가 전부가 아닐까 합니다. 〈디스턴스〉와 마찬가지로 이 영화 속에는 사고의 과정이 몇 층이나 있어서 '공허는 가능성'이라는 하나의 모티프를 따라 여러 에피소드가 다층적으로 전개되기 때문에 그 점은 강하게 전해지는 작품이 되지 않았나 생각합니다. 조금 후한 자기평가지요.

이미지인가 오마주인가

대학에서 학생들에게 종종 '영상은 자기표현인가 메시지인가'라는 질문을 받습니다.

적어도 저는 다큐멘터리로 시작했기 때문에 작품은 결코 '나'의 내부에서 태어나는 게 아니라 '나'와 '세계'의 접점에서 태어난다고 인식하고 있습니다. 특히 영상은 카메라라는 기계를 거치므로 이 부분이 두드러집니다. 자신의 메시지를 전달하기 위해서가 아니라 '자신이 세계와 만나기 위해 카메라를 이용하는' 것이야말로 다큐멘터리의 기본이며, 그것이 픽션과의 가장 큰 차이점 아닐까요.

앞서 말한 요시노 히로시 씨의 시에도 쓰여 있듯 '사람은 원래 결여를 품고 태어나 그것을 타자로부터 채운다'는 인간관은 영화 철학으로도 저와 매우 잘 맞습니다.

또 2007년 NHK 하이비전에서 〈내가 아이였을 때: 다니카와 슌타로 편〉[46]이라는 방송을 만들었는데, 다니카와 씨가 "시는 자기표현이 아니라 세계의 풍성함을 기술해 나가는 것"이라고 거듭 말씀하신 것도 마음에 강렬하게 남아 있습니다.

그리고 사진작가 아라키 노부요시[47] 씨와 만났을 때 아라키 씨가 "지금 사진에 빠져 있는 것은 오마주다"라고 되풀이해서 말씀하신 것도 인상적이었습니다. 사진에서 중요한 것은 작가의 상상(이미지)이 아니라 피사체에 대한 애정(오마주)이라고요. 그 점이 반영되는 것이 사진이라고요. 저는 이 의견에 진심으로 공감합니다.

오시마 나기사는 서른두 살이라는 젊은 나이에 "한 작가가 한 시대에 의미 있는 픽션을 만들 수 있는 건 고작 10년이다" "나는 그 10년이 이미 지났다"고 말했고, 그래서 앞으로는 다큐멘터리를 만들어 보고 싶다고 선언했습니다. 그런 '전성기'가 언제인지를 판별하면서 앞으로 어떻게 피를 수혈받고 어떤 식으로 신진대사에 신경 쓸지를 의식하지 않으면, 작가나 영화감독은 곧바로 자기모방에 빠져서 별 볼 일 없어집니다. 이 점은 저 자신에 대한 경계로서 언제나 유념하고 있습니다.

물론 예외적으로 호흡이 매우 긴 에리크 로메르[48] 같은 감독도 있습니다. 그는 일흔이 되어도 여든이 되어도 아주 젊고 싱싱한 작품을 만들었습니다. 클린트 이스트우드[49]도 그런 점이 대단하지요.

에드워드 양[50]처럼 〈공포분자〉[51] 〈고령가 소년 살인사건〉[52] 같은 걸작을 만든 뒤 길고 불우한 시대를 거쳐 〈하나 그리고 둘〉[53] 같은 성숙한 걸작을 남긴 감독도 있습니다.

이때는 작가란 이런 식으로 성숙할 수 있구나 하고 감동했습니다.

허우샤오시엔은 갑자기 걸작을 만들기 시작했습니다. 데뷔 이래 매우 목가적인 작품을 연달아 만든 후, 신선함을 간직하고 있으면서도 완성도 또한 높은 〈동년왕사〉 〈연연풍진〉 〈비정성시〉[54] 등의 걸작을 찍어서 아시아에서는 "1980년대는 허우샤우시엔의 시대였다"라고까지 칭송받았습니다. 그 후로도 그는 잇달아 스타일을 바꾸며 영화를 계속 만들고 있습니다. 한 작품 한 작품, 변화를 두려워하지 않습니다. 그에게서는 그 점이 가장 존경스럽습니다.

만약 오시마 나기사의 말이 옳다면, 과연 저는 그 '10년'을 이미 경험해 버린 걸까요? 지금은 몇 년째일까요? 어쩌면 아직 그 시기가 찾아오지 않았을까요? 때때로 이런 생각을 합니다. 좋든 나쁘든 저는 제 문체를 그다지 고정적이라고 생각하지 않으며, 이미지보다는 오마주가 중요하다는 점도 알고 있습니다. 그러므로 상상력이 제 안에서 고갈되어 찍지 못하게 될 걱정은 사실 전혀 안 합니다.

영화를, 세계를 이렇게 마주하는 방식을 앞으로 어디까지 성숙시켜 나갈 수 있을까? 또 이를 위해 무엇이 필요할까? 앞으로도 계속 생각하고 싶습니다.

주

1 니시스가모 네 아이 방치 사건
도쿄 도 도시마 구에서 1988년 7월에
발각된 보호책임자 유기 사건. 아버지가
증발한 뒤 어머니도 네 아이들을 두고
집을 나갔다. 아이들의 아버지는 저마다
다르며 출생신고도 되어 있지 않았다.
어머니는 금전적 원조는 이어 나갔지만
실질적으로는 육아 방기 상태였다.
같은 해 8월에 어머니는 보호책임자
유기치사죄로 체포·기소되어 유죄
판결을 받았다.

2 디렉터스 컴퍼니
1982년 이시이 소고, 이즈쓰 가즈유키,
구로사와 기요시, 소마이 신지, 하세가와
가즈히코 등 당시의 신진기예 영화감독
9명이 설립한 영화제작사. 흥행작으로
〈태풍 클럽〉〈개죽음 당한 자〉 등이 있다.
1992년 도산하여 폐업.

3 소마이 신지(相米愼二)
영화감독. 1948년 이와테 현 출생.
주오 대학 문학부를 중퇴한 뒤
하세가와 가즈히코의 소개를 통해 계약
조감독으로 닛카쓰 촬영소에 입소. 로만
포르노(성풍속 및 성행위를 묘사한 닛카쓰의

영화 작품—옮긴이) 조감독으로 일했다.
1980년 〈꿈꾸는 열다섯〉으로 감독 데뷔.
이듬해 〈세일러복과 기관총〉으로 흥행에
성공했다. 대표작으로 〈더 캐치〉〈태풍
클럽〉〈눈의 단장(斷章) 정열〉〈이사〉〈아,
봄〉〈바람꽃〉 등이 있다. 2001년 사망.

4 하세가와 가즈히코(長谷川和彦)
영화감독. 1946년 히로시마 현 출생.
도쿄 대학 문학부 재학 5년째에 중퇴하고
이마무라 프로덕션에 입사. 닛카쓰의
계약 조감독을 거쳐 1975년에 프리랜서가
되었다. 이듬해 〈청춘의 살인자〉로 감독
데뷔, '뉴시네마의 기수'라는 평가를
받는다. 1979년 감독한 〈태양을 훔친
사나이〉는 흥행은 못했으나 지금은
'20세기를 대표하는 일본 영화'로 높게
평가받고 있다. 그 뒤로 텔레비전,
비디오, 광고 등을 연출했다.

5 아오야마 신지(青山真治)
영화감독. 1964년 후쿠시마 현 출생.
1995년 V시네마 〈교과서에는 없어!〉로
감독 데뷔. 2000년 〈유레카〉로 칸
국제영화제 국제비평가연맹상과
기독교심사위원상을 동시 수상했다.
대표작으로 〈헬프리스〉〈달의 사막〉
〈엘리 엘리 레마 사박타니〉〈새드
배케이션〉〈도쿄 공원〉〈도모구이〉 등이

있다. 현재 다마 미술대학 교수.

6 〈유레카〉
아오야마 신지 감독의 2001년 영화.
본인이 영화를 바탕으로 쓴 소설은
미시마유키오상을 받았다.

7 〈호타루〉
가와세 나오미 감독의 2000년 영화.

8 스와 노부히로(諏訪敦彦)
영화감독. 1960년 히로시마 현 출생.
도쿄 조형대학 디자인학과를 다닐 때부터
독립영화를 만들었다. 1997년 〈2/듀오〉로
장편 데뷔. 대표작으로 〈M/OTHER〉 〈H
스토리〉 〈퍼펙트 커플〉 〈유키와 니나〉
등이 있다.

9 〈H 스토리〉
스와 노부히로 감독의 2001년 영화.

10 리주 고(利重剛)
영화감독·배우. 1962년 가나가와 현
출생. 1981년 자주제작영화 〈교훈 I〉로
피아 필름 페스티벌에 입선. 대표작으로
〈베를린〉 〈클로에〉 〈귀향〉 〈안녕, 드뷔시〉
등이 있다.

11 〈클로에〉
리주 고 감독의 2001년 영화.

12 〈내 친구의 집은 어디인가〉
압바스 키아로스타미 감독이 1987년에
만든 이란 영화. 일본 개봉은 1993년.

13 압바스 키아로스타미(Abbas
Kiarostami)
영화감독. 1940년 이란 테헤란 출생.
테헤란 대학 예술학부를 졸업한 뒤
1970년 단편 〈빵과 골목길〉로 감독 데뷔.
대표작으로 '지그재그 3부작'이라 불리는
〈내 친구의 집은 어디인가〉 〈그리고
삶은 계속된다〉 〈올리브나무 사이로〉를
비롯하여 〈체리 향기〉 〈바람이 우리를
데려다 주리라〉 〈사랑을 카피하다〉 등이
있다.

14 《그리고 영화는 계속된다》
압바스 키아로스타미·키우마르스
푸라흐마드 공저, 1994년, 쇼분샤 출간.

15 켄 로치(Ken Loach)
영화감독. 1936년 영국 워릭셔 주
출생. 옥스퍼드 대학에서 법률을 배운
뒤 1962년 BBC에 입사하여 텔레비전
시리즈를 연출한다. 1967년 〈불쌍한
암소〉로 감독 데뷔. 대표작으로 〈케스〉

〈하층민들〉〈대지와 자유〉〈보리밭을 흔드는 바람〉〈에릭을 찾아서〉〈앤젤스 셰어〉 등이 있다.

16 〈케스〉
켄 로치 감독이 1969년에 만든 영국 영화. 일본 개봉은 1996년.

17 〈어둠 속의 댄서〉
라스 폰 트리에 감독이 2000년에 만든 덴마크와 독일의 합작 영화. 같은 해 일본 개봉. 칸 국제영화제 황금종려상 수상작.

18 라스 폰 트리에(Lars Von Trier)
영화감독. 1956년 덴마크 코펜하겐 출생. 코펜하겐 대학 영화학과를 졸업한 뒤 덴마크 영화학교에 입학하여 영화 연출을 배웠다. 1984년 〈범죄의 요소〉로 장편 데뷔. 대표작으로 〈유로파〉〈브레이킹 더 웨이브〉〈어둠 속의 댄서〉〈도그빌〉 〈안티크라이스트〉〈님포매니악〉 등이 있다.

19 다르덴 형제
영화감독 형제. 형 장 피에르 다르덴(Jean Pierre Dardenne)은 1951년, 동생 뤼크 다르덴(Luc Dardenne)은 1954년 벨기에 리에주 출생. 1974년부터 다큐멘터리를 만들었다. 1987년 첫 장편영화

〈잘못된(Falsch)〉을 발표. 대표작으로 〈약속〉〈로제타〉〈아들〉〈더 차일드〉 〈자전거 탄 소년〉〈내일을 위한 시간〉 〈언노운 걸〉 등이 있다.

20 〈로제타〉
다르덴 형제가 1999년에 만든 벨기에 · 프랑스 합작 영화. 일본 개봉은 2000년. 칸 국제영화제 황금종려상 수상작.

21 브뤼노 뒤몽(Bruno Dumont)
영화감독. 1958년 프랑스 바이욀 출생. 1997년 장편 데뷔작 〈예수의 삶〉으로 칸 국제영화제 황금카메라상 수상. 대표작으로 〈위마니테〉〈투웬티나인 팜스〉〈플랑드르〉〈카미유 클로델〉 등이 있다.

22 〈위마니테〉
브뤼노 뒤몽 감독이 1999년에 만든 프랑스 영화. 일본 개봉은 2001년. 칸 국제영화제 심사위원대상 수상작.

23 〈블루 라이트 요코하마〉
1968년 발표된 이시다 아유미의 26번째 싱글 앨범. 판매 누계 150만 장이 넘는 밀리언셀러.

24 무코다 구니코(向田邦子)

각본가·에세이스트·소설가. 1929년 도쿄 출생. 짓센 여자전문학교(현 짓센 여자대학) 국문과를 졸업한 뒤 사장 비서를 거쳐 온도리사로 이직. 《영화 스토리》 편집부에서 편집자로 일했다. 1960년 프리라이터로 독립. 1962년 라디오 드라마 〈모리시게의 중역독본〉의 각본을 집필했다. 1964년 텔레비전 드라마 〈일곱 명의 손자〉의 각본을 집필. 대표작으로 〈시간 됐어요〉 〈데라우치 간타로 일가〉 〈겨울 운동회〉 〈가족열〉 〈아수라처럼〉 〈아·웅〉 〈사갈(뱀과 전갈을 아울러 이르는 말—옮긴이)처럼〉 등이 있다. 1981년 취재 여행 중 항공기 추락 사고로 사망.

25 나루세 미키오(成瀬巳喜男)

영화감독. 1905년 도쿄 출생. 고슈 학교(현 고가쿠인 대학)를 중퇴하고 쇼치쿠 가마타 촬영소에 소도구 담당으로 입사. 10년간의 밑바닥 생활을 거쳐 1930년 단편 희극영화 〈난투 부부〉로 감독 데뷔. 대표작으로 〈아내여, 장미처럼〉 〈밥〉 〈부부〉 〈오누이〉 〈부운〉 〈흐르다〉 〈가을이 오다〉 〈흐트러진 구름〉 등이 있다. 1969년 사망.

26 오즈 야스지로(小津安二郎)

영화감독. 1903년 도쿄 출생. 심상고등소학교(국민학교령이 시행되기 전의 교육기관—옮긴이)에서 대용 교원으로 1년 동안 일하다 쇼치쿠 가마타 촬영소에 입사. 1927년 시대극 〈참회의 칼〉로 감독 데뷔. '오즈 양식'이라 불리는 독특한 영상 세계로 수많은 명작을 남겼다. 대표작으로 〈만춘〉 〈초여름〉 〈오차즈케의 맛〉 〈도쿄 이야기〉 〈안녕하세요〉 〈고하야가와가의 가을〉 〈꽁치의 맛〉 등이 있다. 1963년 사망.

27 촬영소 시스템

1930년대부터 확립된 촬영소에서 영화를 찍는 시스템. 감독 이하의 스태프, 스타부터 단역까지의 배우가 영화사와 전속 계약을 맺었으며 감독별로 스태프도 고정되어 있었다. 1970년대 초반에 영화 산업의 사양과 함께 소멸.

28 스나다 마미(砂田麻美)

영화감독. 1978년 도쿄 출생. 게이오 대학 종합정책학부를 졸업한 뒤 가와세 나오미, 이와이 슌지, 고레에다 히로카즈 감독의 제작 현장에 프리랜서 감독 조수로 참여했다. 2011년 암으로 죽은 아버지를 주연으로 삼은 다큐멘터리 영화 〈엔딩노트〉로 감독 데뷔. 신인

감독의 다큐멘터리로는 이례적으로 흥행
수입 1억 엔을 돌파하며 크게 성공했다.
2013년 스튜디오 지브리를 제재로 삼은
〈꿈과 광기의 왕국〉이 개봉됐다.

29 야마다 다이치(山田太一)
각본가·소설가. 1934년 도쿄 출생.
와세다 대학 교육학부를 졸업한
뒤 쇼치쿠에 입사하여 기노시타
게이스케 감독을 사사했다. 1965년
퇴사하여 프리랜서 각본가가 되었다.
1968년 '기노시타 게이스케 시간'이라는
텔레비전 드라마의 틀로 〈3인 가족〉을
집필하여 높은 시청률을 얻었다.
대표작으로 〈남자들의 여로〉 〈강변의
앨범〉 〈추억 만들기〉 〈이른 봄 스케치북〉
〈들쑥날쑥한 사과들〉 〈티롤의 만가〉
〈언덕 위의 해바라기〉 〈퀼트 집〉 등이
있다.

30 Cocco
가수·그림책 작가. 1977년 오키나와 현
출생. 1996년 인디 데뷔. 이듬해 싱글
〈카운트다운〉으로 메이저 데뷔. 4장의
앨범을 발표하고 2001년부터 음악
활동을 잠시 쉬었다. 그림책 두 권을
출간한 뒤 2006년 음악 활동을 재개했다.
2012년 주연 영화 〈고토코〉 개봉. 2013년
미시마샤에서 에세이집 《도쿄 드림》

출간. 2016년 3월 개봉한 이와이 슌지
감독의 영화 〈립반윙클의 신부〉에도
출연했다.

31 고다 요시이에(業田良家)
만화가. 1958년 후쿠시마 현 출생.
세이난가쿠인 대학 법학부를 중퇴한 뒤
1983년 지바 데쓰야상에 응모. 편집자
눈에 띄어 이듬해 4컷 개그 만화 《고다
군》으로 데뷔. 대표작으로 《자학의 시》
《고다 철학당 공기인형》《기계 장치의
사랑》 등이 있다.

32 배두나
배우. 1979년 대한민국 서울 출생.
한양대학교 연극영화과 중퇴. 모델 등을
거쳐 1999년 〈링〉으로 데뷔. 대표작으로
〈플란다스의 개〉 〈복수는 나의 것〉 〈린다
린다 린다〉 〈괴물〉 〈공기인형〉 〈클라우드
아틀라스〉 〈도희야〉 〈주피터 어센딩〉
등이 있다.

33 봉준호
영화감독. 1969년 대한민국 대구 출생.
연세대학교 사회학과를 졸업한 뒤
1995년 16밀리 단편 독립영화 〈백색인〉을
감독했다. 대표작으로 〈플란다스의 개〉
〈살인의 추억〉 〈괴물〉 〈마더〉 〈설국열차〉
등이 있다.

34 요로즈야 긴노스케(萬屋錦之介)

배우. 1932년 교토 출생. 기치에몬 극단의 다테오야마(여자 역을 맡은 남자 중 최고의 배우―옮긴이)를 아버지로 둔 가부키 명문가의 자제. 1953년 가부키 졸업 공연을 마지막으로 영화계로 옮겨와서 미소라 히바리와의 공연작을 거쳐 〈적취동자〉에 출연. 단번에 스타가 되었다. 대표작으로 '사토미 팔견전' 시리즈, 〈무사도 잔혹 이야기〉〈단게 사젠〉〈풍림화산〉〈신선조〉〈야규 일족의 음모〉〈암살자 바이안〉〈센노리큐 본각방유문〉 등이 있다. 1972년 전후부터 무대와 텔레비전으로 활동의 장을 옮겼다. 1997년 사망.

35 가쓰 신타로(勝新太郞)

배우. 1931년 지바 현에서 태어나 도쿄에서 자랐다. 23살 때 다이에이 교토 촬영소와 계약. 1954년 〈꽃의 백호대〉로 데뷔. 1967년에는 가쓰 프로덕션을 설립하여 직접 영화제작에 나섰다. 대표작으로 '자토이치' 시리즈, '악명' 시리즈, '군대 야쿠자' 시리즈, 〈주신구라〉〈무호마쓰의 일생〉〈살인귀〉〈미주(迷走) 지도〉〈제도(帝都) 이야기〉 등이 있다. 텔레비전 드라마와 무대에서도 활약했다. 1997년 사망.

36 리핑빙(李屛賓, Mark Lee Ping Bin)

촬영감독. 1954년 타이완 출생. 1977년 중앙영화회사에 입사. 1985년 허우샤오시엔 감독의 〈동년왕사〉를 촬영한 이후 늘 함께 작업했다. 최근에는 〈봄의 눈〉〈공기인형〉〈상실의 시대〉 등 일본 영화계에서도 활약하고 있다. 대표작으로 〈연연풍진〉〈희몽인생〉〈해상화〉〈여름의 수직선에서〉〈화양연화〉〈르누아르〉〈자객 섭은낭〉 등이 있다.

37 〈동년왕사〉

허우샤오시엔 감독이 1985년에 만든 타이완 영화.

38 〈희몽인생〉

허우샤오시엔 감독이 1993년에 만든 타이완 영화.

39 고정 카메라

카메라를 고정시킨 채 촬영하는 것.

40 왕자웨이(王家卫)

영화감독·각본가. 1958년 중국 상하이 출생. 다섯 살 때 홍콩으로 이주. 홍콩 이공학원에서 그래픽 디자인을 배우고 졸업한 뒤 텔레비전 현장을 거쳐 각본가로 데뷔했다. 1988년 〈열혈남아〉로

감독 데뷔. 대표작으로 〈아비정전〉
〈중경삼림〉 〈타락천사〉 〈해피 투게더〉
〈화양연화〉 〈2046〉 〈마이 블루베리
나이츠〉 〈일대종사〉 등이 있다.

41 〈화양연화〉
왕자웨이 감독이 2000년에 만든 홍콩
영화.

42 필터워크
색온도 조정용 필터를 써서 색조
보정이나 흐림 등의 효과를 노리는 것.

43 러시프린트
촬영이 끝났으나 편집하지 않은 필름.

44 〈블레어 위치〉
다니엘 미릭, 에두아르도 산체스 감독의
1999년 미국 영화.

45 요시노 히로시(吉野弘)
시인. 1926년 야마가타 현 출생.
사카타 상업학교를 졸업한 뒤 당시의
데이코쿠 석유에 취직. 제2차 세계대전
이후 폐결핵으로 요양하던 중 시를
짓기 시작하여 1952년 《시학》에 시를
투고했다. 1953년 《노(櫂)》의 동인이
되었다. 1957년 자비 출판 시집 《소식》을
출간. 대표작으로 시집 《10와트의 태양》

《햇살을 받으며》 《꿈 그을음》 《생명은》
《두 사람이 정답게 있으려면》, 수필집
《일본의 사랑시》 《시를 권함—시와 말의
통로》 등이 있다. 2014년 사망.

46 〈내가 아이였을 때: 다니카와 슌타로
편〉
NHK 디지털 위성 하이비전에서 방송한
인물 다큐멘터리 중 고레에다 감독이
담당한 〈다니카와 슌타로 편〉은 제9회,
2007년 3월 21일 방송.

47 아라키 노부요시(荒木経惟)
사진가. 1940년 도쿄 출생. 지바 대학
공학부를 졸업한 뒤 덴쓰에 홍보용
카메라맨으로 취직. 1964년 사진집
《삿친》으로 태양상 수상. 1972년부터
프리랜서가 되었다. 대표작으로
《센티멘털한 여행》 《사랑스러운 지로》
《센티멘털한 여행·겨울 여행》 《여행
소녀》 《사광인 대일기》 《색정광》
'일본인의 얼굴' 시리즈 등이 있다.

48 에리크 로메르(Éric Rohmer)
영화감독. 1920년 프랑스 파리 출생.
대학에서 문학을 전공하고 교사 자격을
취득하여 중등학교에서 교편을 잡았다.
1951년 앙드레 바쟁 등이 창간한 영화
비평지 《카이에 뒤 시네마》에 기고했고,

그 후 6년 동안 편집장으로 일했다.
1959년 장편영화 〈사자자리〉를 감독.
대표작으로 〈해변의 폴린느〉 〈봄 이야기〉
〈파리의 랑데부〉 〈로맨스〉 등이 있다.
2010년 사망.

49 클린트 이스트우드(Clint Eastwood)
배우·영화감독. 1930년 미국
캘리포니아 주 출생. 1959년부터
CBS에서 방영한 텔레비전 서부극
〈로하이드(RAWHIDE)〉로 유명해졌다.
출연한 대표작으로 〈황야의 무법자〉
〈석양의 건맨〉 〈더티 해리〉, 배우와
감독을 겸한 대표작으로 〈용서받지 못한
자〉 〈매디슨 카운티의 다리〉 〈밀리언
달러 베이비〉 〈그랜 토리노〉, 감독작으로
〈아버지의 깃발〉 〈이오지마에서 온 편지〉
〈아메리칸 스나이퍼〉 등이 있다.

50 에드워드 양(楊德昌, Edward Yang)
영화감독. 1947년 상하이 출생. 두 살
때 타이베이로 이주. 1981년 〈1905년의
겨울〉에서 각본과 제작 조수를 담당.
이듬해 옴니버스 영화 〈광음적고사〉로
감독 데뷔. 대표작으로 〈공포분자〉
〈고령가 소년 살인사건〉 〈독립시대〉
〈마작〉 〈하나 그리고 둘〉 등이 있다.
허우샤오시엔과 함께 타이완 뉴시네마를
대표한다. 2007년 사망.

51 〈공포분자〉
에드워드 양 감독이 1986년에 만든
타이완 영화.

52 〈고령가 소년 살인사건〉
에드워드 양 감독이 1991년에 만든
타이완 영화.

53 〈하나 그리고 둘〉
에드워드 양 감독이 2000년에 만든
타이완 영화. 칸 국제영화제 감독상
수상작.

54 〈비정성시〉
허우샤오시엔 감독이 1989년에 만든
타이완 영화.

6장

세계 영화제를 다니다

결승점이 아닌
시작점으로

세계 3대 영화제의 구도

제 첫 영화 〈환상의 빛〉을 베니스 국제영화제에 출품하며 영화제라는 데 참가한 지 벌써 20년. 지금까지 총 120개 정도의 영화제에 참가했는데, 그런 경험이 쌓이니 겨우 영화와 영화감독에게 영화제란 무엇인지 보이기 시작하는 것 같습니다.

유럽 영화제의 표준은 뭐니 뭐니 해도 프랑스 칸 국제영화제입니다. 저는 다섯 번 정도 참가했습니다. 1946년 프랑스 정부가 개최한 이래(중단한 해 있음) 매년 5월 코트다쥐르 연안의 휴양지 칸에서 개최됩니다. 보통 천 명 정도의 영화제작자와 바이어, 배우가 모여 신작 영화를 세계의 영화 배급사에 파는 프로모션의 장, 통칭 '마켓(국제 견본 시장)'이 열립니다. 또 최고상은 황금종려상,

심사위원대상은 그랑프리라고 불립니다.

다음으로 큰 것이 독일 베를린 국제영화제[1]. 1951년 시작되어 매년 2월에 개최됩니다. 저는 데뷔작 〈환상의 빛〉이 파노라마 부문에 딱 한 번 출품되었습니다. 사회파 작품이 많이 모이는 경향이 있고, 최고상인 황금곰상을 다큐멘터리 작품이 수상하는 경우도 있습니다. 근래에 일본 영화로는 2002년에 미야자키 하야오[2] 감독의 〈센과 치히로의 행방불명〉[3]이 수상했습니다.

세 번째가 이탈리아 베니스 국제영화제입니다. 이 영화제도 제가 참가한 것은 한 번뿐입니다. 1932년 시작된, 세계에서 가장 오래된 국제영화제로(중단 기간 있음) 매년 8월 말부터 9월 초에 개최됩니다. 관광객으로 붐비는 본섬이 아니라 거기서 수상버스로 20분 정도 거리에 있는 고급 휴양지 리도 섬에서 열리는 따스한 영화제입니다.

이 세 영화제가 '세계 3대 영화제'로 불리는데, 사실 베니스는 교통도 불편하고 또 오랫동안 '상업'보다 '예술' 영화제로 자리매김한 탓에 2002년에 마켓이 마련되었지만 바이어들이 적극적으로 참가하지는 않았습니다.

하지만 제작자만의 영화제라서 오히려 즐겁다면 즐겁습니다. 제가 참가한 1995년은 아직 마켓이 마련되지 않았기 때문에 비즈니스 요소가 거의 없어서 배우 및 스태프와 함께 섬에서 영화를 상영하고 맛있는 생햄과 멜론을 먹고 휴일은 베네치아 본섬에서 곤돌라를 타는 즐거운 시간을 느긋하게 보냈습니다. 전통 있는 3대 영화제 가운데 하나라는 점은 변함없지만, 최근에는 칸이나 베를린에 비해 주목도도 낮고 모이는 사람 수도 적습니다.

단, 일본에서는 1951년 구로사와 아키라[4] 감독의 〈라쇼몬〉[5]이 최고상 황금사자상을 받은 기억이 강렬했던 탓에 '영화제라 하면 베니스'라는 분위기가 아직까지도 남아 있습니다. 하지만 세계적으로는 칸의 독주가 이어지고 있지요. 이런 현상은 개최국 영화 산업의 융성과 쇠퇴에도 상당히 직접적으로 영향을 받는 것 같습니다. 유럽의 영화작가들은 작품을 완성하면 가장 사업 기회가 많은 칸을 노리는 것이 상식이고, 특히 프랑스에서는 '베니스의 경쟁 부문보다 칸의 주목할 만한 시선 부문이 더 좋다'는 사고방식이 주류입니다.

한편 영화제는 자신들이 발견한 작가를 매우 중시합니다. 칸이라면 신인감독상인 '황금 카메라상'을 받은 감독의 차기작을 두 팔 벌려 계속 맞이합니다. 그런 식으로 감독과 밀접한 신뢰 관계를 구축하고 심사위원을 의뢰하여 '패밀리'를 만들어 나가는 흐름이지요. 그런 면에서 저는 최근 몇 년 동안 계속 칸에 참가했지만, 역시 베니스가 발견한 작가라는 태생은 제 경력에 꼬리표처럼 계속 붙어 있습니다.

북미에서 가장 중요한 영화제는 뭐니 뭐니 해도 토론토 국제영화제입니다. 일본에서는 몬트리올 영화제 쪽이 경쟁 부문도 있고 일본 작품이 수상하는 경우도 많아서 익숙할지 모르지만, 영화제의 세계 지도 속 위상은 토론토가 명백히 높습니다.

또 요즘 바이어들은 베니스까지 가지 않고 캐나다 토론토 국제영화제에 갑니다. 베니스에서 상영된 작품 중 눈에 띄는 것은 거의 대부분 토론토에서도 상영되고, 토론토에서 관객상을 받은 작품이 연달아 오스카 트로피를 거머쥐기도 해서 토론토를 월드 프리미어 장소로 선택하는 할리우드 작품도 늘어나고 있습니다. 그래서 토론토 국제영화제는 최근 급격히 화려해지고 화사해졌습니다. 실제로 방문객 수로는 칸과 베를린의 뒤를 잇게 되었고요. 저도 9·11 테러가 일어나서 참가하지 못했던 〈디스턴스〉를 빼고는 모든 작품이 초청되었습니다. 유럽에서는 스페인 산 세바스티안 국제영화제[6]도 상당히 규모가 크고, 네덜란드 로테르담 국제영화제[7]는 새로운 재능을 발견하는 장으로서 내실이 있습니다.

정치, 음악, 건축 등에 관한 의견도 말해야 한다

해외 국제영화제를 둘러싼 저널리즘은 일본에 비해 상당히 건

전한 것 같습니다.

이를테면 심사위원의 평가가 반드시 절대적인 것은 아닙니다. 프레스(기자)의 평가와 심사위원의 평가가 다른 경우도 있으며, 그럴 때 심사위원의 결정에 기자들이 야유를 보내기도 합니다. 프레스와 심사위원이 서로 비평 정신을 가지고 있는 것은 중요합니다.

제 경험으로는 산 세바스티안에 〈원더풀 라이프〉로 참가했을 때, 상영 후 박수 소리와 바닥을 구르는 소리가 반반씩 들렸습니다. 바닥을 구르는 것은 비판으로 야유 대신입니다. 그 의사표현 방법이 재미있었지요. 그들은 본편 상영 전에 나오는 영화제의 스폰서 기업명에도 야유를 보냅니다. 가령 '네슬레'가 친이스라엘 기업이라는 이유로 네슬레 로고가 스크린에 떠 있는 동안 계속 야유하는 광경도 보았습니다.

야유보다 심한 것이 중도 퇴장입니다.

영화제에서는 바이어들을 위한 마켓 시사회도 열리는데, 그들은 사지 않기로 결심하면 15분 만에 극장을 떠납니다. 동시에 대여섯 편의 영화가 상영되고 있으니 다른 시사회에 가는 것입니다. 칸도 처음에는 마켓 시사회와 공식 상영을 구분하지 않고 열었기 때문에 사람들이 상영 도중에 덜컹덜컹 의자 소리를 내며 나갔습니다. 역시 함께 영화를 보는 감독이 견디기 힘들기 때문인지 지금은 없어졌습니다.

저는 이런 경험도 했습니다.

〈환상의 빛〉으로 베니스 국제영화제에 참가했을 때, 시상식에서 프랑스 영화가 수상하자 회장에 있던 영화제와 관계없는 여성이 "프랑스 핵실험 반대!"라고 쓰인 현수막을 들고 단상 위로 뛰어 올라갔습니다. 저도 물론 핵실험에는 반대하지만, 솔직히 이 감독과는 관계가 없지 않나 싶었습니다. 핵실험에 찬성하는 영화를 찍은 것도 아니니까요.

그런데 회장에 있던 사람들 모두가 기립 박수를 치는 것이었습니다. 이 상황에는 깜짝 놀랐습니다. 앉아 있을 수도 없지만 서서 박수를 칠 수도 없어서 제가 단상에 있는 감독의 입장이라면 어떤 느낌일까 등 여러 생각이 들었는데 그 자리에서 명쾌한 대답은 나오지 않았습니다. 단, 영화감독이란 그런 경우에도 어떤 태도 표명이나 발언을 해야만 하는 직업이라는 사실을 처음 참가한 영화제에서 통렬하게 느꼈습니다.

일본의 영화감독은 기본적으로 영화 이야기밖에 하지 않는 사람이 많습니다. 특히 우리 세대는 영화 이야기라면 할 수 있지만 정치나 음악, 건축 등 교양에 대해서는 공부가 부족해서 말하지 못합니다. 왜냐하면 일본에는 전문학교나 예술대학의 한 학과로서 영화과가 있긴 해도 국립 영화대학이 없어서 대부분의 영화감독은 대학에서 영화를 전문적으로 배운 게 아니라 독학했거나 자주제작 출신이기 때문입니다. 우리와 아래로 띠동갑 세대의 감독들 중에는 대학의 영화학과 출신이 늘어나고 있는 듯하지만, 그래도 전체적으로 예술에 대해 배웠고 교양이 풍부한 사람은 제가 아는 한 별로 없습니다. 물론 그런 교양과 영화를 만드는 능력이 반드시 같지는 않겠지만요. 그래서 해외에는 애텀 이고이언[8]처럼 오페라도 연출하는 감독이 몇 명이나 있지만 일본에서는 그런 사람이 아마 나오지 않을 것 같습니다.

프랑스에서는 많은 영화감독들이 국립 영화학교 출신으로 상당한 엘리트이자 인텔리입니다. 예를 들어 베트남에서 프랑스로 이주한 트란 안 홍 감독은 프랑스어도 영어도 할 수 있고, 무라카미 하루키, 가와바타 야스나리, 미시마 유키오 등은 저보다도 더 잘 압니다. 프랑스에서는 영화학교에 붙는 것이 사법시험보다 어렵다고 하고, 한국의 영화학교나 미국의 NYU(뉴욕 대학) 영화학과도 재학생들은 엘리트에 부자입니다.

그래서라고 해야 할까요, 영화감독이라는 직업의 사회적 지위도 매우 높습니다. 단, 그래서 재미있는 작품을 만드느냐 하면 그건 다른 문제입니다. 그들 입장에서는 엘리트 교육은커녕 대학에서 전문적으로 영화를 배우지도 않은 일본 감독들이 어째서 영화를 만들 수 있는지 신기해하는 것 같습니다. 하지만 일본도 국립 도쿄 예술대학이 2005년 '대학원 영상연구과 영화전공'을 개설해서 뒤늦게나마 일본의 영화 교육이 어떻게 전개될지 주시하고 있습니다.

도쿄 국제영화제가 '아시아 최대의 영화제'가 될 수 없는 이유

1985년부터 시작된 도쿄 국제영화제는 유감스럽게도 세계적으로 보면 매우 지위가 낮은 영화제입니다.

최근에야 겨우 디렉터 제너럴(2012년까지는 체어맨)이라 불리는 수장이 각국의 영화제를 돌며 조사하게 되었는데, 그전까지는 다른 나라의 영화제를 모르는 채로 시작해 버려서 영화제의 형태를 제대로 갖추지 못했습니다.

예를 들면 경쟁 부문 선택의 역사가 없습니다. 우리가 발견한 작가를 세계를 향해 평가하고, 두 팔 벌려 다시 맞이하며 키워 나가는 지속적인 관계를 구축해 오지 않은 점이 가장 애석합니다.

처음에는 해외에서 온 감독이나 배우를 보살펴 주지도 않았습니다. 메인 회장이 명확하게 없어서 가령 어디에 가면 누구를 만날 수 있는지도 몰랐습니다. 시부야의 분카무라가 일단 메인이긴 했지만, 그곳 지하의 열린 공간에서 허우샤오시엔 감독과 담소를 나누던 중 오후 6시가 되자 이제 닫으니까 나가 달라는 말을 듣고 커피를 손에 든 채 허둥지둥했던 기억이 있습니다. 적어도 '아시아 최대의 영화제'라 한다면 감독이 일본에 와서 일주일 동안 어떻게 지내는지, 식사는 어떻게 할지를 신경 써 줬으면 합니다. 해외 감독, 특히 아시아에서 온 감독들은 도쿄 물가가 너무 비싸서 식사도 제대로 못하는 경우가 있습니다. 시노자키 마코토 감독에게 들은 이야기인데, 영화제에서 친구가 된 이란 감독이 도쿄 국제영화제에 초대받았을 때 돈이 없어서 호텔에서 컵라면을 먹고 있기에 아사쿠사로 데려가 오코노미야키를 사 줬다고 합니다. 이런 문제점은 최근에 조금은 개선되었을까요.

유럽의 영화제라면 저마다 독자적인 색깔을 내며 그야말로 '접대'를 연출합니다.

이를테면 1982년에 시작된 토리노 국제영화제는 30년이 넘는 세월 동안 시민이 긍지를 가지고 영화제를 떠받치고 있습니다. 저는 세 번 정도 참가했는데, 영화제에 참가한 첫날에 체류 기간 동안의 식권과 그 식권으로 먹을 수 있는 레스토랑이 표시된 지도를 받았습니다. 영화제 공식 패스를 목에 걸고 있으면 웨이터가 "어디서 왔어요? 일본? 나 구로사와 알아요"라는 식으로 말을 걸고, 그 고장의 맛있는 음식도 먹을 수 있으며, 거리의 사람들과 자연스레 교류할 수 있는 구조로 이루어져 있습니다. 이런 점은 근사했습니다.

프랑스 낭트 3대륙 국제영화제도 머무는 기간 동안의 비용을 주며 "밖에서 맛있는 음식 먹으면서 지내세요"라고 합니다. 이건 정말 멋진 시스템이라고 생각합니다. 영화제는 영화만 상영하면 그걸로 되는 게 아니라서 거리 전체에 영화와 영화인을 환영하는 정신이 없으면 성공하지 못합니다.

음식 이야기만 하면 제가 단순한 먹보 같으니(사실 그렇지만요) 다른 매력에 대해서도 말하자면, 프랑스 서부의 항구 도시 라로셀에서 열리는 영화제는 규모도 작고 비경쟁이며 마켓이 열리는 것도 아니지만 1973년부터 40년 이상 지속되고 있습니다. 저는 2006년에 회고전으로 텔레비전 다큐멘터리도 포함해서 상영해 주신 적이 있어서 여름휴가를 겸해 일주일 동안 머물렀습니다. 아마 거리 전체가 월드컵으로 들떴던 것 같습니다.

거기서 영화제 사무국을 통해 그 지역 고등학생들로부터 취재 요청이 들어왔습니다. 고등학교에서 영화를 전공하고 있는데 제 작품도 DVD로 봐서 취재하고 싶다고요. 인터뷰어도 카메라맨도 조명 담당자도 모두 고등학생. "프랑스 감독 중 누구를 좋아하나요?"라는 식의 서툰 인터뷰였지만 정말로 즐거운 체험이어서 세 건 정도 취재에 응했습니다. 또 보육원 선생님이 아이들을 40명 정도 데리고 미국의 희극배우 버스터 키튼의 무성영화 특집을 보여 주는 광경도 우연히 보았습니다. 이 상영은 물론 무료였습니다. 영화제는 이처럼 영화 교육의 장이기도 합니다.

결코 유럽이 모조리 옳고 일본은 틀렸다고는 생각하지 않지만, 경쟁 부문 선택, 참가자 대우, 지역과의 양호한 관계성, 영화 교육의 역할을 담당하는 감각 등의 관점에서 보면 도쿄 국제영화제는 세계 국제영화제 수준에서 한참 뒤처졌다는 게 제가 받은 인상입니다.

이는 분명 일본에서는 영화 시장이 국내 수요만으로 유지되었기 때문이겠지요. 무리해서 해외로 나가거나 영화제를 열지 않아도 국내에서 장사가 되었습니다. 대형 영화제작사인 도호, 쇼치쿠, 도에이의 좋은 시절이 오랫동안 이어져 왔기 때문에 '왜 무리해서 해외로 나가지?' 하는 발상이 아직까지 뿌리 깊어서 거기서 벗어나지 못합니다. 반면 유럽에는 원래 영화를 세계 언어로 생각하는 가치관이 있었고, 자국만으로는 시장이 이루어지지 않는다는 점도 큰 원인입니다. 해외 시장을 시야에 두고 영화제에 출품하는 것이 상식이지요.

영화제는 일본의 매력을 호소하는 장이 아니다

도쿄 국제영화제는 2013년 디렉터 제너럴로 취임한 시이나 야스시 씨가 2014년에 "애니메이션 작품에 특화된 형태로 만들고 싶다"는 방향성을 명확하게 내세웠습니다. 앞으로 성공할지는 둘째 치고, 그런 명확한 주장이 없으면 아무도 일부러 도쿄 국제영화제까지 와서 영화를 보려 하지 않을 것입니다.

그러나 매우 유감스럽게도 그해의 영화제 선전 문구는 몹시 무신경했습니다. "일본은 전 세계가 존경하는 영화감독의 출신국이었다. 잊지 말기를." 해외에서 온 영화인들이 이 문구를 읽고(물론 영어 번역이 아래에 있습니다) 어떤 기분이 들었을지 생각해 보면 부끄러움을 뛰어넘어 분노조차 느낍니다. 영화제는 일본 영화의 매력을 호소하기 위한 장이 아닙니다.

영화제는 '영화의 풍성함이란 무엇인가? 이를 위해 우리는 무엇을 할 수 있는가?'를 생각하는 장입니다. 영화를 신에 비유할 생각은 없지만 우리가 영화의 종으로서 무엇을 할 수 있는지 궁리하고, 영화라는 넓은 강을 흐르는 한 방울의 물로 거기에 참여할 수 있는 기쁨을 모두 함께 나누는 것이 영화제입니다. 결코 '영화가 우리 일본 경제에 무엇을 가져다주는가?'를 호소하는 장이 아닙니다. 광고 대리점이나 경제 산업성이 주도하여 아이디어를 내니 이렇게 부끄러운 일이 태연하게 벌어집니다.

그 밖에도 "도쿄가 칸, 베니스, 베를린을 뛰어넘는 날이 온다?!"라는 문구도 있었다는데, 현재 수준이라면 유서 깊은 3대 국제영화제를 뛰어넘을 날은 영원히 오지 않겠지요. 레드카펫을 깔고 할리우드의 유명 배우를 그 위에서 걷게 하는 진부하고 개성 없는 영화제로는 영원히 세계의 사람을 불러들일 수 없습니다. 도쿄가 칸을 노리는지 부산을 노리는지 토론토를 노리는지, 그 방향성을 명확하게 드러내야 합니다.

개인적으로는 레드카펫이 화려한 칸이 아니라 토론토 국제영화제를 보고 배우는 편이 좋다고 생각합니다. 토론토는 도시형 국제영화제인데 앞서 말했듯 경쟁 부문이 없습니다. 영화를 좋아하는 캐나다인과 미국인이 2주 동안 휴가를 내고 모여서 영화제 패스를 들고 극장에서는 개봉되지 않을 듯한 양질의 세계 영화를 보는 것이 이 영화제의 취지입니다. 이런 영화제라면 도쿄에서도 할 수 있을 것 같지 않나요.

혹은 장소를 교토로 옮겨서 벚꽃철이나 단풍철에 개최하는 겁니다. 세계의 영화인들이 가고 싶어 할 만한 장소에서 개최하는 것도 효과가 있을지 모릅니다. 애초에 제게는 도쿄라는 장소가 영화제를 개최하기에 적당한 곳인가 하는 기본적인 의문이 있습니다.

부산 국제영화제의 발전에서 배울 점

아시아의 영화제 가운데 압도적으로 높은 평가를 받는 것은 부산 국제영화제[9]입니다. 1996년에 창설되었으니 역사로 따지자면 도쿄 국제영화제가 더 오래되었지만 예산은 도쿄의 5~6배입니다. 다시 말해 국가적인 대처가 다른 것이지요.

저는 3회 때 부산에 처음 갔는데, 그 무렵은 영화제로서는 아직 미숙해서 상영 중에 휴대전화를 받는 사람도 있었고 자원봉사자가 곳곳에서 해외 영화감독에게 사인을 해 달라고 조르기도 했습니다. 하지만 지금은 그런 미숙함이 없어져서 규모도 크고 한국의 많은 스타가 모이는 매우 성숙한 영화제가 되었습니다.

이는 분명 창설된 해부터 2010년까지 15년 동안 집행위원장을 맡아 '부산 국제영화제의 아버지'라 불리는 김동호[10] 씨가 전 세계의 영화제를 돌며 배운 점을 반영한 결과일 것입니다.

김동호 씨는 한국 정부가 일본 영화의 일반 상영을 금지하던 시대에 1회부터 다큐멘터리 영화 세 편을 포함하여 13편의 일본 영화를 초대했습니다. 영화제를 시작한 계기에 대해서는 "당시는 한국 영화가 해외 영화제에 겨우 초대받기 시작하던 무렵이었고, 세계에 더욱 널리 알리고 싶다는 마음이 있었다. 전략을 명확히 하기 위해서 아시아권 영화를 중심으로 삼기로 하고 인재 육성을 지향했다"고 말했는데, 실제로 아시아 젊은 감독의 기획을 심사하여 제작 자금을 조성하는 PPP[11]라는 프로그램을 계속해 왔습니다.

그 결과 바이어들도 찾아오고 새로운 창작자들도 기획서를 들고 모여서 부산 국제영화제에서 프로듀서들과 미팅을 가질 수 있게 되었습니다. 30개국·지역의 작품 174편으로 시작한 영화제가 지금은 70개국 이상, 300편 이상의 영화가 모이는 거대한 이벤트가 되었지요.

단, 프랑스와 마찬가지로 나라의 위신을 걸고 개최하는 국가 이벤트이니 국위선양의 장이라는 측면이 있다는 점은 부정할 수 없으며, 아직 세계를 향한 발신이라기보다 '한국인을 위한, 한국인에 의한 영화 이벤트'라는 경향이 있습니다. 초대 게스트로 가보면 솔직히 조금 멋쩍은 순간이 있습니다. 기자들의 질문도 여전히 "한국요리 중 무엇을 좋아하시나요?" "한국에서 함께 작업하고 싶은 배우는 누구입니까?" 같은 것이 많습니다.

하지만 감독도 기자도 배급사도 모두 젊어서 에너지와 활기가 있습니다.

한국에는 1960년대에 태어나 1980년대에 대학생이 되어 학생운동에 참가한 세대를 가리키는 '386세대'라는 말이 있는데, 한국영화계는 지금 그들이 짊어지고 있습니다. 예를 들어 봉준호 감독이나 박찬욱[12] 감독 등 유학 경험이 있어서 영어를 할 수 있는 사람이 모두 40대가 된 뒤 할리우드로 건너가고 있습니다. 한국에서의 경력에 비하면 반드시 성공하는 것은 아니지만, 그런 상승 지향의 경향이 압도적으로 높다는 점도 한국 감독의 특징입니다.

그런데 이런 영화제도 순풍에 돛 단 듯 앞으로 나아가지는 못하고 있습니다. 부산 국제영화제는 재작년 세월호 사고[13] 다큐멘터리 상영을 둘러싸고 정부와 대립하여 조성금이 깎이고 수장 교체를 요구받았습니다. 존속조차 위태로운 상황이어서 국경을 뛰어넘어 영화인들이 연대하여 영화제를 응원하기 위해 지금 항의의 목소리를 내고 있습니다. 일본에서도 저나 구로사와 기요시 감독 등이 영화제를 지지하는 메시지를 보냈습니다.

성숙한 영화제, 국립 영화대학, 고등학교의 영화 커리큘럼, 아트하우스 조성 등 한국은 나라 전체가 영화를 떠받치고 있습니다. 그러나 유감스럽게도 일본에는 아직 그중 한 가지도 없습니다.

가령 앞서 말한 대로 국립 영화대학이 없는 나라는 선진국 가운데 일본뿐이어서 해외에서는 이를 두고 무척 놀랍니다. 일본은 영화를 문화로 여기지 않으며, 오즈 야스지로나 미조구치 겐지[14]의 초기 단편조차 남아 있지 않습니다. 물론 영화가 단순한 '문화'가되어도 재미없을 테고 영화제가 '국가사업'이 되어도 재미없겠지만, 한국의 최근 20년을 돌아보면 일본은 정말로 영화라는 문화를 육성시키는 것에 대해 진지하게 생각하지 않는 나라인 듯해서 실망하게 됩니다.

사소하지만 잊을 수 없는 추억

영화제에서 영화감독은 일반적으로 상영회에 참석하고, 기자
와 질의응답을 하며, 그 나라의 배급사가 정해져 있으면 개봉을
위한 홍보를 병행하기 때문에 끊임없이 취재를 받게 됩니다.

그런 다음 영화제 관계자와 회식을 하거나 파티에 가고, 나이아
가라 폭포 관광이나 유람선 흑해 일주 등 영화제가 마련해 준 자
유 참가 이벤트에도 시간이 있으면 참석합니다. 저는 그런 데는
별로 참가하지 않습니다. 대체로 호텔 방에서 느긋하게 책을 읽거
나 DVD를 보지요. 이것은 이것대로 사치스러운 시간입니다.

요즘은 어지간히 가고 싶은 곳이 아니면 개봉이 정해져 홍보에
활용할 수 있는 영화제만 골라서 갑니다.

영화제에 가는 관객에게는 개봉이 정해지지 않아서 영화제에
서만 볼 수 있는 작품을 보는 것, 즉 상업적이지 않은 영화를 보
는 것이 가장 중요합니다. 그러나 작품을 가져가는 쪽 입장에서
는 배급사가 정해져 있지 않으면 프로 통역사를 고용할 돈이 없
어서 곤란한 경우가 있습니다.

왼쪽부터 지아장커 감독, 허우샤오시엔 감독, 그리고 나 고레에다

한번은 네덜란드의 영화제에서 텔레비전 출연 제의를 받아 저와 하시구치 료스케 감독이 나갔는데, 일본어를 배우는 여대생이 통역을 맡아서 그녀의 일본어를 어떻게든 이해하려고 되묻는 사이에 방송이 끝나 버린 적이 있습니다. 그래서 지금은 배급사를 정하고 프로 통역사를 고용해서 비즈니스 일환으로 영화제에 참가합니다.

그렇지만 기억에 남아 있는 것은 대체로 비즈니스와는 관계없는 영화제뿐입니다.

1998년 낭트에서 지아장커[15] 감독의 〈소무〉[16]와 저의 〈원더풀 라이프〉가 '금기구상(그랑프리)'을 공동 수상했는데, 시상자인 허우샤오시엔 감독과 셋이서 사진을 찍었던 것은 근사한 추억입니다. 게다가 그때는 허우샤오시엔 감독과 우연히 거리에서도 만났는데, 길거리 가게에서 과일맛 껌을 사 주셨습니다. 그 껌은 아무래도 먹을 수 없어서 호텔 방으로 돌아와 사진을 찍었지요.

스페인 바르셀로나 근교의 휴양지에서 열리는 시체스 카탈루냐 국제영화제[17]에 초대받았을 때는 영화제의 일환으로 빅토르 에리세[18] 감독의 〈벌집의 정령〉[19]이 동네 영화관에서 상영되고 있어서 보러 갔습니다. 그러고 나서 영화에서 어린아이로 나왔던 주연 아나 토렌트를 영화제에서 만난 것도 기뻤습니다. 그때 벌써 스물아홉 살이었지만 영화 속 검고 큰 눈망울은 그대로였습니다. 저는 더듬더듬 영어로 "지금 당신의 영화를 영화관에서 보고 왔어요"라고 말했습니다.

역시 영화제에서 좋아하는 사람이나 존경하는 사람과 만날 수 있다는 것은 의미가 큽니다.

미국 콜로라도 주의 스키 휴양지에서 열리는 텔루라이드 영화제[20]는 영화광들이 휴가를 내고 영화를 양껏 보는 영화제인데, 거기서는 그리스의 테오 앙겔로풀로스[21] 감독을 만났습니다. 당시 톰 크루즈의 산기슭 별장에서 열린 파티에서 해리슨 포드와 조지 루카스 감독도 만났고요.

토론토에 갔을 때는 애텀 이고이언 감독이 〈스위트룸〉이라는 신작을 촬영하는 중이어서 응원하러 갔습니다. 점심시간이었기 때문에 줄을 서서 밥을 먹은 것도 그리운 추억입니다.

인도 영화제에 갔을 때는 그야말로 컬처 쇼크의 연속이었습니다. 〈원더풀 라이프〉가 상영될 예정이었는데 필름이 공항에서 행방불명되어 결국 제가 머무르는 일주일 동안에는 도착하지 않았습니다. 그래도 영화제 디렉터는 웃으면서 "디스 이즈 인디아"라며 제 어깨를 두드렸습니다. 같은 시기에 머무르던 한국의 어느 감독은 카탈로그를 손에 들고 "내 영화의 상영 일정이 아무 데도 없다"며 영화제 스태프에게 화내고 있었습니다. 그런데 며칠 뒤 그가 몹시 허둥지둥하며 택시에 올라타기에 무슨 일인가 싶었는데, 갑자기 지금 영화를 상영하고 있으니 와 달라는 전화가 호텔 방으로 걸려 왔다고 했습니다. 그곳에 모인 관객들은 상영 예정이던 작품과는 다른 영화를 보게 되었지만, 다들 도중에 돌아가지 않고 마지막까지 봐 주었다는 이야기를 듣고 조금 안심했습니다.

영화제는 배움의 장

제가 관객과의 대화 시간을 가지게 된 이유는 1장에서 쓴 대로 낭트에서 체험한 관객과의 대화가 매우 의미 있었기 때문입니다.

관객과의 대화는 비평과는 또 다른 면에서 자신의 영화가 어떻게 가 닿았는지(혹은 가 닿지 않았는지)를 손에 잡힐 듯 알 수 있습니다. 특히 외국에서는 통역이 중간에 있으니 듣는 사람을 관찰하는 시간이 있습니다. 이는 제가 영화감독으로서 단련이 되는 시간이기도 합니다.

제가 국내에서 관객과의 대화를 시작한 것은 〈원더풀 라이프〉부터입니다. 영화 개봉 중에 감독이 극장에서 관객과의 대화 시간을 가진 것은 아마도 일본에서는 제가 처음일 겁니다.(분명 영화제에서는 이런 시간이 있었던 것 같습니다.) 처음에는 단순히 즐거워서 했는데, 지금은 외람되지만 관객이 영화적 소양을 기르는 장이 되기를 바라는 마음도 있습니다.

이처럼 저에게 영화제란 배움의 장이기도 합니다. 특히 다른 나라의 감독들과 대화를 나누면 일본이 처해 있는 상황이 얼마나 특이한지가 보이고, 제 작품이 외국인 눈에 어떻게 비칠지 생각하지 않을 수 없습니다. 이 부분에 대한 인식은 20년 동안 영화를 계속 만들며 각국의 영화제에서 그들과 만남으로써 상당히 성숙하지 않았나 합니다.

주

1 베를린 국제영화제
독일 베를린에서 1951년부터 시작된
국제영화제. 경쟁 부문, 파노라마 부문,
포럼 부문, 회고전 부문, 아동영화
부문, 독일 영화 부문의 여섯 개 공식
부문이 있다. 칸 국제영화제, 베네치아
국제영화제와 함께 '세계 3대 영화제'
가운데 하나로 꼽힌다. 매년 2월에
열린다.

2 미야자키 하야오(宮崎駿)
영화감독·애니메이터. 1941년 도쿄
출생. 가쿠슈인 대학 정치경제학부를
졸업한 뒤 도에이 애니메이션에 입사. 그
뒤 제작사를 몇 군데 거치며 〈루팡 3세〉
〈알프스의 소녀 하이디〉〈미래소년 코난〉
등을 만들었다. 1982년부터 만화잡지
《아니마주(Animage)》에서 연재하기
시작한 〈바람계곡의 나우시카〉가
영화화되어 흥행에 성공했다. 1985년
스튜디오 지브리 설립. 대표작으로
〈천공의 성 라퓨타〉〈이웃집 토토로〉
〈모노노케 히메〉〈센과 치히로의
행방불명〉〈벼랑 위의 포뇨〉 등이 있다.
2013년 〈바람이 분다〉를 개봉하며
영화제작 은퇴를 선언했으나 현재 첫

3D 컴퓨터 그래픽 애니메이션 〈애벌레
보로〉를 만들고 있다.

3 〈센과 치히로의 행방불명〉
미야자키 하야오 감독의 2001년 개봉
애니메이션. 관객 동원 2350만 명,
흥행수입 304억 엔으로 일본영화사상
1위를 차지하고 있다. 베를린 국제영화제
황금곰상, 아카데미상 장편 애니메이션상
수상작.

4 구로사와 아키라(黑澤明)
영화감독. 1910년 도쿄 출생. 1936년
P.C.L. 영화제작소(나중에 도호와 합병)에
조감독으로 입사. 1943년 〈스가타
산시로〉로 감독 데뷔. 역동적인 영상
표현과 투철한 휴머니즘을 띤 작품으로
'세계의 구로사와'라고 평가받았다.
대표작으로 〈라쇼몬〉〈살다〉〈7인의
사무라이〉〈요진보(用心棒)〉〈천국과
지옥〉〈붉은 수염〉〈란(亂)〉 등이 있다.
1998년 사망.

5 〈라쇼몬〉
구로사와 아키라 감독의 1950년 개봉
영화. 일본 영화 최초의 베네치아
국제영화제 황금사자상, 아카데미상
명예상 수상작.

6 산 세바스티안 국제영화제
스페인 북부의 산 세바스티안에서
1953년부터 시작된 국제영화제. 매년
9월에 열린다.

7 로테르담 국제영화제
네덜란드 로테르담에서 1972년부터
시작된 국제영화제. 매년 1월 하순에
열린다. 현재 경쟁 부문은 장편 첫 감독작
혹은 두 번째 작품으로 한정하고 있다.

8 애텀 이고이언(Atom Egoyan)
영화감독. 1960년 이집트 카이로로
출생. 세 살 때 캐나다로 이주. 토론토
대학에서 국제관계학을 배운 뒤
1977년에 단편영화를 만들었다. 1984년
장편 〈넥스트 오브 킨〉으로 감독 데뷔.
1994년 〈엑조티카〉로 칸 국제영화제
국제비평가연맹상을, 1997년 〈달콤한
후세〉로 같은 영화제 그랑프리를 수상.
대표작으로 〈아라라트〉 〈펠리시아의
여행〉 〈스위트룸〉 〈클로이〉 〈데빌스 노트〉
〈더 캡티브〉 등이 있다.

9 부산 국제영화제
대한민국 부산에서 1996년부터 시작된
국제영화제. 아시아 신인 감독의 작품을
중심적으로 다루며, 매년 10월에 열린다.

10 김동호
1937년 대한민국 강원도 출생. 예순
살까지 공무원으로 문화정책을
담당하다 관직에서 물러난 뒤
1996년 부산 국제영화제를 창설,
2010년까지 집행위원장을 맡았다.
현재는 명예집행위원장. 2013년 영화제를
무대로 한 단편영화 〈주리〉를 발표했다.

11 PPP
부산 국제영화제 기간 중 열리는 기획
마켓 '부산 프로모션 플랜(Pusan Promotion
Plan)'의 약어로 1998년에 시작되었다.
전도유망한 감독, 제작자와 투자자,
공동제작자의 만남의 장이 되어 화제작을
잇달아 배출하고 있다. 2011년부터
APM(아시아 프로젝트 마켓)으로 명칭을
바꾸었다.

12 박찬욱
영화감독. 1963년 대한민국 서울 출생.
서강대학교에서 철학을 배웠고 재학 중
'서강영화공동체'를 결성했다. 1992년
〈달은… 해가 꾸는 꿈〉으로 감독 데뷔.
2004년 감독 겸 각본작 〈올드보이〉로 칸
국제영화제 심사위원 특별대상 수상.
대표작으로 〈공동경비구역 JSA〉 〈복수는
나의 것〉 〈쓰리, 몬스터〉 〈친절한 금자
씨〉 〈싸이보그지만 괜찮아〉 〈박쥐〉

〈스토커〉 등이 있다.

13 세월호 사고
2014년 4월 16일 대한민국의 대형 여객선
세월호가 전라남도 진도군 관매도 인근
해상에서 전복, 침몰한 사고. 승무원 및
승객 476명 가운데 295명이 사망하고
9명이 실종된 대참사.

14 미조구치 겐지(溝口健二)
영화감독. 1898년 도쿄 출생. 닛카쓰
무코지마 촬영소에 입사하여 스물네
살 때 〈사랑의 부활〉로 감독 데뷔.
여성영화의 거장으로 불리며 국내외
영화인에게 영향을 끼쳤다. 대표작으로
〈기온의 자매〉〈오하루의 일생〉〈우게쓰
이야기〉〈산쇼다유〉 등이 있다. 1956년
사망.

15 지아장커(賈樟柯)
영화감독. 1970년 중국 산시성 출생.
베이징 영화학원에 입학했고 졸업
작품 〈소무〉로 베를린 국제영화제
신인감독상과 최우수 아시아 영화상을
수상했다. 대표작으로 〈플랫폼〉〈임소요〉
〈세계〉〈스틸 라이프〉〈24시티〉〈천주정〉
등이 있다.

16 〈소무〉
지아장커 감독이 1997년에 만든
중국·홍콩 합작영화. 베를린 국제영화제
최우수 신인감독상, 최우수 아시아
영화상 수상작.

17 시체스 카탈루냐 국제영화제
스페인 바르셀로나 근교 해변의
휴양지 시체스에서 1968년부터 시작된
국제영화제. 매년 10월에 열리며
판타지계 작품을 중점적으로 다룬다.

18 빅토르 에리세(Víctor Erice)
영화감독. 1940년 스페인 바스크 지방
출생. 스페인 국립영화학교에 입학하여
영화제작을 배웠으며 재학 중에는 잡지에
영화평론을 썼다. 1969년 옴니버스
작품 〈도전〉의 마지막 장으로 감독
데뷔. 1973년 〈벌집의 정령〉을 찍어
같은 해 산 세바스티안 국제영화제에서
그랑프리 수상. 〈남쪽〉(1983), 〈햇빛 속의
모과나무〉(1992) 등 단편영화를 제외하면
장편이 세 편밖에 없는 과작(寡作)의
감독으로 알려져 있다.

19 〈벌집의 정령〉
빅토르 에리세 감독이 1973년에 만든
스페인 영화. 산 세바스티안 국제영화제
그랑프리 수상작.

20 텔루라이드 영화제
미국 콜로라도 주 텔루라이드에서
1974년부터 시작된 국제영화제. 매년
9월에 열린다.

21 테오 앙겔로풀로스(Theo Angelopoulos)
영화감독. 1935년 그리스 아테네
출생. 아테네 대학 법학부를 졸업한 뒤
병역을 마치고 프랑스 소르본 대학의
고등영화학원에서 유학했다. 1968년
단편 다큐멘터리 〈방송〉으로 감독 데뷔.
1970년 첫 장편영화 〈범죄의 재구성〉을
감독한 뒤 그리스의 현대사를 제재로
삼은 3부작 〈1936년의 나날〉 〈유랑극단〉
〈사냥꾼들〉을 발표하여 세계적 명성을
얻었다. 대표작으로 〈구세주 알렉산더〉
〈안개 속의 풍경〉 〈율리시스의 시선〉
〈영원과 하루〉 등이 있다. 20세기
3부작으로 〈울부짖는 초원〉과 〈더스트
오브 타임〉을 발표한 뒤 2012년 세 번째
작품을 촬영하던 중 오토바이에 치여
사망.

7장

텔레비전에 의한 텔레비전론

2008-2010

〈그때였을지도 모른다 : 텔레비전에게 '나'란 무엇인가〉 2008

〈나쁜 것은 모두 하기모토 긴이치다〉 2010

텔레비전에
가장 결여된 것은
텔레비전 비평이다

그때였을지도 모른다 : 텔레비전에게 '나'란 무엇인가
2008

사사키 쇼이치로의 드라마를 우연히 보고

저는 그야말로 텔레비전을 보며 자란 '텔레비전 키드'입니다.

세 남매 중 막내였고 부모님이 상당히 나이가 많기도 해서 어린 시절에는 함께 시대극을 봤습니다. 그것도 〈미토 고몬〉〈제니가타 헤이지〉〈도야마의 긴 씨〉처럼 시대극 중에서도 보수적인 드라마였지 〈살인청부업자〉는 아니었습니다.

텔레비전을 스스로 적극적으로 보게 된 것은 '울트라맨' 시리즈를 거쳐 연속극부터였습니다. 처음에는 〈고마워〉〈무꽃〉〈배짱있는 엄마〉 같은 홈드라마가 시작이었습니다. 가장 좋아했던 방송은 도시바 일요극장¹. 이 방송을 매주 즐겨 보는 초등학생은 제 주위에는 별로 없었습니다. 그 외에는 평일 저녁에 재방송하는

〈청춘이란 무엇인가〉나 〈이것이 청춘이다〉를 비롯한 학원 드라마. 당시에는 꽤나 뜨거운 소년이었네요. 이 흐름으로 〈나는 남자다!〉나 〈유히가오카의 총리대신〉까지는 전부 봤습니다.

중학생 때는 도시바 일요극장의 '우리 집 본관'[2] 시리즈나 〈반에이(홋카이도의 짐수레 경마 ― 옮긴이)〉[3] 등 야치구사 가오루나 고바야시 게이주가 나오는 드라마를 좋아했습니다. 모두 홋카이도가 무대였던 이 드라마들의 각본을 구라모토 소[4]가 썼다는 사실을 대학생 때 알게 되었는데, 마지막에 나오는 HBC(홋카이도 방송)라는 제작사 이름이 인상에 강렬하게 남아서 실은 입사 면접도 봤습니다.(유감스럽게도 영업직이어서 사양했지만요.)

그밖에 〈우리들의 여행〉[5] 〈상처투성이 천사〉[6] 〈친애하는 어머님〉 등도 좋아해서 자주 봤습니다.

가끔 "어째서 텔레비전을 하세요?"라는 질문을 받는데, 그러면 저는 "뜻밖의 만남이 텔레비전의 매력이라고 생각하니까요"라고 대답합니다. 돈을 내고 극장으로 보러 간 작품만이 사람의 마음에 남는 것은 아닙니다. 우연히 보고 강렬한 인상을 받아서 그 후의 인생에 적지 않은 영향을 끼친 텔레비전 방송이 사람마다 몇 편쯤 있지 않을까요. 제 경우 그런 방송이 〈돌아온 울트라맨〉이나 사사키 쇼이치로[7] 씨의 드라마입니다.

사사키 쇼이치로는 NHK의 텔레비전 드라마 연출가로 1980년대 전반에 NHK 스페셜에서 '강' 시리즈라는 프로그램을 방송했습니다. 〈사계 · 유토피아노〉[8] 〈강의 흐름은 바이올린 소리 : 이탈리아 · 포 강〉[9] 〈봄 · 소리의 빛 리버 슬로바키아 편〉[10] 등은 모두 매우 음악적이고 시적이어서 텔레비전 드라마의 틀을 완전히 뛰어넘었으며, 지금 봐도 아주 참신합니다. 아마도 16밀리 카메라인 것 같은데 전편을 필름으로 촬영했고 카메라는 핸드헬드, 조명은 자연광뿐입니다. 그 거친 질감과 전편에 흐르는 음악의 섬세함이 뭐라 말할 수 없는 매력을 내뿜습니다.

스토리는 어느 작품이든 에이코라는 여성이 피아노의 고향이나 바이올린의 고향 등을 방문한다는 내용입니다. 그런데 에이코를 연기하는 나카오 사치요 씨는 배우가 아니고, 그 지방에서 에이코가 만나는 사람들 역시 전부 현지인으로 배우가 아닙니다. 다시 말해 연출가와 촬영지는 다큐멘터리인데 구조 자체는 픽션인 매우 불가사의한 구성입니다. 방송이 시작되면서부터 흐르는 공기가 다르달까요. 민영방송 드라마의 일반적인 스타일과는 완전히 선을 긋는 독자적인 세계관이 거기에 있었습니다.

사사키 씨는 텔레비전인이라기보다 오히려 음악인입니다. 예능국 라디오 문예부에서 라디오 드라마 연출가로 경력을 시작했

〈그때였을지도 모른다 : 텔레비전에게 '나'란 무엇인가〉 2008년 5월 28일 방송 | TBS BS-i 보도의 혼 | 90분 | ATP상 우수상 **개요** TBS에서 독립하여 티브이맨 유니언을 설립한 고 무라키 요시히코와 고 하기모토 하루히코 생전의 롱 인터뷰에 두 사람이 만든 1960년대 다큐멘터리 영상을 교차편집하여 텔레비전 격동기의 모습을 드러낸다.

7장. 텔레비전에 의한 텔레비전론

고, 1966년에는 데라야마 슈지[11]와 짝을 이루어 〈코멧 이케야〉[12]로 이탈리아상[13] 라디오 드라마 부문 그랑프리도 받았습니다. 그 뒤 1968년에 텔레비전 드라마부로 이동하여 첫 텔레비전 드라마 〈마더〉[14]로는 몬테카를로 텔레비전 페스티벌[15] 최우수 작품상을, 앞서 말한 〈사계·유토피아노〉로는 이탈리아상 텔레비전 드라마 방송 부문 그랑프리와 국제 에미상[16] 우수작품상 등을 받았습니다. 하지만 이렇게 수상 이력을 늘어놓는 것으로는 사사키 씨 작품의 매력과 독창성을 다 표현할 수 없겠지요.

사사키 씨의 작품은 드라마라고 부를 정도로 이야기가 명쾌하게 전개되지는 않아서, 밤 9시대여도 시청률이 3~4퍼센트 정도였던 것 같습니다. NHK라고는 해도 시청률이 생명이니 수상이 드물어진 시점에서 사사키 씨는 어쩔 수 없이 배우를 써서 텔레비전 드라마를 찍게 되었습니다. 독자적인 세계관은 점차 사라졌고, 그는 1995년 NHK를 정년퇴직했습니다. 그 뒤로는 한때 티브이맨 유니언에 소속된 시기도 있었고, 2014년에는 〈민영 배음의 법칙〉[17]이라는 영화의 감독 및 각본을 맡았습니다.

건방진 말입니다만 제게는 사사키 씨의 작품이 당시 방영된 그 어떤 일본 영화보다 참신하게 느껴졌습니다. '텔레비전에서 이런 걸 할 수 있구나!'라는 큰 충격을 받았습니다. 그런 저에게는 틀림없이 사사키 씨의 작품과 뒤에서 다룰 무라키 요시히코 씨와의 만남이 영화에서 텔레비전으로 자신의 방향성을 바꾸는 커다란 계기였습니다. 저는 '이런 게 가능하다면 나도 텔레비전에서 뭔가 할 수 있을지도 몰라'라고 생각해서 텔레비전 세계로 발을 들여놓았던 것입니다.

하지만 실은 텔레비전이 굉장했다기보다 사사키 씨와 무라키 씨가 굉장했다는 것은 나중에야 깨달았습니다.

무라키 요시히코와 그의 책 《너는 그저 현재일 뿐이다》

소설가라고 해야 할까요, 글로 먹고사는 사람이 되고 싶다고 막연하게 생각하며 대학에 들어갔지만, 텔레비전 소년이었던 저는 수업에는 거의 들어가지 않고 잇달아 출판되던 구라모토 소나, 무코다 구니코, 야마다 다이치, 이치카와 신이치의 시나리오집만 읽어 댔습니다. 또 영화에도 푹 빠져서 학교에는 가지 않고 아르바이트로 번 돈은 전부 책과 영화에 쏟아부었습니다. 영화업계가 사양길로 접어들며 촬영소 시스템도 붕괴된 시대에 어떻게 하면 영상 일을 할 수 있는 건지도 모르는 채 각본가의 길을 가려는 마음도 적잖이 품고 있었습니다.

그때가 대학교 4학년 말이었는데, 배우 아리모리 나리미 씨의 데뷔작 〈별이 빛나는 하늘의 저쪽 나라〉[18]라는 매우 사랑스러운 판타지 영화를 이케부쿠로의 분게이자에서 보게 되었습니다. 저는 초기의 오바야시 노부히코[19] 감독 같은 분위기를 가진 이 작품에 매우 호감을 느꼈습니다. 감독은 저와 동갑인 고나카 가즈야[20] 씨. 원래 8밀리 자주제작으로 유명한 감독인데 이 작품이 첫 상업영화였습니다. 저는 고나카 씨가 저와 동갑이라는 데 아마 초조함을 느꼈던 것 같습니다. 그의 프로필에 '미디어 워크숍[21] 졸업'이라고 쓰여 있어서 조사해 봤더니 영화학교가 아닌 텔레비전학교였습니다.

그래서 저도 미디어 워크숍에 다니게 되었는데, 입학 면접관이 TBS에서 야마다 다이치의 드라마 프로듀서를 맡았던 오야마 가쓰미[22] 씨와 티브이맨 유니언의 무라키 요시히코 씨였습니다.

무라키 요시히코는 원래 TBS의 연출가입니다. 그러나 1968년 하기모토 하루히코와 함께 비제작 현장으로의 인사이동을 거부했고, 그 직후에 TBS 나리타 사건[23]과 덴 히데오 뉴스 캐스터 해임 사건[24]을 포함하여 90일에 달하는 'TBS 투쟁'[25]이 일어납니다. 이 듬해 TBS를 퇴사한 무라키는 1970년에 하기모토 하루히코, 곤노 쓰토무 등과 함께 방송제작사 티브이맨 유니언을 설립합니다.

1982년에는 방송국과 제작자를 대등한 관계로 만드는 '평등한 파트너'를 목표로 전 일본 텔레비전 방송 제작사 연맹(ATP)[26]을 설립합니다. 1984년에는 티브이맨 유니언 대표를 사직하고, 본인 말에 따르면 "뉴미디어 쪽으로 이동"하기 위해 미디어 개발 거점 'Today&Tomorrow'를 설립하여 대표이사로 취임합니다. 동시에 인재 육성을 위한 사설 학원 '미디어 워크숍' 설립에 참여하여 1987년까지 대표이사 학원장을 맡았는데, 제가 그를 만난 것은 딱 이 무렵입니다.

그 후로도 그의 텔레비전 업계 개혁에 대한 열정은 사그라들지 않아서 1994년에는 마지막 도쿄 지방 방송국 '도쿄 메트로폴리탄 텔레비전(MXTV)'의 제너럴 프로듀서로서 고화질 텔레비전 방송, 24시간 방송, 비디오 저널리스트 채용 등 새로운 미디어의 형태를 모색해 나갔습니다.

미디어 워크숍 수업은 일주일에 두 번으로 반정원은 약 30명 정도였습니다. 매회 선생님이 달라서 굳이 말하자면 교양학교 같은 성격이 강했기 때문에 수업 자체는 특별히 재미있다는 인상을 받지 못했습니다. 저는 거기서 야마다 다이치나 오구리 고헤이[27]의 이야기를 흥미롭게 들은 기억이 있지만, 가장 큰 수확은 뭐니 뭐니 해도 무라키 요시히코가 만든 〈당신은…〉[28] 〈매스컴 Q 제1회 · 나는…(신주쿠 편)〉 〈동同(아카사카 편)〉 〈나의 트위기〉 〈쿨 · 도쿄〉 〈하노이 · 덴 히데오의 증언〉 〈나의 화산〉[29] 등의 텔레비전 방송을 본 것입니다. 사사키 쇼이치로에 이어 '텔레비전에서 이런 걸 할 수 있구나!' 라는 충격이었습니다.

또 무라키 씨와의 만남을 계기로 앞서 말한《너는 그저 현재
일 뿐이다—텔레비전에서 무엇이 가능한가》도 읽었습니다. 무라
키 요시히코, 하기모토 하루히코, 곤노 쓰토무 세 사람의 '텔레비
전에 대한 시행착오'는 매우 흥미로웠고, 특히 무라키의 이념이
나 철학은 그의 작품 이상으로 저를 텔레비전으로 향하게 만들기
에 충분한 영향력이 있었습니다. 과거를 돌아보며 쓰자니 그렇지
만, 솔직히 텔레비전 제작 경험이 전혀 없었던 당시의 제가《너는
그저 현재일 뿐이다》를 얼마나 이해했을지 생각하면 불안할 따
름입니다. 오히려 저를 강렬하게 매료시킨 것은 무라키 요시히코
본인이 아니었나 합니다. 여하튼 그는 멋있었습니다. 섹시한 면
이 있었고 말투는 어디까지나 온화하고 지적이었으며 언성을 높
이거나 남을 험담하는 일은 전혀 없었습니다. 그러면서도 만드는
것, 쓰는 것은 격렬한 분노와 투철한 사고로 일관되어 있었습니
다. 저는 처음으로 동성으로서 반할 수 있는 매력적인 어른 남자
를 만났습니다.

정신적 아버지의 죽음, 그 애도 작업

무라키 요시히코는 제가 텔레비전을 생업으로 삼은 계기와 같은 존재지만 그와 같은 연출가가 되겠다고 생각한 적은 없습니다. 말하자면 제게 무라키 씨는 정신적 아버지였습니다. 〈원더풀 라이프〉부터 〈공기인형〉까지 프로듀서였던 야스다 마사히로 씨가 저의 정신적, 경제적 아버지였던 것처럼요. 두 '아버지'는 돌아가셨지만, 지금도 저는 무언가를 생각할 때 '무라키 씨라면 어떻게 생각할까' '야스다 씨라면 어떻게 말할까' 하며 하나하나 마음속에서 참고합니다.

2008년 저는 〈그때였을지도 모른다 : 텔레비전에게 '나'란 무엇인가〉라는 방송을 만들었습니다.

이 방송은 무라키 요시히코와 역시 티브이맨 유니언의 창설자였던 하기모토 하루히코의 생전 인터뷰에 그들이 온 힘을 쏟았던 1960년대의 텔레비전 다큐멘터리 영상을 교차편집하여 구성했습니다. 당시의 방송 내용을 여기에 옮겨 보겠습니다.

2008년 1월 21일, 미디어 프로듀서 무라키 요시히코가
죽었다. 무라키는 1959년 라디오도쿄(현 TBS)에
입사했고, 1966년에 하기모토 하루히코와 다큐멘터리

방송 〈당신은…〉을 공동 연출한다. 가두녹음 형식으로 17개의 같은 질문을 연달아 일반인들에게 던지는 참신한 방법이 당시 커다란 반향을 불러일으켜 그 후 텔레비전 다큐멘터리에 지대한 영향을 끼친 작품이다. 두 사람이 연출하는 방송의 근저에는 언제나 '텔레비전이란 무엇인가'라는 본질적인 물음이 있었다. 그 후 하기모토는 〈일장기〉를 제작했는데, 이는 정부로부터 '편향된 방송'이라는 비판을 받아 방송계 전체를 휩쓴 커다란 사건으로 번졌다. 무라키가 연출한 〈하노이·덴 히데오의 증언〉도 지나치게 반미적이라는 정부의 비판을 받아서 덴 히데오가 캐스터를 사임했고 무라키 본인도 제작 현장에서 쫓겨났다. 방송에서는 1968년 전후의 텔레비전 청춘시대에 스스로의 청춘을 포개며 텔레비전을 진지하게 맞대하려 한 두 제작자에 초점을 맞추어 그들의 생전 인터뷰를 중심으로 텔레비전의 분기점이 된 40년 전의 '사건'을 되물음으로써, 이제껏 텔레비전이 너무도 등한시했던 자기 검증을 텔레비전을 통해 실행하며 텔레비전의 '지금'과 마주한다.

당시 저는 그 전년도 12월부터 Cocco 취재를 시작해서, 무라키 씨가 돌아가신 1월 21일에 서둘러 게이오 병원으로 갔다가 다음 날에는 오키나와 현장으로 향했습니다.

그러는 와중에 TBS 보도국 프로듀서 아키야마 히로유키 씨로부터 연락을 받았습니다. "고레에다 씨가 예전에 무라키 씨를 인터뷰했다고 들었는데, 그것을 토대로 방송을 만들어 보지 않겠어요?" 처음에는 거절했습니다. 인터뷰라 해도 13년이나 지났고, 게다가 티브이맨 유니언 입사를 희망하는 대학생에게 하는 이야기이고 제가 직접 질문하는 것도 아니어서 방송으로 만들 수 있을지 감이 잡히지 않았습니다.

하지만 오키나와 현장에서 돌아와 인터뷰 자료를 창고에서 꺼내 다시 봤더니 무척 재미있었습니다. 인터뷰어가 동업자나 평론가가 아니어서 하기모토 씨도 무라키 씨도 경계심이 풀렸는지, 꾸밈없이 알기 쉬운 언어로 제작자로서의 청춘 시절을 이야기해 줬습니다. 저는 TBS의 영상 라이브러리에 남아 있는 1960년대 당시 방송이나 관련 자료를 꺼내서 다시 보는 작업을 진행했습니다. 방송은 대부분 과거에 본 것이었지만 자료는 처음 보는 것이 많았습니다. 그것은 '1960년대의 텔레비전을 어떻게 파악할 것인가'를 말해 주는 자료였으며, 동시에 '텔레비전이 취했을지도 모를 또 하나의 형태'도 암시하는 듯해서 덕분에 방송의 골격도 보이기 시작했습니다.

7장. 텔레비전에 의한 텔레비전론

텔레비전에서 무엇이 가능한가

방송에서는 무라키 씨의 "텔레비전의 적은 예술과 저널리즘이다"라는 말을 소개했는데, 여기에는 매우 깊은 뜻이 담겨 있습니다.

우선 '저널리즘'에 대해 말하자면, 실은 뉴스를 포함한 텔레비전 보도는 신문과 라디오 뉴스를 모델로 삼고 있습니다. 이때 근대 저널리즘이 근거로 삼는 '객관·중립·공평'이라는 객관주의와 객관 보도 원칙을 텔레비전으로 가져왔고요. 한편 무라키 씨와 그 동료들은 텔레비전에는 텔레비전의 새로운 보도 형태가 만들어져야 한다고 생각했습니다. 무라키 씨에게는 생중계가 그것을 깨부술 수 있는 하나의 방법이라고 생각하는 면이 있었습니다. 하기모토 씨도 그런 텔레비전의 특성 중 하나를 "As it is"라는 문구로 표현했습니다. '있는 그대로' 드러내는 것. 즉 연출가라는 '권력'이 재편한 작품을 내놓는 것이 아니라 상황을 시간에 더욱 개방해 나가는 것. 그것이야말로 텔레비전이며, 그러므로 텔레비전은 (작가 자신도 포함한) 모든 '권력'에 대한 '반권력'이라는 자기 인식이 있었습니다. 다시 말해 텔레비전은 더욱 야만적이어도 좋다는 사고방식이며, 텔레비전 보도가 '생방송으로 대표되는 텔레비전만의 매력'을 잃어 가는 것을 걱정하며 "적敵이다"라고 표현했습니다.

다음으로 '예술'인데, 텔레비전 드라마는 영화를 모방하면서 시작하여 "영화 같다"는 말을 듣는 게 칭찬이라고 여겼습니다. 무라키 씨는 그게 아니라 영화로부터 거리를 두고 텔레비전 드라마가 어떤 모습이어야 할지를 궁리하고, 그 부분을 끝까지 파고들어야 한다고 생각했습니다. 또 예술은 작가의 것이므로 영화는 감독의 것이지만, 텔레비전 방송 역시 그런 식으로 존재한다는 점에는 이론異論이 있으며, 오히려 '작가'로 한데 묶이지 않는 것을 목표로 삼았습니다.

이런 뜻이 담긴 것이 1장에서 《너는 그저 현재일 뿐이다》 가운데 인용한 "텔레비전은 재즈다"라는 말입니다. 텔레비전은 오히려 그 장소, 그 시간을 동시에 공유한 사람들에 의해 만들어져서 흘렀다가 사라지는 것, 레코드라는 형태로 상품화되지 않는 재즈를 목표로 삼아야 한다는 뜻입니다.

그래서 이 책은 저자가 셋이지만 어느 부분을 누가 썼는지 명확치 않습니다. 이는 작가성을 반영시키지 않는 텔레비전과 같은 공동 작업을 통해 한 권의 책을 쓴 결과입니다. 그런 면에서는 상당히 과격한 책이라고 할 수 있습니다.

영화를 시작한 이후 남들이 저를 작가로 보게 되어서 '무라키 칠드런'으로서는 다소 마음이 켕겼습니다. 〈아무도 모른다〉를 찍은 뒤였던 것 같은데, 요요기하치만 역 건널목에서 전철이 지나가

7장. 텔레비전에 의한 텔레비전론

기를 기다리던 중 우연히 무라키 씨를 만났습니다. "지금 작가가 되어 가는 자신과 무라키 씨가 당시 하려 했던 작가로 묶이지 않는 방송이나 작품 제작 사이에 조금씩 괴리가 생기는 느낌이 든다'고 솔직하게 마음을 털어놓았습니다. 무라키 씨는 부정은 하지 않고 평소처럼 온화하게 미소 지으며 "다채널 시대로 들어와 오히려 지금은 사람들이 텔레비전을 볼 때 개인의 이름으로 보는 시대가 되었으니 전혀 상관없지 않은가'라고 말씀해 주셨습니다.

무라키 씨는 결코 '이렇게 되어야 한다'고 단정하지 않고 '이런 것도 가능하지 않은가'라는 식으로 말하는 사람이었습니다. 《너는 그저 현재일 뿐이다》가 "텔레비전이란 무엇인지에 대해 쓴 책이다'라는 말을 들으면, 반드시 "텔레비전이란 무엇이라는 말은 아무도 하지 않았다. '텔레비전에서 무엇이 가능한가'라는 말을 했을 뿐이다'라고 부정했습니다. 그 말인즉슨 "텔레비전이란 무엇이라고 말하는 시점에서 그것은 정의가 되어 한정된다. '텔레비전은 이래야 한다, 텔레비전은 이러면 안 된다'라고 말하지 않는 것이 텔레비전이다'라는 뜻이었을 겁니다. 하기모토 씨나 곤노 씨도 마찬가지였습니다.

제가 만든 작품은 방송된 후 상당한 반향을 불러일으켰습니다. 제 작품에 대한 반향이라기보다 무라키 씨와 하기모토 씨가 그 당시 제작한 방송에 대한 반향이었는데, 그들의 작품을 처음 봤을 때의 저와 마찬가지로 "이렇게 재미있는 걸 텔레비전에서 할 수 있었어?"라는 의견이 많았습니다. 하지만 그런 말 자체가 '텔레비전이 얼마나 재미없다고 여겨지는가'에 대한 반증이니, 텔레비전에 관여해 온 저로서는 일부분 책임을 느낄 수밖에 없습니다.

'티브이맨의 기개'가 있었던 시절

이 방송을 만들며 새삼 느낀 점이 있습니다.

앞에서 '텔레비전이 취했을지도 모를 또 하나의 형태'라고 말했는데, 사실 무라키 씨나 하기모토 씨가 분투했던 시대와 현재는 텔레비전이 놓인 상황이 다릅니다. 당연한 이야기지만 당시와 같은 것을 하면 재미있다는 뜻이 아닙니다.

가령 방송에서 소개한 〈매스컴 Q 제1회·나는…(신주쿠 편)〉〈동同(아카사카 편)〉은 중계차를 거리로 가져가서 모여든 사람들에게 1분을 주고 자유로운 내용으로 말하게 하고(단, 배우를 딱 한 명만 심어 둡니다), 그 옆에서 미도리 마코가 들어온 뉴스를 읽으며, 광고는 자막으로 그때마다 넣는 '중계 다큐멘터리' 형식을 취하고 있습니다. 즉 하나의 공간 속에서 지금 현재 일어나는 일을 '하나의 시간 흐름'으로서 한 장면으로 보여 주는 것입니다. 무라키 요시히코는 "텔레비전의 특성이란 무엇인가?"라는 질문에 "시간과 상상력의 동시 진행"이라고 대답했는데, 그야말로 '시간과 상상력이 동시에 진행되는 것이 텔레비전 아닌가?'라는 가설을 바탕으로 만든 하나의 실험 방송이라고 할 수 있겠지요.

그러나 당시 신문 평에서는 "이야기의 내용에 의미가 없다"는 등 "질질 끌어서 재미없었다"는 둥 호된 말을 들었습니다. 확실히 일반 시민이 1분 동안 말하는 내용에 극적인 재미는 없었을지도 모릅니다. 하지만 연출가가 거기서 무엇을 하려 했는지, 텔레비전을 어떻게 파악하려 했는지가 보이면 별안간 재미있어집니다.

텔레비전 생중계의 매력은 편집이라는 형태로 시간을 토막 내지 않는다는 점입니다. 통째로 하나의 시간을 보여 주고, 무언가가 변해 가는 과정을 보는 사람과도 공유하는 것. 이는 다큐멘터리나 텔레비전 같은 시간 예술에는 매우 중요하며, 이를 통해 (방송국, 정부, 연출가 등 모든) 권력의 개입을 막을 수 있다는 장점도 있습니다.

단, 물리적으로 생중계되는 것과 보는 사람 안에서 공유되는 중계감은 별개가 아닌가 합니다. 창작자가 방송을 재구성했다 해도, 요컨대 생방송이 아니어도 보는 사람이 라이브처럼 과정을 체험할 수 있으면 괜찮지 않을까요. 즉 중요한 것은 '생'이 아니라 '중계' 쪽이지 않을까요. 이런 사고방식은 확실히 텔레비전스럽다기보다 영화스러울지도 모르겠습니다⋯⋯.

가령 녹화해서 보는 게 당연해진 현대에 생중계의 매력이 최대한 살아 있는 방송은 스포츠와 뉴스입니다. 저는 방송국 사람이 아니니 이 두 방송과는 연관될 일이 없어서 '생중계'를 저의 텔레비전론의 기둥으로 생각하기 힘든 면이 있는 것 같습니다.

텔레비전이 생기고 몇 년 동안은 '텔레비전이란 무엇인가?'라는 자문자답을 하지 않아도 좋았습니다. 그러나 1960년대 후반에 텔레비전 탄생 10주년을 맞이하며 스스로의 정체성에 대해 생각해야만 하는 시대에 접어들었습니다. 그 무렵의 방송이 재미있는 이유는 '텔레비전이란 무엇인가?'라는 연출가의 질문과 모색을 읽을 수 있기 때문이겠지요.

하지만 그런 자문자답은 1970년대로 끝나 버렸습니다. 무라키 씨의 말을 빌리자면 "본질을 묻는 근본적인 작업은 기업이 안정됨에 따라 배제되는" 것입니다. 요컨대 방송국이 일류 기업이 되어 버려서 그 안에서 스스로를 묻는 행위는 배제될 수밖에 없어졌습니다.

무라키 씨나 하기모토 씨는 그런 자문자답이 끝난 시대에도 상당한 공격을 아랑곳하지 않으며 방송을 만들었습니다. 당시 TBS 사내에 게시된 회람판 같은 자료에는 "무라키 요시히코가 만드는 것은 뭐가 뭔지 도통 모르겠다"고 쓰여 있었습니다. 근본적인 것은 당시에도 주류가 되지는 않았습니다.

다시 말해 재미있는 방송이 만들어졌던 이유는 시대가 좋았기 때문이 아닙니다. 비난받고 거부당할 것을 알면서도 계속 만들어 나갔던 티브이맨의 '기개'라고도 불러야 할 정신이 있는지 없는 지의 차이입니다.

그들은 굳이 텔레비전을 선택해서 입사한 사람들입니다. 무라키 씨는 물론이고 당시 TBS 드라마를 짊어졌던 가모시타 신이치 씨나 구제 데루히코[30] 씨도 도쿄대 출신으로 일류 기업에 들어가려고 마음먹었다면 들어갈 수 있었을 테고, 이미 사양 산업이긴 했지만 텔레비전보다는 아직 급이 높다고 여겨진 영화업계에도 들어갈 수 있었겠지요. 그런 시대에 텔레비전을 선택한 시점에서 그들은 괴짜, 즉 이단이었을 것이며 '이런 것을 하겠다'는 각오를 처음부터 가지고 있던 사람들이었겠지요.

또한 1960~1970년대 전반의 특징은 '텔레비전은 재미있어 보인다'고 텔레비전 바깥의 사람들이 생각했다는 점입니다. 민영방송을 이끌었던 TBS 연출가 주위에는 데라야마 슈지, 다니카와 슌타로, 다케미쓰 도루[31] 등 연극인, 시인, 음악가 들이 모여 있었습니다. 그러한 다른 문화, 업종과의 교류 속에서 매우 수준 높은 방송이 태어났다는 점도 부럽습니다.

무라키, 하기모토, 곤노, 삼인삼색의 매력

미디어 워크숍에서 만난 무라키 요시히코의 첫인상은 지적이고 섹시한 사람. 당시 40대 중반이었지만 이미 성숙한 지식인이었습니다.

그러나 그의 참된 멋을 알게 된 것은 제가 일을 시작하고 《너는 그저 현재일 뿐이다》를 다시 읽은 다음부터였습니다. 대학 시절 처음 읽었을 때는 왠지 그들을 좌익이라고 생각했습니다. '일장기'를 제재로 (하기모토 씨의 말을 빌리자면) 시민들의 보수성을 비판하는 방송을 건국기념일에 내보내거나, 조합 투쟁을 거쳐 TBS라는 대기업에서 뛰쳐나와 티브이맨 유니언을 만들거나…… 그래서 좌익이구나, 하고요. 하지만 알면 알수록 정치적인 냄새가 나지 않는 사람들이었습니다. 노동조합의 투쟁에 휩쓸리는 것을 거부하고 "너희들도 적이다"라고 말하기 시작합니다. '만들고 싶은 것을 만든다'는 자신들의 철학을 지킬 때 기업의 상층부뿐만 아니라 그 자유를 인정하려 하지 않았던 조합도 적이라는 자세를 취했다는 점에 저는 매우 감명받았습니다.

저는 티브이맨 유니언에 들어가 직접 다큐멘터리를 찍게 되고부터 무라키 씨를 때때로 만나 이야기를 들었습니다. 그때 무라키 씨는 더 이상 텔레비전 방송은 만들지 않았고 티브이맨 유니언과도 거리를 두고 있어서 평소에는 거의 대화할 기회가 없었습니다. 〈그때였을지도 모른다〉에서 쓴 첫 번째 인터뷰도 〈다큐멘터리의 정의〉라는 방송을 만들기 위해 이야기를 들으러 갔을 때의 것입니다. 그 후로도 영화를 찍을 때마다 무라키 씨의 시간을 얻어 이야기를 들었습니다. 참 귀중한 시간이었다고 생각합니다.

하기모토 하루히코 씨와는 직접적인 관계가 거의 없습니다. 제가 티브이맨 유니언에 들어갔을 때는 산토리홀 오프닝 시리즈 종합 프로듀서(1986년 취임)나 카잘스홀 종합 프로듀서(1987년 취임) 등 음악 방면으로 중심축을 옮겨서, 몇 편쯤은 다큐멘터리를 만들었지만 거의 곤노 쓰토무 씨와만 팀을 이루었습니다. 사기꾼처럼 말솜씨가 아주 좋아서 어디까지가 사실이고 어디부터가 지어낸 이야기인지 전혀 알 수 없었습니다. 타고난 프로듀서 기질이었달까요. 사람과 사람을 만나게 하는 것을 좋아했고 또 잘했습니다.

사실 제가 입사 시험을 쳤을 때 저를 좋게 평가해 준 사람은 하기모토 씨였습니다. 최종 면접에서 면접관과 언쟁이 벌어지자 "아니, 그가 말하는 건 그게 아니라 조금 더 본질적인 텔레비전론 아닌가"라며 옹호해 주셨던 것을 기억합니다. 그 후 복도에서 마주칠 때면 "고레에다, 그 기획서 좋았어"라고 말을 걸어 주시는 정도의 교류는 있었습니다.

곤노 쓰토무 씨와는 2012년 2월에 자座·고엔지 다큐멘터리 페스티벌[32]에서 대담을 했습니다. 그 대담에서 곤노 씨가 의뢰받은 일 가운데 거절한 작업이 없다는 말을 듣고 놀랐습니다. 기본적으로 전부 수락한다는 자세입니다.

예를 들어 곤노 씨는 1977년에 방영한 에토 준[33] 원작, 나카다이 다쓰야와 요시나가 사유리 주연의 〈바다는 되살아난다〉[34]라는 일본 텔레비전 사상 첫 3시간짜리 드라마를 연출했습니다. 일본 해군 근대화에 에너지를 쏟아부은 메이지 시대의 영웅호걸 야마모토 곤노효에의 반생을 축으로 개국부터 러일전쟁까지를 그린 작품입니다.

만약 제가 이 기획을 의뢰받았다면 거절했을 겁니다. 제가 좌익은 아니지만 아무리 그렇다 해도 이긴 전쟁의 영웅을 주인공으로 그리고 싶지는 않습니다. 하지만 곤노 씨는 '러일전쟁의 영웅담으로 만들지 않으려면 어떻게 해야 할까'를 생각했다고 합니다.

우선 야마모토 곤노효에가 시나가와의 유곽을 방문하여 거기서 일하기 시작한 여성을 유곽에서 탈출시켜 아내로 삼는 이야기를 넣었습니다. 또 한 사람, 해군 유학생으로 러시아에 부임하여 거기서 자작 영애와 사랑에 빠지는 히로세 다케오라는 실존 인물도 그렸습니다. 다시 말해 곤노 씨는 드라마를 두 여성의 이야기로 바꾼 것입니다. 게다가 곤노 씨는 이 3시간짜리 드라마를 나중에 45분으로 편집하는데, 거기서는 두 여성의 이야기가 주축이 되어서 개인적으로는 3시간 버전보다 훨씬 재미있었습니다.

그런 곤노 씨 같은 터프함을 가지고 있지 않으면 텔레비전의 최전선에서는 활약할 수 없다는 점을 새삼 느꼈습니다.

2장에서도 썼지만 저는 1년 동안 티브이맨 유니언에 있으면서 제작 현장에 반발하여 출근을 거부했고, 개인적으로 나가노 현의 이나 초등학교를 찍기 시작했습니다. 하지만 곧바로 이나 초등학교를 방송으로 만들고 싶어져서 티브이맨 유니언의 멤버 총회에서 "죄송했습니다. 한 번 더 일하게 해 주십시오" 하고 사죄한 적이 있습니다. 그 순간 내내 침묵을 지키던 곤노 씨가 이렇게 말했습니다.

"앞으로 연출가가 되려는 인간이 고작 사내 사람과 옥신각신하거나 출근을 거부하는 건 너무 유약하다. 연출가는 외부 스태프나 배우와 터프한 협상을 해야만 하는 직업이다. 그래서는 연출가가 될 수 없다."

그때까지 태도가 나쁘다거나 건방지다는 말을 들어도 전혀 상관없었는데, 곤노 씨의 이 말은 상당히 쓰라렸습니다. 30년 가까이 지났지만 분명히 기억합니다. 역시 곤노 씨 본인이 상당히 터프하다는 증거이며, 진정한 의미에서 어른인 거겠지요.

그런 어른이 몇 명 있어 준 덕분에 저는 텔레비전을 그만두지 않을 수 있었습니다.

나쁜 것은 모두 하기모토 긴이치다

2010

1970년대, 텔레비전을 해체한 사람들

2009년 가을, 방송윤리·프로그램 향상기구(BPO)[35]는 '버라이어티 프로그램에 관한 의견서'를 발표했습니다. 이는 방송국에 대한 '비판에 입각한 성원'이며, 내용에 매우 깊이가 있었습니다.

NONFIX에서 계속 함께 일한 후지TV 프로듀서 오가와 신이치 씨는 그해에 편성국 차장으로 취임하기도 해서 이 의견서에 대해 리액션을 취하려 했던 모양입니다. 우선 비판의 대상이 된 〈메차메차 이케테루(엄청나게 멋있어, 엄청나게 재미있어 등의 뜻—옮긴이)〉[36]!의 스태프에게 프로그램을 한 편 만들게 함과 동시에, 방송국 사람이 아닌 외부인에게 '지금 버라이어티를 어떻게 생각하는가'를 주제로 한 편 만들게 하려는 생각으로 저에게 의뢰를 했습니다.

그 의뢰를 받아들여 만든 것이 〈나쁜 것은 모두 하기모토 긴이치[37]다〉라는 작품입니다.

저는 '텔레비전의 버라이어티가 빈축을 계속 사는 원인을 만든 범인은 하기모토 긴이치다'라고 구태여 가정하고, 하기모토 씨를 공개재판에 회부하는 다큐멘터리를 생각했습니다. 이제까지의 버라이어티 역사를 영상으로 되짚으며 의견서에서 다룬 '따돌림' '저속함' '아마추어 놀리기' 등 버라이어티가 미움을 사는 일곱 가지 원인을 검증하고, 변호인 측 증인으로 "기존의 것을 부수는 게 텔레비전의 웃음"이라고 정의하는 닛폰TV '전파소년' 시리즈[38]의 전 T부장, 즉 쓰치야 도시오[39] 씨와 전 '익살 디렉터즈'[40]의 미야케 게이스케[41] 씨를 불러 증언을 받는 구성입니다.

어째서 하기모토 긴이치 씨인가 하면, 개인적으로 1970년대의 텔레비전을 이야기할 때 빼놓을 수 없는 네 사람 중 하나라고 생각했기 때문입니다.

저는 리쓰메이칸 대학에서 2005년부터 11년 동안 '영상론'이라는 강의를 했는데, 거기서 총 15회 동안 주로 1960년대 텔레비전 방송을 다루며 '텔레비전 초창기에 어떤 시도가 있었는가'를 학생들에게 가르쳤습니다. 그 연장선상에서 '그러면 텔레비전에게 1970년대란 무엇이었나'를 생각하게 된 것입니다.

1970년대의 특징으로 들 수 있는 건 '장르의 횡단'과 '해체'입니다. 그러므로 1960년대와는 다른 형태의 '텔레비전 비평'이 등장합니다.

그 주역 중 하나가 다하라 소이치로[42]입니다.

다하라 씨는 1964~1977년까지 도쿄 12채널(현 TV도쿄)에서 다큐멘터리를 연출했습니다. 그 가운데 하나인 〈다큐멘터리 청춘〉[43]은 방송 그 자체가 다하라 소이치로의 '다큐멘터리론'이었습니다. 예를 들어 방송에 출연한 연인에게 '이 두 사람에게는 커플을 연기해 달라고 했습니다'라는 설명을 넣는 등 '다큐멘터리는 전부 조작'이라는 점을 시청자에게 알리는 방송을 만든 것입니다.

또 한 사람이 이타미 주조[44]입니다. 이타미 씨는 지금은 영화감독으로 더 잘 알려졌을지 모르지만, 1971년 티브이맨 유니언에서 만든 인기 방송 〈멀리 가고 싶어〉[45]에 출연한 이후 텔레비전의 가능성과 재미에 눈떠서 그 후로는 연출뿐만 아니라 제작 스태프로도 활동했습니다.

가령 1975년 방영된 〈태평양 전쟁 비화 '긴급암호문, 조국이여 평화로워라!' : 유럽에서 사랑을 담아〉[46]에서는 티브이맨 유니언의 곤노 쓰토무 씨와 팀을 이루어 드라마와 다큐멘터리라는 서로

〈나쁜 것은 모두 하기모토 긴이치다〉 2010년 3월 27일 방송 | 후지TV 채널시그마 | 60분 **개요** 2009년 가을, BPO의 '버라이어티 프로그램에 관한 의견서'를 받고 '우리의 후지TV 버라이어티 선언'을 채택함에 따라 관련 특집 프로그램으로 방영. 버라이어티의 역사와 공과를 독자적인 관점으로 검증했다.

7장. 텔레비전에 의한 텔레비전론

다른 장르를 융합시킨 '다큐멘터리 드라마'를 만들었습니다.

주인공은 후지무라 요시카즈 중령. 전쟁 중 독일과 스위스의 일본대사관에 부임했고, 패전 몇 개월 전에 미국 정보국 OSS(CIA 의 전신)의 책임자 앨런 덜레스와 접촉하여 평화 공작을 시도했다는 실존 인물입니다. 나카다이 다쓰야가 이 중령을 연기하는데, 드라마가 한창 진행되는 도중에 갑자기 리포터 차림으로 등장한 이타미 주조가 "지금 여기서는 후지무라와 덜레스가 교섭을 시작했습니다"라며 중계를 시작합니다.

이처럼 이타미 씨는 다큐멘터리와 드라마를 충돌시켜 해체하는 역할을 '이타미 주조' 본인에게 맡겼습니다. 본인의 텔레비전론 및 텔레비전관이 매우 잘 투영되었다고 생각합니다.

드라마 분야에서 '해체'를 진행한 것은 연출가 구제 데루히코입니다.

〈나쁜 것은 모두 하기모토 긴이치다〉에서도 다루었지만, 1960년대에는 각본가 하시다 스가코[47]를 중심으로 고전적이고 보수적인 홈드라마가 방송되었습니다. 구제 씨는 그것을 깨부수려 했습니다. 무코다 구니코 씨와 짝을 이루어 드라마를 버라이어티화하기 시작한 것입니다.

이를테면 아사다 미요코나 아마치 마리 같은 당시 전성기의 아이돌을 캐스팅하고 장면에 따라서는 거의 애드리브로 찍거나 드라마인데도 전체를 생방송하는 등 어떤 면에서는 제멋대로였습니다.

충격적이었던 것은 〈무 일족〉[48] 제30회. 이 작품은 창업한 지 90년 된 일본 버선 가게 '우사기야'를 무대로 한 홈드라마인데, 첫 부분에 구메 히로시가 우사기야의 거실에 등장해서 당시의 인기 방송 〈정답 딩동 딩동〉[49]을 생방송으로 재현합니다. 게다가 "이제부터 이 아카사카의 TBS 주위를 달릴 사람은 누구누구일까요?"라는 질문에 드라마의 등장인물이 대답하고, 최종적으로 고 히로미와 시미즈 겐타로가 TBS 주위를 달리는 영상이 드라마와 나란히 중계됩니다. 구제 씨는 보수적인 홈드라마를 어디까지 깨부술 수 있는지 과감하게 도전했습니다.

이는 분명 구제 씨의 영화에 대한 대항의식이랄지, 텔레비전에서만 할 수 있는 것을 철저하게 추구하는 자세의 표현이라고 생각합니다. 아주 냉소적인 '텔레비전꾼'으로서의 자부심이라 해도 좋을지 모릅니다. 게다가 구제 씨가 빼어났던 점은 밤 9시대에 그런 방송을 내보내서 시청률 30퍼센트를 달성했다는 것입니다. 굉장하지요.

7장. 텔레비전에 의한 텔레비전론

'해체'의 배경에는 철학이 있다

그리고 네 번째가 하기모토 긴이치. 버라이어티 분야에서 '해체'를 실행한 사람입니다.

우선 텔레비전 버라이어티에는 두 가지 원류가 있습니다.

첫 번째는 TBS 계열에서 방영된 시대극풍 코미디 프로그램 〈데나몬야 삿갓〉[50]이나 마이니치 방송에서 지금도 하고 있는 장수 코미디 프로그램 〈요시모토 신희극〉[51] 등으로 대표되는, 홀이나 극장에서 하는 쇼를 그대로 중계하거나 녹화해서 방송하는 버라이어티입니다.

다른 하나는 미국에서 온 스타일이라고 하는데 〈비눗방울 홀리데이〉[52]로 대표되는 노래와 춤, 콩트가 있는, 가요쇼에 속하는 버라이어티입니다. 이 두 부류가 오랜 세월 텔레비전 버라이어티의 왕도였지요.

반면 하기모토 씨는 무엇을 시도했는가 하면, 마이크 하나를 들고 카메라와 함께 스튜디오에서 거리로 나가 일반인을 끌어들였습니다. 이는 매우 획기적이었으며, 동시에 텔레비전의 아마추어화이기도 했습니다. 즉 텔레비전을 '재주가 없어도 나올 수 있는 장소'로 바꾼 것이지요. 이는 커다란 전환점이었습니다. '남의 실수는 재미있다'는 점을 발견한 것도 하기모토 씨입니다. 아마추어 놀리기도 그렇고 NG 대상도 그렇습니다. 텔레비전 버라이어티라는 분야의 큰 흐름이 하기모토 긴이치로부터 시작된 것입니다. 이 시기의 하기모토 긴이치에 대한 시각은 〈나쁜 것은 모두 하기모토 긴이치다〉에 피고인 측 증인으로 출연한 닛폰TV 쓰치야 씨의 사고방식에 입각했습니다. 방송 사전 미팅으로 만나서 쓰치야 씨가 하기모토 긴이치에 대해 이야기할 때 텔레비전을 '부순다'는 말이 나왔고, 그로 인해 방송 주제가 '파괴'라는 점이 뚜렷하게 보였습니다.

하기모토 씨가 어째서 아마추어를 끌어들였는가 하면, 함께 '콩트 55호'라는 콤비를 결성했던 사카가미 지로[53] 씨에 비해 자신이 너무도 재능이 없다는 점을 알고 있었기 때문이 아닐까 합니다. 지로 씨는 노래를 부를 수 있고 연기도 할 수 있습니다. 하기모토 씨는 못하고요. 본인의 콤플렉스가 다른 형태로 꽃을 피웠다고도 할 수 있겠지요.

〈나쁜 것은 모두 하기모토 긴이치다〉라는 방송 제목에 상당한 독기가 있다는 점은 알고 있었지만, 이 제목은 처음부터 정해 두었습니다. 후지TV 측은 "재미있지만 본인이 양해해 주지 않으면 못 쓰겠지요"라고 말했으나 저는 허락해 주시리라고 생각했습니다.

그래서 하기모토 씨의 사무실에 가서 제목 그대로의 기획서를 보여 주며 "텔레비전 버라이어티의 방향성을 바꾼 하기모토 씨의 공과 죄에 대해 이번에는 죄 부분에 초점을 맞추고 싶습니다"라고 솔직하게 말했습니다. 나중에 들어 보니 하기모토 씨는 제목을 본 순간 "잘 지었네"라고 말했다고 합니다. 그런 점이 그의 매력이며, 동시에 누가 어떻게 부정하든 자신이 한 일에 대한 자긍심도 있었던 게 아닐까 싶습니다.

하기모토 씨와는 사전 미팅 때 한 번 만나서 3시간 정도 대화를 나누었는데, 제가 무엇을 찍고 무엇을 비판하려는지 살핀다는 인상을 받았습니다. "나는 어떤 옷을 입고 가면 될까?" "버라이어티야? 다큐멘터리야?" "시청률은 얼마나 나왔으면 좋겠어?" 등의 질문도 하셔서 출연자라는 감각보다 프로듀서로서의 의식이 강한 사람이라고 생각했습니다.

녹화는 6시간 정도. 역시 하기모토 씨도 후반에는 지쳐서 "〈24시간 텔레비전(민영 방송국 31사가 공동으로 주최하는 자선 방송—옮긴이)〉의 사회를 맡은 뒤로 코미디를 하기 어려워졌다"고 말하는 등 어쩔 수 없이 본심이 드러나는 느낌이 들었습니다. 그 말을 듣고 '이걸로 방송이 되겠다'고 생각했습니다.

방송 제작을 위해 하기모토 씨의 버라이어티 프로그램을 다시 보며 버라이어티의 심오함이나 하기모토 긴이치라는 사람이 '시청률 100퍼센트의 남자'[54]라 불린 시대에 무엇을 남기고 무엇을 파괴했는지를 재인식하는 것은 매우 의미 있는 일이었습니다.

또 하기모토 씨는 〈스타 탄생!〉[55]에서 초대 사회자를 맡았는데, 거기서 인연을 맺은 모리 마사코, 사쿠라다 준코, 야마구치 모모에 등의 아이돌 가수를 자신의 방송에 출연시켜 콩트를 시켰습니다. 시미즈 유키코도 그렇지만, 자신이 출발점에서 관계를 맺은 사람에 대한 '어떻게든 싹을 틔워 주자, 다른 면을 이끌어 내자'라는 책임감과 돌보려는 마음이 남보다 배는 더 있는 분이라고 생각했습니다. 이는 방송을 만들며 처음으로 알게 된 점입니다.

미야케 씨와 쓰치야 씨는 한 시대의 텔레비전 버라이어티를 만들어 냈다는 자부심도 있어서 이 방송 출연을 즐기셨던 것 같습니다. 코미디는 전성기가 가장 짧은 분야입니다. 그건 방송을 만드는 쪽도 마찬가지여서 몇 십 년이나 계속 웃길 수 있는 사람은 드뭅니다. 그런 가운데 두 사람이 도전한 프로그램은 이처럼 시대가 흘러도 비평을 견딜 수 있는 것이었다고 느꼈습니다.

가령 쓰치야 씨의 '전파소년' 시리즈는 상당히 용의주도하게 준비한 방송입니다. 그러나 방송을 만드는 사람에게 그 부분을 이해하는 능력이 없으면 그저 출연자를 난폭하게 다루면 된다는 오해가 생깁니다. 표면적인 과격함만을 흉내 내는 건 위험한 행동입니다. 그 방법론이 어째서 선택되었는지, 배경에는 반드시 철학이 존재한다는 데까지 생각이 미쳐야 합니다. 텔레비전에는 시대와 밀접한 형태로 그때이기 때문에 선택된 방법이 있는데도,

지금은 단순히 스타일로 선택되어 재주 없는 연예인이 잔뜩 모여 그저 벌칙 게임을 하는 듯한 방송이 양산됩니다. 이래서야 미야케 씨나 쓰치야 씨의 공적이 무참하게 손상될 뿐입니다.

저는 〈그때였을지도 모른다 : 텔레비전에게 '나'란 무엇인가〉와 〈나쁜 것은 모두 하기모토 긴이치다〉로 연이어 텔레비전을 비평했는데, 텔레비전에서 텔레비전을 고찰하는 것은 미디어 리터러시(미디어의 원리 및 그 메시지를 비판적으로 이해하고 활용할 수 있는 능력—옮긴이)로서 매우 중요하다고 생각합니다. 제작하는 쪽을 교육한다고 하면 잘난 척 같지만, 텔레비전계는 리터러시가 없는 업계이므로 제1세대가 차례로 죽거나 은퇴하는 상황 속에서 역시 오랫동안 이 업계에 종사해 온 사람이 지금 한번 텔레비전을 비평적으로 보고 재인식하는 것이 필요하지 않을까요. 텔레비전에서 텔레비전을 비평함으로써 방송이 성립된다는 인식을 방송을 만드는 사람 각자가 가진다면 텔레비전은 더욱 재미있는 미디어가 될 것입니다.

게다가 각 방송국 자료실에 자료가 50년분이나 있는데도 과거의 방송을 향수 어린 시선으로만 다루는 건 아까운 일입니다. 일본인은 정말로 역사를 배우지 않는 인종이랄까요. 대하드라마도 영웅담뿐이니까요. 옛날의 질 좋은 다큐멘터리를 지상파에서 방영해서 좀 더 적극적으로 과거를 재인식해야 합니다.

주

1 도시바 일요극장
TBS 계열의 드라마 방송.
1956년 12월~2002년까지 도시바에서만
협찬했다. 그 이후에는 이름을 바꿔
일요극장으로 방송.

2 '우리 집 본관' 시리즈
TBS 계열 도시바 일요극장에서 방영한
홋카이도 방송 제작 텔레비전 드라마
시리즈. 1975년 5월~1981년 12월까지 총
여섯 작품 방송.

3 〈반에이〉
TBS 계열 도시바 일요극장에서 방영한
홋카이도 방송 제작 텔레비전 드라마.
1973년 9월 30일 방송. 예술제 우수상
수상 작품.

4 구라모토 소(倉本聰)
각본가. 1934년 도쿄 출생. 도쿄 대학
문학부를 졸업한 뒤 1959년 닛폰
방송에 입사. 방송국에서 근무하며
각본가로도 활동했다. 닛폰TV의
〈아빠 일어나세요〉로 데뷔. 1963년
퇴사하여 프리랜서 각본가가 되었다.
1977년 후라노 시로 이사하여

1981년 후라노를 무대로 한 가족 드라마
〈북쪽 나라에서〉로 화제를 모았다.
대표작으로 〈친애하는 어머님〉〈어제,
가나시베쓰에서〉〈라이스 카레〉〈다정한
시간〉〈바람의 가든〉 등이 있다.

5 〈우리들의 여행〉
닛폰TV 계열에서 방영한 유니언 영화
제작의 청춘 군상 드라마. 1975년
10월~1976년 10월까지 총 46편 방송.
방송 뒤 단발성 스페셜 특집 방송이 세 편
만들어졌다.

6 〈상처투성이 천사〉
닛폰TV 계열에서 방영한 텔레비전
드라마. 1974년 10월~1975년 3월까지
총 26편 방송. 1997년에는 사카모토 준지
감독이 영화로도 만들었다.

7 사사키 쇼이치로(佐々木昭一郎)
텔레비전 드라마 연출가. 1936년 도쿄
출생. 릿쿄 대학 경제학부를 졸업한
뒤 1960년 NHK 입사. 예능국 라디오
문예부에서 라디오 드라마를 연출했다.
1968년 텔레비전 드라마부로 이동하여
〈은하 텔레비전 소설〉의 조연출 등으로
일했다. 1969년 첫 텔레비전 드라마
〈마더〉를 만들었다. 대표작으로 〈꿈의
섬소녀〉〈붉은 꽃〉〈사계·유토피아노〉

'강' 삼부작 등이 있다.

8 〈사계·유토피아노〉
NHK 종합 텔레비전에서 방영한
텔레비전 드라마. 1980년 1월 12일 방송.
문화청 예술제 텔레비전 드라마 부문
대상, 이탈리아상 텔레비전 드라마 방송
부문 그랑프리, 국제 에미상 우수작품상
등 다수 수상.

9 〈강의 흐름은 바이올린
소리 : 이탈리아·포 강〉
NHK 종합 텔레비전에서 방영한
텔레비전 드라마. 1981년 5월 1일 방송.
'강' 삼부작 가운데 첫 번째 작품. 문화청
예술제 텔레비전 드라마 부문 대상,
이탈리아 시민상 수상.

10 〈봄·소리의 빛 리버 슬로바키아 편〉
NHK 종합 텔레비전에서 방영한
텔레비전 드라마. 1984년 3월 25일 방송.
'강' 삼부작 가운데 세 번째 작품. 문화청
예술제 텔레비전 드라마 부문 우수상,
예술선장 문부대신상 등 수상.

11 데라야마 슈지(寺山修司)
시인 겸 극작가. 1935년 아오모리 현
출생. 1954년 와세다 대학 교육학부
입학. 시인으로 활동. 이듬해 신장증으로
장기간 입원하며 학교를 그만두었다.
첫 희곡 〈잊어버린 영지〉를 와세다
대학 오쿠마 강당에서 상연했고,
1959년 다니카와 슌타로의 권유로
라디오 드라마를 쓰기 시작했다. 1967년
극단 '싸구려 관람석' 결성. 1974년 영화
〈전원에서 죽다〉 개봉. '언어의 연금술사'
'서브컬처의 선구자' 등으로 불리며
방대한 문예 작품을 남겼다. 1983년 사망.

12 〈코멧 이케야〉
NHK 라디오에서 방영한 라디오 드라마.
데라야마 슈지 각본. 1966년 8월 31일
방송. 이탈리아상 라디오 드라마 부문
그랑프리.

13 이탈리아상
이탈리아 방송협회가 주최하는 세계
최고의 역사와 권위를 가진 국제
방송 콩쿠르. 1948년 창설. 최고상은
이탈리아상.

14 〈마더〉
NHK 종합 텔레비전에서 1970년 8월
8일 방영한 텔레비전 드라마. 몬테카를로
텔레비전 페스티벌 최우수 작품상,
최우수 창작 시나리오상, 예술선장
신인상 수상.

15 몬테카를로 텔레비전 페스티벌
모나코 공국이 주최하는 텔레비전 방송
국제 콩쿠르. 세계 4대 영상 축제 중 하나.
1961년 창설.

16 국제 에미상
미국 텔레비전 예술과학 아카데미가
주최하는 에미상의 한 부문. 미국 이외의
텔레비전 방송이 대상이다. 1969년
창설. 텔레비전 드라마를 비롯한 방송
및 텔레비전에 관련된 다양한 업적에
수여한다.

17 〈민영 배음의 법칙〉
사사키 쇼이치로 감독의 2014년 개봉
영화.

18 〈별이 빛나는 하늘의 저쪽 나라〉
고나카 가즈야 감독의 1986년 개봉
판타지 영화. 원작은 고바야시
히로토시의 동명 소설.

19 오바야시 노부히코(大林宣彦)
영화감독. 1938년 히로시마 현 출생.
세이조 대학 문예학부를 다닐 때부터
8밀리 카메라로 작품을 발표했다.
1960년 대학 중퇴. 1964년 동료와
함께 실험영화 제작 상영 그룹
'필름 앵데팡당'을 결성하여 반향을
불러일으켰다. 같은 시기부터 본격적인
광고 연출가로도 활약하며 10년 동안
2000편이 넘는 작품을 만들었고 국제
광고상도 받았다. 1977년 첫 상업영화
〈하우스〉를 감독했다. 대표작으로
자신의 출신지 오노미치를 무대로
한 오노미치 삼부작〈전학생〉〈시간을
달리는 소녀〉〈사비신보〉), 〈천국에 가장
가까운 섬〉〈이방인들과 함께한 여름〉
〈두 사람〉〈청춘 딩가딩가 딩딩딩〉
〈머나먼 노스텔지어〉〈내일〉〈마지막 눈〉
〈전학생 : 안녕 그대여〉〈그날 전에〉 등이
있다.

20 고나카 가즈야(小中和哉)
영화감독. 1963년 미에 현 출생. 세이케이
고등학교를 다니던 중 영화연구부 선배가
만든 영화에 출연했고, 1981년 자주영화
〈언제라도 꿈을〉을 만들었다. 릿쿄
대학을 졸업한 뒤 미디어 워크숍에서
영상을 배웠고 1986년 〈별이 빛나는
하늘의 저쪽 나라〉로 극장영화 감독으로
데뷔했다. 주로 '울트라맨' 시리즈 등
특수촬영 작품이나 SF 판타지 작품을
중심으로 활약했다. 대표작으로 〈4월
괴담〉〈수수께끼 전학생〉〈울트라맨〉
〈미래를 걷는 소녀〉〈나나세 다시 한 번〉
〈세키 세키 렌 렌〉 등이 있다.

21 미디어 워크숍
무라키 요시히코가 설립한 인재 육성
사설 학원. 무라키는 1987년까지
대표이사 학원장을 맡았다.

22 오야마 가쓰미(大山勝美)
텔레비전 프로듀서 겸 연출가. 1932년
가고시마 현 출생. 와세다 대학 법학부를
졸업한 뒤 1957년 라디오도쿄(현 TBS)에
입사. 〈강변의 앨범〉〈추억 만들기〉
〈들쑥날쑥한 사과들〉 등의 제작 및
연출에 참여하며 구제 데루히코와 함께
'드라마의 TBS' 전성기를 구축했다.
1992년 정년퇴직한 뒤 주식회사
가즈모를 설립하여 〈곳간〉〈천국까지
100마일〉〈나가사키 부라부라부시〉 등의
드라마를 제작했다. 2014년 사망.

23 TBS 나리타 사건
1968년 3월 10일, 나리타 공항 건설에
반대하는 집회를 취재하던 도중 TBS
다큐멘터리 제작 스태프의 소형 버스에
현수막을 든 반대 측 동맹 농부 7명과
헬멧을 쓴 젊은 남자 3명을 태운 일이
발각되어 정부와 자민당에게 비난과
항의를 받아서 총 8명이 처분받은 사건.
나중에 TBS 투쟁 중 하나가 되었다.

24 덴 히데오 뉴스 캐스터 해임 사건
JNN 뉴스코프의 초대 메인 캐스터였던
덴 히데오가 북베트남에서 베트남 전쟁을
취재한 내용을 방송하며 "북베트남은
지고 있지 않다"고 발언했는데, 이
보도 자세 자체를 반미적이라고 간주한
자민당 측이 TBS의 수뇌부에 압력을
넣었다. 경영 수뇌부는 방송국 재면허를
갱신해 주지 않겠다는 위협을 받는
최종 단계까지 해임 압력에 저항했지만
TBS 나리타 사건의 영향도 있어서 덴
히데오는 방송을 그만두었다.

25 TBS 투쟁
덴 히데오 뉴스 캐스터 해임 사건이나
TBS 나리타 사건 등 1960년대 후반에
방송 내용이나 보도의 취재 방법을
둘러싸고 일어난 투쟁.

26 전 일본 텔레비전 방송 제작사
연맹(ATP)
일본의 주요 텔레비전 방송 제작회사가
가입한 업계 단체. 설립에 힘쓴 무라키
요시히코는 1984년부터 부이사장,
1992년부터 이사장, 1995년부터 고문을
맡았다.

27 오구리 고헤이(小栗康平)
영화감독. 1945년 군마 현 출생.

와세다 대학 제2문학부를 졸업한
뒤 성인영화계에 입문. 그 뒤
프리랜서 조감독으로 활동했다.
1981년 〈진흙강〉으로 감독 데뷔.
모스크바 국제영화제에서 은상을
수상하고 아카데미상 외국어 영화상
후보에 오르는 등 '일본 영화의 귀재'로
평가받았다. 대표작으로 〈죽음의 가시〉
〈잠자는 남자〉 〈매목〉 〈후지타〉 등이
있다.

28 〈당신은…〉
TBS 계열에서 방영한 다큐멘터리 방송.
1966년 11월 20일 방영. 구성은 데라야마
슈지. 예술제 장려상 수상.

29 〈매스컴 Q 제1회 · 나는…(신주쿠
편)〉 〈동同(아카사카 편)〉 〈나의 트위기〉
〈쿨 · 도쿄〉 〈하노이 · 덴 히데오의 증언〉
〈나의 화산〉
TBS 계열에서 방영한 다큐멘터리
방송. 1967년 6월부터 1968년 1월까지
방영했다.

30 구제 데루히코(久世光彦)
연출가 겸 텔레비전 프로듀서. 1935년
도쿄 출생. 도쿄 대학 문학부를 졸업한
뒤 라디오도쿄(현 TBS)에 입사. 1965년
무코다 구니코의 텔레비전 시나리오

데뷔작이 된 〈일곱 명의 손자〉를
연출했다. 이후 〈시간 됐어요〉 〈데라우치
간타로 일가〉 〈무〉 〈무 일족〉 등 텔레비전
역사에 길이 남을 텔레비전 드라마를
만들었다. 1979년 퇴사한 뒤 제작회사
카눈스 설립. 대표작으로 무코다
구니코의 〈잠자는 술잔〉 〈한밤중의
장미〉 〈여자의 집게손가락〉을 비롯하여
〈시간 됐어요 다시 한 번〉 〈강한
녀석들〉 〈내일은 나의 바람이 분다〉
〈고이시카와의 집〉 〈멜로디〉 〈선생님의
가방〉 〈무코다 구니코의 연애편지〉
〈나쓰메가의 식탁〉 〈도쿄 타워: 어머니와
나와 때때로 아버지〉 등이 있다. 또
1987년부터는 〈쇼와 환등관〉을 시작으로
소설, 평론, 에세이 등 다수의 저작을
남겼다. 2006년 사망.

31 다케미쓰 도루(武満徹)
작곡가. 1930년 도쿄 출생. 주로
독학으로 작곡을 배웠다. 콘서트
피스부터 전자음악, 영화음악, 무대음악,
팝송까지 다방면에 걸친 작품을 남겼다.
대표작으로 〈현악을 위한 레퀴엠〉 〈송
캘리그래피 I〉 〈환(環)〉 〈텍스처스〉
〈지평선의 도리아〉 〈노벰버 스텝스〉
〈콰트레인〉 〈멀리서 부르는 소리의
저편으로!〉 등이 있다. 1996년 사망.

32 자·고엔지 다큐멘터리 페스티벌
텔레비전과 영화의 틀을 뛰어넘어
다큐멘터리의 매력과 가능성을
재발견하는 영화제. 2010년부터 시작되어
매년 2월에 자·고엔지에서 열린다.

33 에토 준(江藤淳)
문예평론가. 1932년 도쿄 출생. 게이오
대학 문학부를 졸업한 뒤 대학원에
진학했다. 1958년 분게이슌주에서
《노예의 사상을 물리친다》를 출간했고
이듬해 대학원을 중퇴했다. 고바야시
히데오가 죽은 후에는 '문예평론의
제일인자'라고도 평가받았다. 1966년에는
동료 셋과 함께 《계간 예술》을 창간,
주재했다. 1969년부터 《마이니치신문》의
문예시평을 약 9년간 담당했으며 도쿄
공업대학과 게이오 대학 등의 교수도
역임했다. 1998년 아내를 잃고 이듬해
자살. 향년 66세.

34 〈바다는 되살아난다〉
에토 준 지음, 전5권, 1976~1983년,
분게이슌주 출간. 1977년에 드라마로
만들어졌다.

35 방송윤리·프로그램 향상기구(BPO)
일본방송협회(NHK),
일본민간방송연맹(민방련) 등과 그 가맹

회원 각사가 출자하여 조직한 임의 단체.
이사회, 평의원회, 사무국의 세 위원회로
구성되어 있다.

36 메차메차 이케테루(めちゃ×2イケてるッ!)
후지TV 계열에서 방영하고
나인티나인이 메인 사회자로 나오는
버라이어티 프로그램. 1996년 10월부터
방송.

37 하기모토 긴이치(萩本欽一)
개그맨 겸 사회자. 1941년 도쿄 출생.
고마고메 고등학교를 졸업한 뒤 도요
극장에 입단했다. 같은 계열인 아사쿠사
프랑스자(공연장―옮긴이)로 가서 스트립
막간 콩트로 솜씨를 연마했고, 여기서
전속 개그맨 안도롤(훗날의 사카가미
지로)을 만났다. 1966년 사카가미 지로와
'콩트 55호'를 결성, 후지TV의 공개
생방송 〈낮의 골든 쇼〉로 큰 인기를
얻었으며 콩트 55호로 수많은 정규
방송에 출연했다. 1971년 〈스타 탄생!〉의
초대 사회자로 솔로 활동 시작. 이듬해에
라디오 방송 〈긴쨩의 마음껏 말해
보자!(欽ちゃんのドンといってみよう!)〉를,
1975년부터 공개 텔레비전
방송 〈긴쨩의 마음껏 해
보자!(欽ちゃんのドンとやってみよう!)〉를
시작했다. 대표작으로 〈긴돈(欽ドン, 앞서

나온 두 방송의 약칭―옮긴이)! 좋은 아이
나쁜 아이 보통 아이〉〈긴짱의 어디까지
하는 거야?!〉〈긴짱의 주간 긴(欣)요일〉
〈정답 딩동 딩동〉〈올스타 가족 대항 노래
대결〉 등이 있다. 2015년부터 고마자와
대학 불교학부를 다니고 있다.

38 '전파소년' 시리즈
닛폰TV 계열에서 방영한 버라이어티
방송 시리즈. 1992년 7월~2003년
2월까지 방송.〈나아가라! 전파소년〉
〈나아가랏! 전파소년〉〈전파소년에게
털이 났다 최후의 성전〉으로 이어졌다.

39 쓰치야 도시오(土屋敏男)
텔레비전 프로듀서. 1956년 시즈오카
현 출생. 히토쓰바시 대학 사회학부를
졸업한 뒤 1979년 닛폰TV 입사.
와이드쇼 현장을 거쳐 버라이어티 방송을
제작했지만 연이은 시청률 부진으로
편성부로 이동했다. 다시 제작부로
돌아와 만든 '전파소년' 시리즈로 높은
시청률을 얻었다. 방송 안에서는 'T
프로듀서' 혹은 'T부장'으로 알려져 있다.

40 익살 디렉터즈(ひょうきんディレクターズ)
후지TV 계열에서 1981년 5월~1989년
10월까지 방영한〈우리들 익살족〉의
연출가인 미야케 (나서기쟁이) 게이스케,

사토 (대머리) 요시카즈, 야마가타 (변태)
신지, 나가미네 (정체불명) 아키라, 오기노
(비빔밥) 시게루가 결성한 그룹.(괄호 속은
애칭―옮긴이)

41 미야케 게이스케(三宅恵介)
텔레비전 연출가. 1949년 도쿄 출생.
게이오 대학 경제학부를 졸업한
뒤 1971년 후지폰니(후지TV의 제작
자회사)에 입사. 1980년 후지TV로
이동했다. 1975년〈긴짱의 마음껏
해보자!〉의 스태프로 본격적으로
버라이어티 방송 제작에 참여했고, 이후
35년 넘게 버라이어티 방송 제작의
외길을 걸었다. 대표작으로〈라이언의
안녕하세요〉〈아카시야 산타의 사상
최대의 크리스마스 선물쇼!〉〈웃을
때예요!〉〈모리타 가즈요시 아워 웃어도
좋고말고!〉〈잘했어 산마 대선생〉
〈헤이세이 교육 텔레비전〉 등이 있다.

42 다하라 소이치로(田原総一朗)
저널리스트 겸 뉴스 캐스터. 1934년
시가 현 출생. 와세다 대학 제1문학부를
졸업한 뒤 이와나미 영화제작소에
입사하여 카메라맨 조수로 일했다.
1964년에 도쿄 12채널(현 TV도쿄) 개국과
함께 입사하여 연출가로서〈다큐멘터리
청춘〉〈다큐멘터리 나우!〉 등을 만들었다.

7장. 텔레비전에 의한 텔레비전론

1977년 퇴사하여 프리랜서 저널리스트가 되었다. 대표작으로 〈아침까지 생방송 텔레비전!〉〈선데이 프로젝트〉〈선거 스테이션〉〈격론! 크로스 파이어〉 등이 있다.

43 〈다큐멘터리 청춘〉
도쿄 12채널에서 방영한 다큐멘터리 방송. 도쿄 가스가 유일한 협찬사였고 다하라 소이치로를 포함하여 세 명이 교대로 연출했다.

44 이타미 주조(伊丹十三)
영화감독 겸 배우. 1933년 교토 출생. 고등학교를 졸업한 뒤 신도호 편집부에 입사했고, 영화 편집 일을 거쳐 산업 디자이너가 되었다. 1960년 다이에이에 입사하여 '이타미 이치조'라는 예명으로 배우가 되지만 이듬해 퇴사. 1967년 '이타미 주조'로 개명하고 영화와 텔레비전 등에서 존재감 있는 조연으로 활약했다. 1970년대부터 티브이맨 유니언에 들어가 다큐멘터리 방송을 제작했다. 1984년 〈장례식〉으로 영화감독 데뷔. 감독 대표작으로 〈민들레〉 〈마루사의 여자〉〈민보의 여자〉〈중환자〉 〈조용한 생활〉〈마루타이의 여자〉 등이 있다.

45 〈멀리 가고 싶어〉
닛폰TV 계열에서 방영 중인 요미우리TV 제작의 기행 방송. 1970년 10월~현재까지 이어지는 장수 방송이다.

46 〈태평양 전쟁 비화 '긴급암호문, 조국이여 평화로워라!' : 유럽에서 사랑을 담아〉
티브이맨 유니언에서 만든 다큐멘터리 드라마. 1975년 12월 18일 방송. 텔레비전 대상 우수 프로그램상 수상작.

47 하시다 스가코(橋田壽賀子)
각본가. 1925년 대한민국 서울에서 태어나 오사카에서 자랐다. 니혼 여자대학 문학부 졸업, 와세다 대학 제2문학부 중퇴. 1949년 쇼치쿠에 입사하여 각본부에 들어갔다. 1952년 영화 〈향수〉로 처음으로 단독 각본을 집필. 1959년에 독립하여 1964년 〈봉투를 건네면〉으로 작가 데뷔. 같은 해 드라마 〈사랑과 죽음을 응시하며〉의 각본이 화제를 모았다. 대표작으로 〈오신〉 〈가스가노 쓰보네〉〈세상살이 원수천지〉 등이 있다.

48 〈무 일족〉
TBS 계열에서 방영한 코미디풍 홈드라마. 1978년 5월~1979년 2월까지 총 39편 방송.

49 〈정답 딩동 딩동(ぴったし カン・カン)〉
TBS 계열에서 방영한 인기 퀴즈방송.
1975년 10월~1986년 3월까지 방송.

50 〈데나몬야 샷갓〉
TBS 계열에서 방영한 아사히 방송 제작
텔레비전 코미디. 1962년 5월~1968년
3월까지 총 309편 방송.

51 〈요시모토 신희극〉
마이니치 방송에서 방영 중인 요시모토
신희극(요시모토 크리에이티브 에이전시에
소속된 개그맨들이 무대에서 공연하는 희극
및 그 극단의 명칭―옮긴이)의 희극 무대
공개 중계방송. 1962년 9월~현재까지
이어지는 장수 방송이다.

52 〈비눗방울 홀리데이〉
닛폰TV에서 방영한 음악 버라이어티
방송. 1961년 6월~1972년 10월까지 총
591회 방송.

53 사카가미 지로(坂上二郎)
개그맨 겸 배우. 1934년 가고시마 현
출생. 1953년 〈노래자랑 아마추어
연예회〉에서 가고시마 현 대표로
선발되어 우승한 것을 계기로 가수를

목표 삼아 상경. 가수 매니저와 전속
사회자 등을 거쳐 아사쿠사 프랑스자의
개그맨이 되었다. 1966년 하기모토
긴이치와 콩트 55호를 결성하여 큰
인기를 얻었다. 콤비 활동을 중단한
뒤로는 드라마와 영화 등에서 활약했다.
1974년 가수로서 발표한 〈학교 선생님〉
앨범이 30만 장 정도 팔리며 흥행했다.
2011년 사망.

54 시청률 100퍼센트의 남자
TBS 〈긴짱의 주간 긴요일〉의 최고 시청률
31.7%, TBS 〈정답 딩동 딩동〉의 최고
시청률 37.6%, 후지TV 〈올스타 가족
대항 노래 대결〉의 최고 시청률 28.5%
등 각 방송의 시청률을 합한 수치에서
비롯된 별명.

55 〈스타 탄생!〉
닛폰TV에서 방영한 시청자 참가형 가수
오디션 방송. 1971년 10월~1983년
9월까지 총 619편 방송.

텔레비전 드라마에서
할 수 있는 것과 그 한계

2010-2012

〈훗날〉 2010

〈고잉 마이 홈〉 2012

디지털로
한번 찍어 볼까

훗날

2010

행복을 의심하는 발상에 끌리다

2010년 '기묘한 문호 괴담'이라는 시리즈가 NHK 디지털 위성 하이비전에서 사흘 밤 연속으로 방영되었습니다.

일본 문호의 단편소설을 영상화한 드라마 부분(방송 전반·약 35분)과 드라마의 메이킹 영상 및 문호의 생애를 통해 작품의 배경을 살펴보는 다큐멘터리 부분(약 25분)으로 구성된 시리즈물이었습니다.

감독은 모두 네 명. 오치아이 마사유키[1] 감독은 가와바타 야스나리의 《한쪽 팔》을, 쓰카모토 신야[2] 감독은 다자이 오사무의 《벚나무와 마술 휘파람》을, 이상일[3] 감독은 아쿠타가와 류노스케의 《코》를, 그리고 저는 무로 사이세이의 〈어린아이〉와 〈훗날의 어린

아이〉 두 작품을 합친 〈훗날〉이라는 작품을 만들었습니다. 각 작품은 모두 문호의 원작에 떠도는 그윽하고 몽환적인 '기이함'에 초점을 맞췄습니다.

원래 구성은 지쿠마쇼보의 지쿠마분코에서 나온 '문호 괴담 걸작선'이라는 시리즈와 협업하여 일본의 고전 괴담을 드라마로 재현한다는 오치아이 감독의 아이디어였다고 들었습니다. NHK의 프로듀서 하마노 다카히로 씨가 저에게 기획을 가져왔을 때는 오치아이 감독 외에 누구에게 연출을 부탁할지 검토 중이라고 했습니다.

제가 선택한 무로 사이세이의 〈어린아이〉와 〈훗날의 어린아이〉는 전자는 젊은 부부가 어린 장남을 잃기까지의 이야기, 후자는 사후 3개월이 지나 그 아이가 매일 밤 부부를 찾아온다는 애절함 넘치는 환상담입니다.

이 이야기를 고른 이유는 몇 가지 있지만, 우선은 이 작품이 일본의 근대소설 가운데 과도기에 위치한다는 점을 꼽을 수 있습니다. 메이지 중기에 '개인'이라는 근대적 자아 사상이 서구에서 일본으로 들어왔고, 또 국가주의적 경향에 대한 반발로 인해 소설에서는 자신을 내면적으로 파헤쳐 가는 경향이 나타납니다. 이렇게 시작된 낭만주의의 내면 모색은 사실을 있는 그대로 직시하고 내면의 자연성을 해방하는 자연주의로 이행합니다. 그 대표가 나쓰메 소세키입니다. 이로 인해 소설은 분명 진화했을 테지만 동시에 세계 쪽의 중요한 요소를 잘라 버리기도 했던 것 같습니다.

어쨌거나 죽은 사람이 유령이 되어 등장하는 고전적인 괴담이 있는 반면, 무로 사이세이의 〈훗날의 어린아이〉는 소설이 내면세계로 향하는 도중에 위치해 있습니다. 죽은 사람이 무섭다는 이야기가 아니라 살아남은 사람들의 내면에서 태어나는 망상에 관한 이야기라는 점이 흥미로웠습니다.

다음으로 끌린 이유는 '나중에 남겨진 사람들'의 이야기라는 점입니다.

사실 이 소설은 무로 사이세이 자신의 이야기이기도 합니다. 사이세이는 다이쇼 1923년에 몹시 사랑했던 장남 '효타로'를 겨우 13개월 때 잃었는데, 그런 부부의 슬픔을 〈어린아이〉에 담은 뒤(참고로 소설 속 갓난아기의 이름은 효타로입니다) 실제로 아내가 둘째를 임신했을 때 〈훗날의 어린아이〉를 집필했습니다.

작품에 묘사되어 있는 것은 아버지의 갈등입니다. 아이를 잃

〈훗날〉 2010년 8월 26일 방송 | NHK 디지털 위성 하이비전 | 49분 줄거리 몹시 사랑했던 장남을 어린 나이로 잃은 젊은 부부 앞에 한 아이가 나타난다. 이 아이는 장남의 유령일까. 아니면…… 부부는 아이와 교류를 시작하지만, 이윽고 그 아이는 갑자기 모습을 감추어 버린다. 출연 가세 료, 나카무라 유리, 시부야 다케루 외 촬영 야마자키 유타카 제작 하마노 다카히로, 구마가이 기이치 원작 무로 사이세이

8장. 텔레비전 드라마에서 할 수 있는 것과 그 한계

은 뒤에 둘째가 태어나서 행복해야 할 사이세이는 '둘째를 낳은 것을, 그 애를 우리 부부가 귀여워하는 것을 죽은 장남은 어떻게 생각할까?' 괴로워하며 그것을 상상해서 소설로 묘사했습니다. '우리의 행복을 행복이라 여겨도 좋을까'라고 의심해 보는 발상을 지닌 무로 사이세이는 인간으로서 신뢰할 수 있다고 생각했습니다.

또 하나 흥미로운 것이 이에 관한 에피소드입니다.

어머니는 장남의 이가 좀처럼 나지 않는다고 걱정하지만 죽은 뒤 화장했더니 뼈 속에 타다 남은 이가 있었습니다. 그래서 어머니가 그 이를 간직해 둔다는 에피소드를 드라마에서도 썼는데, 처음 읽을 때는 소름이 끼칠 정도로 무서웠습니다. 어머니의 자식에 대한 집착과 죽은 뒤에 '이가 났었구나'라고 안심하는 복잡한 감정이 눈에 보이는 것 같아서 뭐라 말할 수 없는 공포를 느꼈습니다.

디지털 비디오의 가능성과 한계

한편 2010년은 필름 촬영이 엄청난 기세로 사라져 가는 시기이기도 했습니다. 기획을 받아들인 이유는 디지털 촬영으로 어느 정도로 '드라마'를 찍을 수 있는지, 허구의 세계를 찍을 수 있는지 제 손으로 직접 확인하고 싶었기 때문입니다.

또 괴담은 디지털 촬영에는 가장 적합하지 않은 장르입니다. 어두운 부분이 새까매지지 않고 아웃포커스[4]도 표현하기 힘듭니다. 사용한 기계는 캐논의 EOS 5D Mark II라는 디지털 카메라였는데, 비교적 심도가 얕아서 아웃포커스는 쓸 수 있었습니다. 괴담에서는 어두운 부분을 어떤 식으로 남길지가 중요하기 때문에 굳이 도전해 보았습니다.

예를 들면 밤 장면. 일본 가옥의 방에 모기장을 치고 어두운 조명 속에서 부부의 실루엣이 드러나는 장면을 찍었는데, 유감스럽게도 이 장면은 주위를 어둡게 하고 봐야 아름답습니다. 밝은 장소에서 보면 텔레비전 화면에 자신이 있는 곳이 비치기 때문입니다. 하지만 시청자에게 "어둡게 하고 보세요"라고 말할 수도 없으니 이 부분은 조금 난처했습니다.

디지털이기 때문에 당연하지만, 찍은 것을 '데이터'라고 부르는 데도 익숙해지지 않았습니다. 게다가 그 촬영 데이터가 일부 열리지 않아서 다양한 방법으로 시도해 봤지만 최종적으로는 열지 못했습니다. 그 뒤로는 데이터가 열리는지 안 열리는지 확인하기 위해 한 장면을 촬영할 때마다 데이터를 복사해서 재생되는지 확인해야 했습니다. 아무래도 그 시간은 낭비라고 느꼈습니다.

　물론 다큐멘터리에서는 몇 번이나 디지털로 촬영했지만, 그때는 테이프가 감기는 게 보여서 찍히고 있다는 것을 실감했고 안심할 수 있었습니다. 필름에서 비디오로, 그리고 이제는 칩으로 녹화되는 매체의 질감이 점점 가벼워지고 있는데, 그 변화를 아직 따라가지 못하고 있다는 게 제 솔직한 심정입니다. 세계적으로도 그 변화에 대응할 수 있는지 없는지가 관건이기도 합니다.

　이를테면 〈상실의 시대〉[5]를 디지털로 촬영한 트란 안 홍 감독의 사고방식은 명쾌합니다. 그는 "디지털로 찍을 때 많은 사람이 잘못하는 점은 필름의 퀄리티를 비슷하게 흉내 내는 것이다. 그래서 실패한다"고 말했습니다. 즉 디지털에는 디지털의 장점이 있으므로 필름에 대한 향수를 거기에 담지 않아도 된다는 것이지요. "우리는 이미 현실을 필름이 아닌 디지털적으로 보고 있기 때문에 그 감각을 반영해야 한다"고요. 그는 의도적으로 평평하고 또렷한 화면을 만드는 것을 의식해야 한다는 발상을 지니고 있었습니다. 단, 그것이 〈상실의 시대〉의 세계관과 어울리는지는 개인적으로 조금 의문입니다. 그의 발상을 실현하려면 카메라맨은 필름으로 계속 찍고 있는 리핑빙이 아니었어야 하지 않을까요.

카메라가 중앙에 존재하는 풍경

EOS 5D Mark II는 쓰기 편하다는 점과 가격이 싸다는 점에서는 합격이라고 생각합니다.

가령 학생이라면 이제까지보다 압도적으로 질 좋은, 적어도 선명한 영상을 찍을 수 있겠지요.

하지만 카메라가 너무 가볍습니다.

여기에는 장단점이 있는데, 그야말로 카메라에 존재감이 없어서 아이를 자연스럽게 찍을 때 커다란 필름 카메라가 큰 소리를 내며 돌아가는 것보다는 훨씬 자연스러운 장면을 얻을 수 있습니다. 또 상대에게 긴장감을 주지 않으며 기습적으로 찍는 데도 매우 효과적인 기계입니다. 하지만 이동 촬영을 했을 때 등에 카메라의 가벼움이 아무래도 화면에 드러납니다.

그다지 정신론을 말하고 싶지는 않지만, 세 사람이 들어야 옮길 수 있을 정도로 무거운 카메라가 촬영 현장 한가운데에 떡하니 존재하는 풍경은 '여기가 현장이다'라는 상징으로서 필요한 순간도 있다는 뜻입니다. 그러니 카메라에는 어느 정도의 무게가 필요하지 않을까요.

또한 현장의 상징물인 무거운 카메라에 모두의 의식이 집중된다는 장점도 있습니다. EOS 5D Mark II는 작기 때문에 카메라가 영상을 전송한 모니터 화면을 다 함께 보게 됩니다. 현장의 의식이 카메라와 배우가 있는 장소가 아니라 모니터로 집중되는 것입니다. 이 또한 장단점이 있으니 긴장이 풀리는 배우도 있겠지만, 한편으로는 현장의 모두가 연기에 집중하는 장점은 점점 사라지겠지요.

역시 완성된 형태가 컴퓨터 화면이나 모니터에 순식간에 뜨는 것은 사진가나 카메라맨에게 어떤 영향을 끼치지 않을까요.

이상일 감독의 〈악인〉[6]과 〈용서받지 못한 자〉[7], 사카모토 준지[8] 감독의 〈팔꿈치로 치기〉[9] 〈얼굴〉[10] 등을 촬영한 일본을 대표하는 카메라맨 가사마쓰 노리미치[11]는 "카메라맨 자신이 점점 카메라를 믿지 않게 되고 있다"며 걱정했습니다.

가사마쓰 씨처럼 옛날 기질을 지닌 카메라맨은 다들 자신의 조수에게도 카메라 파인더를 보여 주지 않았습니다. 제가 영화감독이 되었을 때도 "어떤 그림을 찍고 있는지 보여 주세요"라고 말할 때 망설임이 있었습니다. 당시는 모니터에 영상도 띄우지 않았습니다.

아마도 영화 현장에서 카메라맨 이외의 스태프나 배우가 모니터 화면으로 영상을 확인하는 일이 일반화된 건 일본의 경우 이타미 주조 감독이 시초가 아닐까 합니다. 이타미 씨는 텔레비전 현장도 경험했기 때문에 순수 영화인이 아니어서 그런 시도를 할 수 있었겠지요.

필름 상영은 저절로 3D가 된다?!

또 디지털의 경우 '무슨 일이 생겨도 나중에 어떻게든 된다'라는 의식이 있습니다. 이를테면 촬영 때 찍혀 버린 부적당한 것을 없앨 수 있지요.('디지털 리무벌'이라고 합니다.) 이 작업은 편리하지만 매 순간에 대한 집중력을 흐트러뜨려서 아무래도 한판 승부라는 느낌이 줄어듭니다. 이 역시 장단점이 있습니다.

듣자 하니 앞으로의 디지털은 찍힌 것 전체에 초점이 맞아서 후처리로 '이 부분만 남기고 나머지는 전부 흐리게' 같은 작업이 가능해진다고 합니다. 언젠가는 카메라맨이 전문직이 아니게 될 지도 모르지요.

확실히 화면 한 장 한 장의 질로 따지자면 필름과 별 차이가 없어지는 것 같습니다. 그러나 지금의 DCP(디지털 시네마 패키지)[12] 상영에는 흔들림이 없습니다. 당연한 일이지만 화면이 전혀 흔들리지 않는 것입니다. 하지만 가사마쓰 씨는 "필름 상영은 흔들림이 있다. 즉 상이 미묘하게 움직이고 있으므로 저절로 3D가 된다"고 말했습니다. 이는 필름의 특성 가운데 흔들림이 있는 덕분이며, DCP는 흔들림이 없으니 그것을 나중에 3D로 만들어 안경을 쓰고 보는 건 우스운 일이라는 취지의 말입니다. 매우 독특한 의견이지요.

이처럼 디지털은 과도기이며, 보존 방법도 포함하여 앞으로의 착지점이 어디일지 지금은 아무도 모릅니다. 저 역시 아직 비용 절감 말고는 디지털의 장점을 실감하지 못하고 있어서 필름으로 찍을 수 있다면 몇 편쯤 더 찍고 싶습니다.

한편 〈훗날〉은 같은 해 도쿄 필르멕스[13], 로테르담 국제영화제, 산 세바스티안 국제영화제에서도 상영되었는데, 거기서 느낀 점은 역시 '영화 작품'으로는 보이지 않는다는 것입니다. 원인은 신경 쓰였던 디지털 촬영이 아닌 음향이었습니다. 촬영 당시 소리의 퍼짐새나 폭을 극장에서 상영하는 수준으로 생각하며 마무리하지 않았기 때문에, 스크린으로 보면 화면보다 오히려 음향에서 꽉 찬 느낌이 들지 않았습니다.

영화라면 본편 편집 이틀에 MA[14] 일주일이지만, 텔레비전 드라마는 본편 하루에 MA 하루입니다. 지금으로서 드라마는 시간적으로도 예산적으로도 불가능합니다.

또한 텔레비전은 방송되는 음역(음의 폭)이 정해져 있어서 속삭임이나 발소리 등을 녹음해도 크게 넣어 두지 않으면 방송 때 잘리고 맙니다. 큰 소리도 마찬가지입니다. 원래는 음의 강약이 아닌 음의 원근을 표현하고 싶었을지라도 텔레비전 음성의 특성상 그 또한 어렵습니다. 하지만 앞으로 음향 시스템 성능이 우수한 텔레비전이 일반 가정에 보급되면 텔레비전 드라마에서도 소리를 입체적으로 만들 수 있는 날이 올지도 모르지요.

고잉 마이 홈

2012

각본 · 연출 · 편집을 전부 맡은 연속극

2012년 10월부터 12월까지 방영된 〈고잉 마이 홈〉은 제가 염원하던 연속극입니다.

광고 제작회사에 다니는 쓰보이 료타가 그간 소원했던 아버지의 병을 계기로 고향 나가노로 돌아가 아버지가 전설의 생물 '쿠나'를 찾고 있었다는 사실을 알게 된다는 이야기로, 판타지를 살짝 섞은 홈드라마입니다. 료타는 〈걸어도 걸어도〉에 이어 주연을 맡은 아베 히로시 씨, 그의 아내는 야마구치 도모코 씨, 두 사람의 딸은 마키타 아주, 료타의 누나는 YOU 씨, 어머니는 요시유키 가즈코 씨, 아버지는 나쓰야기 이사오 씨, 아버지의 친구는 니시다 도시유키 씨, 그의 딸은 미야자키 아오이 씨 등 호화로운 출연진이 한자리에 모였습니다. 평균 시청률은 7.9퍼센트로 흥행하지는 못했지만 하고 싶은 건 다 했다고 자부합니다.

그중 하나가 영화와 마찬가지로 제가 오리지널 각본을 쓰고 드라마 전체를 연출하며 편집도 직접 한 것입니다. 연속극은 옛날부터 각본가도 여러 명, 연출가도 여러 명인 경우가 많습니다. 물론 여러 명이어서 각본의 질이 유지되거나 전체 드라마 촬영 기간 2개월이라는 빠듯한 스케줄을 순조롭게 소화할 수 있는 등 좋은 면이 있습니다.

하지만 이런 연속극의 말하자면 확립된 시스템 때문에 창작자나 시청자가 갑갑해지는 부분도 있을 것입니다. 그래서 '각본·연출·편집을 한 사람이 도맡아 드라마 전체를 찍어도 연속극은 제대로 완성된다'는 것을 알릴 수 있다면 텔레비전에 대한 사고의 지평이 넓어지지 않을까 했습니다. 텔레비전 드라마를 보며 자란 제게는 도전하는 보람이 큰 일이기도 했습니다.

기술적인 면을 말하자면 촬영부, 조명부, 미술부, 녹음부, 연

〈고잉 마이 홈〉 2012년 10월 9일~12월 18일 방송 | 간사이TV·티브이맨 유니언 | 총 10편 **줄거리** 별 볼 일 없는 샐러리맨이 그간 소원했던 아버지가 쓰러진 것을 계기로 고향인 나가노로 돌아온다. 거기서 그는 아버지가 전설의 작은 생물 '쿠나'를 찾고 있었다는 사실을 알게 되고, 그의 '나름대로 행복'했던 인생에 이변이 일어나는데……. **출연** 아베 히로시, 야마구치 도모코, 미야자키 아오이, YOU, 나쓰야기 이사오, 아베 사다오, 요시유키 가즈코, 니시다 도시유키 외 **촬영** 야마자키 유타카 **조명** 오노시타 에이지 **제작** 도미후쿠 요코(간사이TV), 구마가이 기이치 **미술** 미쓰마쓰 게이코 **음악** 곤치치 **주제가** 〈네잎 클로버〉 마키하라 노리유키(WORDS&MUSIC) **푸드 스타일리스트** 이지마 나미 **홍보미술** 모리모토 지에

출부를 모두 영화 〈걸어도 걸어도〉와 같은 스태프로 포진시켰습니다.

일반적인 텔레비전 드라마의 스튜디오 녹화는 멀티 카메라 방식이라고 해서 카메라 여러 대로 동시에 연기를 촬영합니다. 이때 모든 카메라의 영상이 부편집실이라는 방으로 전송되고, 연출가는 거기서 실시간으로 각 카메라맨에게 지시를 내리기 때문에 거의 세트장으로 내려오지 않는 사람도 있는 모양입니다.

영화에서는 대체로 카메라가 하나, 이른바 원 카메라입니다. 그래서 같은 장면을 다른 방향에서 촬영하며, 카메라가 이동할 때마다 조명이나 미술 세트의 세팅도 바뀝니다. 〈고잉 마이 홈〉에서는 이 원 카메라 촬영 방식을 채용해서 시간은 걸리지만 장면마다 영화처럼 질 높은 화면을 만들 수 있었습니다.(참고로 사용한 기재는 캐논의 EOS C300 Mark II라는 디지털 카메라입니다.)

CG는 믿지 않는다

각본은 되도록 대사에 주어나 고유명사를 쓰지 않고 '이거'나 '저거'처럼 대명사로 마무리하는 방식을 시도했습니다. 대사의 길이도 영화와 마찬가지로 세 줄 이내였습니다. 이번에는 처음으로 함께 작업하는 배우가 많았는데 다들 재미있어 했던 것 같습니다.

기뻤던 것은 야마구치 도모코 씨의 "평소 내가 나오는 드라마를 보지도 않고 감상도 말하지 않는 남편이 이번에는 '좋던데'라고 말해 줬어요"라는 말. 또 현장에서 애드리브를 많이 한다고 들었던 니시다 도시유키 씨가 거의 각본대로 연기하셔서 '흥이 안 나는 걸까'라고 걱정했더니 "각본이 제대로 쓰여 있어서 이걸로 충분해요"라고 말씀해 주셨던 것도 기뻤습니다.

다른 도전으로는 '쿠나'라는 난쟁이 요정들이 나오는 장면에서 컴퓨터 그래픽을 쓰지 않았다는 점을 꼽을 수 있습니다. 왜냐하면 제가 컴퓨터 그래픽을 믿지 않기 때문입니다. 그곳에 없는 사람은 어떻게 합성해도 있는 것처럼 보이지 않으며, 그곳에 없는 것은 없다는 게 현재의 제 느낌입니다. 거짓말은 들킵니다.

이를테면 〈혹성탈출: 반격의 서막〉[15]에서 말을 탄 원숭이가 대열을 짜는 장면은 정말 소름 끼칠 정도로 좋았지만, 원숭이가 걷거나 무언가를 던지는 장면이면 역시 근육의 움직임이 드러나지 않고 한 마리의 중량감이 전해지지 않았습니다. 몸의 중심이 어디에 있는지를 구현하는 것은 할리우드의 컴퓨터 그래픽이라도 아직 부족하다고 생각했습니다. 그렇다면 유치하더라도 동물 옷을 입은 인간이 무거운 것을 던지는 편이 좋지 않을까요.

하지만 10년 뒤 제게 할리우드 대작 영화의 감독 의뢰가 들어오면 컴퓨터 그래픽을 구사하며 조니 뎁 같은 배우를 찍고 있을지도 모르지요……. 그때는 저의 새로운 도전을 웃으며 지켜봐 주시면 좋겠습니다.

'계속 안 보면 모르는 드라마'를 목표로 삼다

주제나 메시지에 대해 말하는 것은 촌스럽기도 하고 좋아하지도 않지만, 이 작품은 '사람이 돌아갈 곳은 장소인가, 사람인가, 기억인가'라는 주제를 염두에 두고 각본을 썼습니다. 아버지 대신 '쿠나'라는 난쟁이 요정을 찾으려 한 결과, 료타가 도쿄 생활 가운데서는 의식하지 않았던 부분, 예를 들면 댐 건설로 붕괴된 공동체나 동일본 대지진[16] 때문에 나가노로 이사를 와야 했던 후쿠시마 출신 가족, 도쿄로부터 방치된 듯한 지방의 현재 상황 등을 접해 나가는 구성입니다.

기획 자체는 방송 3년 전부터 시작했던 터라 처음에는 '당신이 없어진 후'라는 제목으로 아버지가 없어진 후에 주인공이 어떻게 살아가는지를 그리는 이야기를 생각했습니다.

그러나 2011년 3월 동일본 대지진이 일어남으로써 주제가 보다 명쾌해져서 어떤 면에서는 보수적으로 보이기도 했습니다.

보수적이라 해도 저는 결코 '가족이 최고'라고는 생각하지 않습니다. 단, 이야기가 조금 비약될 수도 있지만 '인터넷을 떠도는 사람이 왜 우익 혹은 국가주의자가 되는가?'라는 물음을 생각하면, 남들과 연결되어 있다는 실감이 없는 사람이 인터넷으로 떨어져 나갔을 때 그들을 다시 거두어들이는 가장 알기 쉽고도 유일한 가치관이 '국가'에 불과했다는 점을 저는 깨달았습니다. 현대의 일본은 지역공동체는 이미 괴멸 상태고 기업공동체도 종신고용제의 종언과 함께 사라졌으며 가족의 접점도 희박해지고 있습니다. 그러니 공동체나 가족을 대체할 매력적인 대상·장소·가치관(이를 '홈'이라 해도 좋을지 모릅니다)을 제시하지 못하는 한 그들은 국가라는 환상에 잇달아 빨려 들어갈 것입니다.

혹은 혼자 있는 것을 견디지 못하게 되었다는 점도 생각할 수 있습니다. 개인을 강하게 만드는 것과 다른 사람과 함께 사는 풍성한 삶을 제시하는 것. 그런 생각의 이모저모가 〈고잉 마이 홈〉에 반영되었습니다.

한편 저의 영화나 드라마에서 두드러지는 면은 '무엇을 보여주지 않는가, 무엇을 이야기하지 않는가'에 도전하는 것입니다. 아마도 이것이 지금의 텔레비전은 잃어버린 가치관일지도 모릅니다. 여하튼 지금은 안 봐도 아는 텔레비전, 등을 돌리고 있어도 어떤 이야기인지 아는 드라마를 만들어야 하니까요.

몇 년이 흘러도 청개구리인 저는 반대로 이 연속극에서 '계속 안 보면 모르는 드라마'를 목표로 삼았습니다.(어떤 면에서는 중간부터 참가하는 시청자를 거부하는 드라마를 간사이TV가 잘도 양해해 주었다고 생각합니다.)

단, 프로듀서에게는 "복선은 한 편 안에서 거둬들여 주세요"라는 말을 들었습니다. "다음 편에서 복선을 거둬들이려 해 봤자 아무도 기억 못하니까요"라면서요. 이 작품이 범인을 찾는 드라마라면 복선이 여기저기 깔려 있어도 좋았겠지만, 일상적인 드라마에서 소소하게 깔아 놓은 복선을 거둬들이는 것은 지금의 바쁜 시청자들에게는 확실히 어려웠을지도 모릅니다.

하지만 저 자신은 실패했다고 생각하지 않으며, 기회가 주어진다면 (싫증 내지 않고) 다시 도전하고 싶습니다.

그러고 보니 드라마 방영 후 미타니 고키[17] 씨와 대담했을 때, 미타니 씨가 "고레에다 씨, 연속극에서 하고 싶은 걸 전부 하셨지요. 저는 연속극에서 하고 싶은 걸 한 적이 한 번도 없어요. 영화도 마찬가지입니다"라고 해서 놀랐습니다.

미타니 씨는 드라마나 영화는 엔터테인먼트로서 보는 이를 즐겁게 만드는 걸 염두에 두고 있기에 하고 싶은 것은 연극에서만 한다고 합니다. 제가 "하고 싶은 걸 전부 했지만 시청률이 낮아서요"라고 했더니 "그렇게 해서 시청률을 잘 받을 수 있다고 생각하세요?!"라며 저를 꾸짖었습니다. 미타니 씨에게 그런 소리를 들으니 기분이 상쾌하달까요, 흡족합니다.

미타니 씨 이야기를 더 하자면, 그는 언제나 취재하지 않고 각본을 쓴다고 합니다. 전부 상상으로 씁니다.

유일하게 취재해서 쓴 작품이 사흘 밤 연속으로 방영된 스페셜 드라마 〈우리 집의 역사〉[18]인데, 주연인 시바사키 고 씨가 연기한 야메 마사코라는 인물에 자신의 어머니 이야기를 대입해서 썼더니 처음으로 "리얼리티가 없다"는 말을 들었다던가요. 그때까지 취재를 하지 않고 아무리 황당무계한 것을 써도 그런 말을 들은 적이 없었다는데, "유일하게 사실적인 이야기를 썼더니 '그런 사람은 없어'라고 해서 충격이었어요. 리얼리티라는 게 얼마나 엉터리인지 절실히 느꼈습니다"라고 하셔서 미타니 씨다운 일화라고 생각했습니다.

방송 저작권은 없어도 좋다

저의 경우 텔레비전 드라마와 영화의 결정적인 차이점은 거의 없습니다. 현장에서 연출가로서 하는 작업은 완전히 같고요. '텔레비전이니 좀 다른 걸 할까'라든가 '장면을 더 잘게 나눌까'라는 생각도 없으며, 연기를 살짝 과장하는 경우도 없습니다.

하지만 딱 하나 큰 차이가 있다면, 텔레비전 작품을 만들 때는 드라마든 다큐멘터리든 '공공公共에 참가한다'는 의식을 가지고 있다는 점입니다.

영화란 무엇인가 하면, 표현이라는 단어를 쓰고 싶지는 않지만 역시 감독 개인의 '표현'이라고 생각합니다. 영화는 어디까지나 감독의 것이며, 감독의 것이어야 합니다. 즉 영화는 '개인적인 작품'이라는 뜻입니다. 그리고 개인적인 채로 '영화'라는 거대한 강의 한 방울이 된다는 의식을 가질 수 있지요. 다시 말해 실제로 나고 자란 고향과는 다른 '향토patrie'를 가질 수 있습니다. 이는 물론 국적이나 민족, 언어에 폐쇄적이지 않은 향토이며 건전한 '향토애patriotism'를 기를 수 있습니다.

그러므로 원래라면 영화의 저작권은 감독에게 있어야겠지만 텔레비전, 다시 말해 방송의 경우 저작권은 없어도 좋다고 생각합니다.

창작자도 스폰서도 공공에 참가할 때는 어떤 권리관계나 이윤 추구를 위해서가 아니라 다양하고 성숙한 공공의 공간을 만들어 내기 위해 모여야 합니다. 가장 애매하고 눈에 보이지 않지만 풍성한 세계, 즉 공공에 다 함께 참가하고 기여하고 가담하는 것이지요. 이것이 방송의 근본에 있는 철학이자 가치라고 생각합니다.

스폰서는 물건을 팔기 위해서가 아니라 그런 매력적인 공간을 만듦으로써 사회를 성숙시키고, 물건은 그 결과로서 팔려야 하며, 그런 발상으로 참여하는 것이 방송입니다. 그러므로 초상권을 비롯한 여러 문제가 있지만 방송은 기본적으로 저작권 프리로 만들어서 재이용이 가능하도록 해야 하지 않을까요. 사회의 재산, 공동체의 재산으로 삼아 자유롭게 접근할 수 있도록 하고, 방송을 위해서라면 무엇에든 사용되도록 바꾸어 가야 합니다. 그렇지 않으면 보는 쪽도 만드는 쪽도 방송이 무엇을 위해 존재하는지 모르게 되어 어느새 인터넷 세계에 유린당할 것입니다. 저는 그렇게 생각합니다.

기키 기린 씨는 매니저 없이 일하셔서 일을 의뢰할 때는 자택으로 전화를 거는데, 그때마다 꼭 음성 사서함으로 넘어가면서 "과거에 제가 출연한 작품을 쓰고 싶다는 부탁은 전부 수락하니 좋을 대로 쓰세요"라는 내용이 흘러나옵니다. 멋있지요. 돈을 요구하거나 하지 않을 테니 모쪼록 좋을 대로 쓰라는 건 더없이 아름다운 태도입니다.

방송 업계는 모두 그래야 하며, NHK는 특히 그래야 합니다. 수신료로 프로그램을 만들어 방송하면서 자료를 쓰려고 하면 터무니없는 돈을 요구하는 건 잘못된 행위라고 생각합니다. 전혀

'여러분의 NHK'가 아닙니다.

어쨌거나 뉴스든 드라마든 모든 방송은 앞으로 사회의 공유재산으로서 재이용 및 자유로운 접근을 허락해야 하며, 창작자도 시청자도 그렇게 의식을 바꾸어 갔으면 합니다. 방송이 그렇게 적극적으로 역할을 다함으로써 공공을 풍성하게 만드는 것이, 결과적으로 뿔뿔이 흩어진 사람들에게 타자와의 만남과 연대의 장을 제공하고 국가주의로 빨려 들어가는 것을 방지하는 안전망이 되지 않을까요.

주

1 오치아이 마사유키(落合正幸)
텔레비전 드라마 연출가 겸 영화감독.
1958년 도쿄 출생. 니혼 대학 예술학부를
졸업한 뒤 교도 텔레비전 입사. 대표작인
텔레비전 드라마 〈기묘한 이야기〉
중에서는 35편을 감독했다. 1997년
〈패러사이트 이브〉로 영화감독 데뷔.
〈최면〉〈기묘한 이야기—영화 특별편〉을
감독한 뒤 2003년부터 프리랜서가
되었다. 대표작으로 〈감염〉〈셔터 인
도쿄〉〈괴담 레스토랑〉〈주온: 끝의 시작〉
〈주온: 더 파이널〉 등이 있다.

2 쓰카모토 신야(塚本晋也)
영화감독. 1960년 도쿄 출생. 중학교
시절부터 8밀리 필름으로 영화를
만들었다. 니혼 대학 예술학부를 졸업한
뒤 광고 제작회사에 입사하나 4년 만에
퇴사. 1988년 〈전봇대 소년의 모험〉으로
피아 필름 페스티벌 그랑프리 수상.
이듬해 〈철남〉으로 로마 국제 판타스틱
영화제 그랑프리 수상. 대표작으로
〈쌍생아〉〈바이탈〉〈악몽탐정〉〈고토코〉
〈노비〉 등이 있다.

3 이상일
영화감독. 1974년 니가타 출생. 가나가와
대학 경제학부를 졸업한 뒤 니혼
영화학교(현 니혼 영화대학)에 입학했다.
졸업 작품으로 피아 필름 페스티벌에서
그랑프리를 포함한 사상 첫 네 개
부문 독점. 그 후 프리랜서 조감독으로
활동하다 〈보더 라인〉으로 데뷔.
대표작으로 〈69 식스티 나인〉〈스크랩
헤븐〉〈훌라 걸스〉〈악인〉〈용서받지 못한
자〉 등이 있다.

4 아웃 포커스
피사체에 초점을 맞추고 주위를 흐리게
만드는 표현 기법.

5 〈상실의 시대〉
무라카미 하루키의 동명 소설을 트란 안
홍 감독이 영화화한 작품. 2010년 개봉.

6 〈악인〉
요시다 슈이치의 동명 소설을 이상일
감독이 영화화한 작품. 2010년 개봉.

7 〈용서받지 못한 자〉
2013년 개봉한 이상일 감독의 시대극
영화. 1992년 개봉한 클린트 이스트우드
감독 및 주연의 동명 영화 리메이크판.

8장. 텔레비전 드라마에서 할 수 있는 것과 그 한계

8 사카모토 준지(阪本順治)

영화감독. 1958년 오사카 출생. 요코하마 국립대학 교육학부를 다닐 때부터 이시이 가쿠류, 이즈쓰 가즈유키, 가와시마 도루의 현장에 스태프로 참여했다. 대학을 중퇴한 후 1989년 아카이 히데카즈 주연의 〈팔꿈치로 치기〉로 감독 데뷔. 대표작으로 〈권총〉 〈상처투성이 천사〉 〈얼굴〉 〈신(新) 의리 없는 전쟁〉 〈케이티〉 〈망국의 이지스〉 〈다마모에〉 〈카멜레온〉 〈자토이치 더 라스트〉 〈오시카 마을 소동기〉 〈북쪽의 카나리아들〉 등이 있다. 최신작 〈단지〉가 2016년 6월 개봉.

9 〈팔꿈치로 치기〉

사카모토 준지 감독의 1989년 개봉 영화.

10 〈얼굴〉

사카모토 준지 감독의 2000년 개봉 영화. '마쓰야마 호스티스 살해 사건'의 가해자 후쿠다 가즈코를 모티프로 만들었다.

11 가사마스 노리미치(笠松則通)

촬영감독. 1957년 아이치 현 출생. 니혼 대학 예술학부를 졸업한 뒤 오가와 프로덕션에 입사. 대표작으로 이시이 가쿠류 감독의 〈구루이자키 선더로드〉, 사카모토 준지 감독의 〈오시카 마을 소동기〉, 마쓰오카 조지 감독의 〈물장구치는 금붕어〉 〈반짝반짝 빛나는〉 〈도쿄 타워〉, 아라토 겐지로 감독의 〈아카메 48 폭포 동반자살 미수〉, 오가타 아키라 감독의 〈언젠가 책 읽는 날〉 등이 있다.

12 DCP(디지털 시네마 패키지)

35밀리 필름을 대체하는 디지털 데이터를 사용한 영화(디지털 시네마)의 상영 방식.

13 도쿄 필르멕스(TOKYO FILMeX)

2000년부터 매년 가을 도쿄에서 개최되는 영화제. '작가주의'를 표방하며 아시아를 중심으로 각국의 독창적인 작품을 상영한다. 또 개회부터 폐회까지는 도쿄 국립근대미술관 필름 센터에서 관련 기획이 실시된다.

14 MA

멀티 오디오의 약칭. 배경음악이나 효과음을 선정하고 대사를 후시녹음하는 등의 음성 편집 작업.

15 〈혹성탈출: 반격의 서막〉

맷 리브스 감독이 2014년에 만든 미국의 SF 영화. 같은 해 일본 개봉. 2011년 개봉한 〈혹성탈출: 진화의 시작〉의 속편이며 '혹성탈출' 시리즈의 여덟 번째 작품에 해당한다.

16 동일본 대지진
2011년 3월 11일 발생한 도호쿠 지방
태평양 연안 지진과 이에 따라 발생한
쓰나미 및 그 후의 여진으로 인해 일어난
대규모 지진 재해. 이 지진으로 인해
후쿠시마 제1 원자력 발전소 사고가
일어났다.

17 미타니 고키(三谷幸喜)
극작가·각본가·영화감독.
1961년 도쿄 출생. 니혼 대학 예술학부를
다니던 1983년 극단 '도쿄 선샤인
보이즈'(1994년부터 충전 기간에 들어감)를
결성했고, 동시에 방송작가로도
활동했다. 심야 드라마 〈역시 고양이가
좋아〉로 주목받은 후 〈후루하타
닌자부로〉 〈임금님의 레스토랑〉
〈료마에게 맡겨라!〉 등의 연속극 각본을
썼다. 1997년 〈웰컴 미스터 맥도날드〉로
영화감독 데뷔. 대표작으로 〈모두의 집〉
〈더 우초텐 호텔〉 〈매직 아워〉 〈기요즈
회의〉 등이 있다. 2016년에는 NHK
대하드라마 〈사나다마루〉의 오리지널
각본을 썼다.

18 〈우리 집의 역사〉
후지TV 계열에서 2010년 4월 9일부터

사흘 밤 연속으로 방영한 개국 50주년
기념 드라마.

8장. 텔레비전 드라마에서 할 수 있는 것과 그 한계

9장

요리인으로서

2011-2016

〈진짜로 일어날지도 몰라 기적〉 2011

〈그렇게 아버지가 된다〉 2013

〈바닷마을 다이어리〉 2015

〈태풍이 지나가고〉 2016

잠시 감독을 쉬자고
생각했다

진짜로 일어날지도 몰라 기적

2011

'신칸센'이라는 모티프를 받고

프로듀서 다구치 히지리 씨를 통해 JR 규슈로부터 "규슈 신칸센 전 노선 개통을 모티프로 한 기획에 흥미 없어요?"라는 이야기를 들은 것은 "영화를 잠시 쉬겠습니다"라고 휴업 선언을 하고 시간이 조금 지난 무렵이었습니다.(이에 대해서는 나중에 다시 말하겠습니다.)

솔직히 말하자면 지역 협찬물이나 기획물은 제약이 너무 많아서 대부분 실패하기 때문에 거절하려 했는데, "JR 규슈가 전면적으로 후원할 테니 열차를 마음껏 탈 수 있어요"라기에 마음이 움직이고 말았습니다. 또 증조할아버지가 가고시마 현 출신이기도 했고, 제게도 아이가 생겨서 〈아무도 모른다〉와는 다른 아이들 영화를 찍어 보고 싶다는 마음도 커져서 받아들이기로 했습니다.

결과적으로 이 작품은 제 경력의 터닝 포인트가 되었습니다. 외부에서 모티프를 받아서 오리지널 각본을 새로 쓰는 건 처음이었기 때문입니다.

머릿속에 떠오른 이미지는 〈스탠드 바이 미〉[1]처럼 아이들이 선로 위를 걷는 장면입니다. 하지만 후쿠오카와 가고시마 사이를 시나리오 헌팅[2] 해 보니 신칸센 선로는 당연히 걸을 수 없을뿐더러 고가도로가 많아서 먼 산이나 건물 옥상에서 바라보지 않는 한 시야에 들어오지 않습니다. 선로를 걷는 건 어려웠지만 이렇게 보이는 장소를 찾으며 걷는 것 자체는 매우 재미있다는 점을 깨닫고, 줄거리를 '규슈 신칸센이 서로 엇갈리는 순간 그 자리에 있으면 기적이 일어난다는 소문을 믿고 여행을 떠나는 아이들의 이야기'로 바꾸었습니다.

그래서 생각한 것이 '소년이 소녀를 만나는 이야기'입니다. 부모님의 이혼으로 가고시마 외갓집에 맡겨진 남자아이가 신칸센을 보러 가서, 역시 어떤 사정을 품고 있는 하카타의 여자아이와 만난다는 이야기. 이것이 형제의 이야기로 바뀐 이유는 초등학생 개그 콤비 '마에다 마에다'의 마에다 고키, 마에다 오시로 형제와의 만남이 너무도 인상적이었기 때문입니다.

그들은 일반 아이들 틈에 섞여 오디션을 보러 왔습니다. 저는 두 아이를 잘 몰랐는데도 존재감이 너무 커서 오디션 다음 날에는 각본을 다시 쓰기 시작했을 정도입니다. 덕분에 그 뒤의 아역 오디션이 큰일이었습니다. 그전까지 아주 좋은 연기를 펼치고 있었는데도 마에다 마에다 형제와 함께 연기하자마자 리듬이 망가지는 아이도 있었고, 그들의 강렬한 간사이 사투리에 휩쓸려서 자신도 간사이 사투리를 쓰는 아이도 있었습니다.

마에다 마에다 형제에게 지지 않을 아이를 찾는 것. 그리고 '이 사람한테는 찍혀도 좋아'라는 아이들의 직감과 '이 아이를 찍어 보고 싶다'는 제 마음이 얼마나 잘 맞는지도 중시했습니다. 제가

〈진짜로 일어날지도 몰라 기적〉 2011년 6월 11일 개봉 | 128분 **배급** GAGA **제작** JR 히가시니혼 기획, 반다이 비주얼, 시로구미 외 **특별협찬** 규슈 여객철도(JR 규슈) **줄거리** 부모님의 이혼 때문에 가고시마 현과 후쿠오카 현으로 따로 떨어져 사는 초등학교 6학년 형 고이치와 4학년 동생 류노스케. 언젠가 다시 가족 넷이서 함께 살기를 바라는 두 형제는 규슈 신칸센이 서로 스쳐 지나갈 때 그 자리에 있으면 소원이 이루어진다는 소문을 우연히 듣고 친구들과 계획을 세우기 시작한다. **수상** 산 세바스티안 국제영화제 최우수 각본상, 아시아 태평양 영화제 최우수 감독상 외 **출연** 마에다 고키, 마에다 오시로, 하야시 료가, 나가요시 호시노스케, 우치다 캬라, 하시모토 간나, 이소베 렌토, 오다기리 조, 오쓰카 네네, 기키 기린, 하시즈메 이사오, 나쓰카와 유이, 하라다 요시오 외 **촬영** 야마자키 유타카 **조명** 오노시타 에이지 **미술** 미쓰마쓰 게이코 **녹음** 쓰루마키 유타카 **음악** 구루리

© 2011 〈진짜로 일어날지도 몰라 기적〉 제작위원회

9장. 요리인으로서

찍는 아이들 영화에서는 기술이나 이름값이 아닌 좋은 궁합이 가장 중요합니다. 그렇게 찾은 아이들 일곱 명에게는 그전 영화와 마찬가지로 각본을 전혀 건네지 않은 채 당일에 장면을 설명하고 대사를 말로 전하는 촬영 방법을 철저하게 지켰습니다.

그런 순간순간의 아이들 연기가 살기 위해서는 그 부분을 잘 받아들여 줄 능숙한 어른 배우가 필요합니다. 이번에는 기키 기린 씨, 하시즈메 이사오 씨, 오쓰카 네네 씨, 오다기리 조 씨, 나쓰카와 유이 씨 등이 그런 입장을 수락해 주었습니다. 하시즈메 씨는 "나도 대사는 말로 알려 주는 게 편한데"라고 했고, 다른 배우들도 그 순간의 앙상블을 대체로 재미있어 하는 것 같아서 안심했습니다.

촬영 전에는 기키 씨가 청해서 가고시마에서 단 둘이 밥을 먹었는데, 평소에는 전혀 그런 행동을 하지 않던 그녀가 튀김을 먹으면서 식탁 위에 각본을 펼치고는 "감독님. 잘 알겠지만 이번에는 아이들이 주인공인 영화니까 어른 배우를 클로즈업하거나 돋보이게 만들 필요는 없어요"라고 말했습니다. 덕분에 '아이들 영화를 찍는다'는 각오가 단단해져서 촬영 중에도 고민하지 않고 끝났던 점에 감사하고 있습니다.

각본에 꼭 필요한 오디션과 로케이션 헌팅

저는 아주 청개구리 같은 성격인데, 아이들의 성장이 이 영화의 주제 중 하나라면 '기적이 이루어지기를 빌러 가서 빌지 않고 돌아오는 이야기'로 만들자고 생각했습니다. '어째서 빌지 않는가?'는 둘째 치고 여하튼 빌지 않고 돌아오지만 성장하는 아이들의 이야기로 만들고자 했던 것입니다.

이는 줄거리를 본 관계자가 "부모가 각자 아이들이 없어진 것을 깨닫고 신칸센으로 구마모토까지 쫓아가서 가족 넷이서 다시 잘해 보자며 얼싸안고 끝나면 감동적이지 않을까요"라고 말한 게 계기입니다. 건방지게 들리겠지만 '그건 기적도 아니고 성장도 아니야'라고 생각했습니다. 제가 그리고 싶은 건 그것과는 정반대의 세계였습니다. 하지만 이런 점을 알아차리게 해 주니까 어떤 의견이라도 듣는 편이 좋습니다. 결코 비꼬는 말이 아닙니다.

제 경우 각본을 보다 매력적이고 사실적으로 만들기 위해서는 오디션이나 로케이션 헌팅[3]이 반드시 필요합니다.

이 영화의 오디션을 볼 때 아이들에게 "아이 넷이서 부모님께는 비밀로 하고 신칸센을 보러 가고 싶어 한단다. 하지만 그러려면 4000엔이 들거든. 어떻게 하면 돈을 모을 수 있을지 서로 의논해 보렴"이라고 상황을 설명한 후 자유롭게 이야기 나누게 했습니다. 여기에는 연기력 확인뿐만 아니라 각본 리서치의 의미도 담겨 있습니다. 가령 영화 속에 나오는 "아빠가 옛날 울트라맨 인형을 가지고 있으니까 그걸 팔면 돼"라는 대사도 오디션에서 들은 아이의 아이디어입니다.

어떤 기적이 일어나면 좋겠는지를 서로 이야기하는 장면에서 하시모토 간나가 말했던 "유토리 교육(과도한 주입식을 지양하고 창의성과 자율성 존중을 주장하는 교육―옮긴이)이 다시 한 번 부활하면 좋겠다"는 대사도 저라면 절대로 생각해 내지 못했을 겁니다. "죽은 애완견이 되살아나면 좋겠어"라는 대사는 오디션에서 '이루고 싶은 기적'을 물었을 때 그렇게 대답한 아이가 몇 명 있어서, 죽은 존재가 되살아난다고 믿을 수 있는 건 초등학교 4학년 정도가 마지막이겠구나 싶어서 캐스팅했습니다.

이럭저럭하는 사이에 '어째서 기적을 빌지 않는가'에 대한 이유와 연결되는 '세계'라는 말도 겨우 나왔습니다.

이는 장남이 떨어져 살고 있는 아버지와 통화하다가 아버지에게 듣는 말입니다. 장남은 그때는 뜻을 몰랐지만, 그 말이 마음속에서 커져서 신칸센이 엇갈리며 지나가는 순간 '우리 부모님은 이제 두 번 다시 원래대로 돌아가지 않을 거고 세계는 내 생각대로 되지 않는다'는 사실을 알아차리고 돌아옵니다. 그리고 그 말은 남동생에게 이어져 남동생이 아버지에게 되돌려 준다는 일련의 흐름을 떠올릴 수 있었습니다.

마지막 장면이 완성된 것도 크랭크인 2주 전입니다.

가고시마 로케이션 헌팅으로 장남이 살 집을 찾아서 사쿠라지마가 보이는 베란다에 장남을 (상상 속에서) 세웠을 때, 할아버지와 마찬가지로 손가락을 핥아 풍향을 확인하며 "오늘은 재가 안 쌓이겠어"라는 대사를 쓸 수 있었습니다. 이 대사가 가고시마에서 살아가는 것을 받아들이는 장남의 성장이며, 미래를 느끼게 하는 장면이라고 스스로 납득했습니다.

주제는 디테일을 채우는 가운데 태어난다

이처럼 저의 경우, 주제는 찍기 전에 아는 것이 아니라 작품의 자잘한 디테일을 채워 나가는 가운데 생기는 경향이 강합니다.

하지만 주제나 메시지는 저 자신이 의식하고 있을 뿐이라서 인터뷰할 때도 되도록 말하지 않으려 합니다. 작품에는 제가 지금 살고 있는 세계나 생각하는 게 반영되어 있을 테니 구태여 말로 표현함으로써 제가 파악하고 있는 부분 외의 주제나 메시지가 버려지는 것을 피하고 싶기 때문입니다.

반대로 가끔 저에게 말을 요구하지 않고 작품에 떠도는 의식

아래의 주제나 메시지를 건져 올려서 언어로 표현해 주는 기자나 영화평론가를 만나면 몹시 기쁩니다.

〈진짜로 일어날지도 몰라 기적〉에서는 "코스모스 밭에서만 시점이 변한다"고 짚어 낸 기자가 있었습니다. "이번 작품에서는 항상 아이들 곁에서 이야기가 진행되는데, 코스모스 밭이 나오는 장면 마지막에만 카메라가 코스모스 밭에 있으면서 멀어져 가는 아이들을 배웅합니다. 빈 화면에 아이들의 목소리만 들리는데, 그 장면에서만 시간이 아이들 곁에 있지 않고 다른 쪽에 있습니다. 그 점이 무척 인상적이었습니다"라고 말해 준 것입니다.

확실히 그 순간에만 코스모스를 두고 사라진 사람이라는 '과거'와 그곳에서 아이들이 모은 코스모스 씨앗을 언젠가 뿌리리라는 '미래'로, 시간을 앞뒤로 살짝 넓혔습니다. 주인공이 '이미 사라져 버린 것'과 '앞으로 이어질 미래'로 의식을 펼쳐 나가는 이야기를 만들고 싶었기 때문에 그 부분만 시간을 동시에 진행하지 않았던 것입니다. 하지만 노림수라고는 해도 카메라의 위치를 살짝 바꾸었을 뿐이어서 그 점을 읽어 내다니 대단하다고 생각했습니다.

또 한 사람, 영화평론가 하스미 시게히코[4] 씨의 평도 기뻤습니다.

하스미 씨는 제가 대학생 때 릿쿄 대학에서 당시 영화를 좋아하는 도쿄의 대학생이 모두 들었던 것으로 아는 '영화표현론'이라는 특별한 수업을 하셨습니다. 스오 마사유키 씨, 구로사와 기요시 씨, 아오야마 신지 씨, 시노자키 마코토 씨, 만다 구니토시[5] 씨 등은 모두 그 수업의 '졸업생'입니다. 저는 와세다대 학생이라서 몰래 들었기 때문에 '하스미 문하생'이라고는 못하겠지만 어쨌거나 매우 자극이 되는 수업이라 재미있었습니다. 대학에서 유일하게 빼먹지 않고 들었던 수업입니다.(남의 대학이지만요.)

그나저나 일반적인 영화평론이라면 아이가 천진난만하고 생기 있게 묘사되는 점을 좋게 보겠지만 하스미 씨는 완전히 달랐습니다. 장남이 수영을 하고 돌아오는 길에 버스 창가에 앉아 창밖에서 불어오는 바람에 머리카락이 나부끼는 장면과 구마모토의 하룻밤 묵은 집에서 할머니가 여자아이의 머리카락을 빗어 주는 장면. 그 두 장면에서 아이들의 표정이 어른으로 찍혀 있는 점이 훌륭하다, 라고 써 주신 것입니다.

그 두 장면에서는 실제로 두 사람을 어른으로, 다시 말해 아이가 아닌 여러 가지를 짊어진 인간으로 찍으려고 시도했습니다. 그래서 하스미 씨의 평은 감독에게는 더없이 행복한 말이었습니다.

아이들을 촬영할 때 신경 쓰는 점은 어른 이상으로 존경하며 찍으려고 의식하는 것입니다. 아이도 한 인간으로서 어른 배우와 똑같이 찍습니다. 하지만 그렇다 해도 몇 장면은 대사 없이 그들

9장. 요리인으로서

ⓒ 2011 〈진짜로 일어날지도 몰라 기적〉
제작위원회

이 품고 있는 어떤 날것의 감정을 관객이 의식하도록 찍어야 하니, 이 부분이 상당히 어렵습니다.

가령 장남이 버스 창가에 앉아 있는 장면은 "바람이 불어 들어와 젖은 앞머리가 바람에 날려서 기분 좋다는 걸 느끼렴" 하고 전했습니다. 고키도 수영장에 다닌 경험이 있어서 곧바로 이해했습니다. 거울을 보는 여자아이의 경우는 "이 장면에서는 뭘 생각하고 있나요?"라는 질문을 받아서 "이 어머니는 소중한 딸과 떨어져서 사는 거야"라며 자신의 미래와 겹쳐 보도록 했습니다. 단, 감정은 설명하지 않았습니다.

무언가를 가만히 바라보는 표정을 바라보는 곳을 비추지 않고 찍으면, 관객은 배우가 무엇을 보고 있는지도 포함하여 프레임 바깥쪽을 상상하며 그 인물의 내면으로 문득 다가갑니다. 그래서 아이를 찍을 때 가장 중요한 연출은 아이를 어디에 둘지 정하는 것이라고 생각합니다.(이는 어른 배우도 마찬가지일지 모릅니다.)

아이의 눈을 통해 사회를 비평한다

로케이션 헌팅이나 오디션뿐만 아니라 현장에서도 다양한 발견이 있습니다.

예를 들어 "죽은 애완견이 되살아났으면 좋겠다"고 빌었던 소년은 가고시마 역으로 돌아왔을 때 '개는 이제 되살아나지 않는구나'라고 이해하는데, 저는 이것이 성장이라고 생각했습니다. 그래서 가고시마 역 계단을 내려가는 장면에서 "일단 멈춰 서서 배낭 속을 들여다보고 역시 되살아나지 않았다는 걸 확인한 다음 다시 걸어가렴" 하고 소년에게 지시했더니 "마블(개 이름)은 되살아나지 않아요?"라고 묻는 것이었습니다. "응, 되살아나지 않아"라고 대답하자 "에이, 해피엔드로 해 주세요"라고 했습니다.

생각해 보면 제목이 '기적'이니(이 영화의 원제는 '기적'이다—옮긴이) 아이들은 저마다 어떤 기적이 일어나지 않을까 상상했을지도 모릅니다.

그래서 연출을 조금 바꾸기로 했습니다. 이제까지 계속 두 소년의 뒤를 따라다녔던 남자아이가 그때는 스스로 배낭 지퍼를 닫고 앞장서서 계단을 내려가는 장면으로 만들었습니다. 뛰어가는 순서를 바꾸는 것만으로 아이들의 미묘한 의식 변화를 그릴 수 있다는 발상은 그 아이의 말이 아니었다면 할 수 없었겠지요. 지금도 몹시 좋아하는 장면입니다.

앞서 말한 '감정을 설명하지 않는다'는 점을 불안하게 여기는 창작자도 있을지 모르지만, 말로 설명해 버리면 그것을 표현해야만 한다고 생각하는 배우가 때때로 그렇게 합니다. "슬픈 느낌이야'라고 말하면 대사에 슬픔을 담으려 하는데, 어쨌거나 저는 그것을 피하고 싶습니다.

특히 고키는 아주 영리해서 설명하면 표현하고, 또 표현할 수 있게 됩니다. 하지만 제가 바라는 것은 그런 게 아닙니다. 오히려 고키는 말할 때보다 잠자코 있을 때의 표정이 영상으로서 매력적입니다. 그래서 재잘거리는 건 남동생에게 맡기고 고키에게는 바라보거나 생각하는 등 침묵을 담당하게 했습니다.

가령 마지막에 "오늘은 재가 안 쌓이겠어"라고 말하는 장면도 "할아버지가 했던 말을 그대로 흉내 내렴" 하고 지시했을 뿐, 어떤 의미가 있는지는 전혀 설명하지 않았습니다. 영화가 완성되어 시사회를 본 기자가 "마지막에 여기서 살아가기로 결심한 고이치의 성장한 모습에 감동했습니다"라고 하자 "그랬어?! 그 마지막 장면엔 그런 의미가 있었어?!"라며 비로소 알아차렸을 정도여서, 그때만큼은 저를 돌아보며 "감독님, 대단하네요" 하고 다시 봐주었습니다.

한편 저는 5장에서 "어째서 죽은 자를 계속 찍는가?"라는 외국인 기자의 질문에 "일본에는 조상을 뵐 낯이 없다는 사고방식이 있다"고 대답했다는 이야기를 했습니다. 이런 가치관은 요즘 옅어지고 있지만, 죽은 자는 확고한 존재이며 저는 죽은 자의 눈을 통해 지금의 어른을 객관적으로 비평할 수 있다고 생각합니다.

아이도 어른에게 그런 존재입니다. 아직 완전히 사회 일원이 되지 않은 아이의 눈을 통해 우리가 사는 이 사회를 비평할 수 있는 것이지요.

제 이미지로는 과거, 현재, 미래를 세로축에 놓으면 죽은 자는 세로축에 존재하며 시간을 뛰어넘어 우리를 비평하는 존재, 아이는 같은 시간축에 있지만 수평으로 멀리 떨어진 곳에서 우리를 비평하는 존재라는 느낌입니다.

저의 영화에 죽은 자와 아이가 중요한 모티프로 자주 등장하는 이유는 이 두 존재로부터 사회를 바깥에서 비평하는 시선을 느끼기 때문이겠지요.

동일본 대지진 때……

〈진짜로 일어날지도 몰라 기적〉은 규슈 신칸센 개통이 모티프인 영화인데, 그 규슈 신칸센이 2011년 3월 12일 개통되기 전날 동일본 대지진이 일어났습니다. 개업식은 중지되었고 개통을 축하하는 광고도 방송이 보류되었습니다.

저는 그 순간 시부야의 영화관 르시네마에서 〈킹스 스피치〉[6]를 보고 있었습니다. 6층이어서 상당히 흔들렸지만 아무 일도 없다는 듯 상영은 계속되었던 것을 기억합니다. 역시 관객들이 술렁거리기 시작했고 반 이상 밖으로 나갔습니다. 저도 나갔는데 엘리베이터는 멈춰 있었고 로비에는 창문이 없어서 밖이 어떤 상황인지 알 수 없었습니다. 이 정도의 흔들림이면 건물이 무너졌을지도 모릅니다.

저는 어린이집에 딸을 데리러 가려고 계단으로 내려가서 운 좋게 택시를 잡아타고 집으로 갔습니다. 여러 물건이 흩어져 있는 방을 가로질러서 텔레비전을 켜자 모든 채널에서 쓰나미 생중계가 흘러나오고 있었습니다. 이제껏 본 텔레비전 방송 가운데 가장 충격적인 영상이었습니다.

그 뒤로는 통상적인 프로그램이 모두 중지되어 보도 방송 일색이었습니다. 저는 '텔레비전 연출가'라는 직함이 있음에도 불구하고 텔레비전의 역할이 이렇게나 필요할 때 외부 제작사라는 이유로 보도에 관여하지 못하는 채 시청자로 있을 수밖에 없었습니다. 그 점에 위기감과 초조함을 느꼈습니다.

티브이맨 유니언 같은 외부 제작사가 NHK와 프로그램을 만들 때는 반드시 NHK 엔터프라이즈라는 제작사를 창구 삼아 공동으로 제작해야 한다는 규칙이 있습니다. 그 NHK 엔터프라이즈로부터 '피해지 취재 자숙 요청' 메일을 받은 것도 충격이었습니다. 이는 다시 말해 '지금 도호쿠에서 제작하고 있는 NHK 프로그램을 중지해 주기 바란다'라는 완곡한 요청입니다. NHK로부터 직접 취재 자숙 요청을 받았다면 차라리 이해가 되었을 것입니다. 하지만 같은 제작사인 NHK 엔터프라이즈로부터 그런 요청을 받았다는 점을 저는 납득할 수 없었습니다. 게다가 온 일본의 제작사가 이 건에 관해 그다지 반발하지 않았다는 점에도 더욱 초조함을 느꼈습니다.

그래서 저는 텔레콤 스태프의 나가시마 고헤이 씨와 크리에이티브 넥서스의 이노우에 게이코 씨 등 같은 세대 연출가들과 모여서 이야기를 나누었습니다. 적어도 현지에 가서 무언가를 찍는 편이 좋지 않은가, 방송국 사람들에게 모든 것을 맡긴 채 제작사는 절전에 협력하며 오후 4시에 퇴근해도 괜찮은가 하고요. 그런 의문은 모두가 공유하고 있었기 때문에 TBS의 〈뉴스 23〉 제작진을 만나러 가기로 했습니다.

당시는 TBS에서만 50팀, 각 지방 방송국을 합치면 대략 300팀 정도가 피해지에서 촬영을 하고 있었던 모양인데, 그 방송국 사람들조차 방송할 프로그램이 거의 없다는 설명을 들었습니다. "매일 전국에서 보내 오는 계열국의 영상을 처리하는 것만으로도 벅차다"고요. 당연히 외부 제작사까지 신경 쓸 수 없었을 것입니다.

무엇과도 바꿀 수 없는 소중한 것은 일상에

그러므로 어쩔 수 없었습니다. 우리는 텔레콤 스태프, 크리에 이티브 넥서스, 티브이맨 유니언의 세 회사로 합동 팀을 꾸렸고 취재를 위한 자금도 스스로 조달했습니다. 4월 1일부터 3일까지 저는 카메라맨 야마자키 유타카 씨와 함께 게센누마, 리쿠젠타카타, 이시노마키, 오나가와 등을 돌았습니다.

그러나 상황이 너무도 처참해서 저는 아무래도 사람들을 찍을 수 없었습니다. 그 장소에 간 일은 언젠가는 어떤 형태로 작품에 반영할지도 모릅니다. 하지만 이때는 우선 가서 보고 그 땅에 서서 냄새를 맡은 뒤 돌아왔습니다. 그것이 지진 재해에 대한 제 행동의 첫걸음이었습니다.

대체 어떤 방식이면 나도 참여할 수 있을까?

그렇게 생각하던 차에 제가 피해지를 방문했다는 사실을 안 최양일[7] 감독에게서 연락을 받았습니다. 최양일 씨는 일본영화감독협회[8] 이사장이기도 해서, 지진 재해를 주제로 감독들이 저마다 영화를 만든다는 아이디어와 감독 각자가 자기 작품을 피해지로 가져가서 상영한다는 아이디어를 제안했습니다. 후자에는 사카모토 준지 씨와 이상일 씨, 니시카와 미와 씨 등이 협력했다고 들었습니다.

9장. 요리인으로서

저도 협력하고 싶었지만 〈진짜로 일어날지도 몰라 기적〉 상영이 걱정되었습니다. 지진 이후로 시사회를 본 기자들이 전부 지진 재해 관련 질문만 해서, 이대로 상영하면 만든 사람도 그렇게 생각한다고 여겨질 것 같았기 때문입니다. 가족이 원래대로 함께 살기 위해 사쿠라지마 화산 분화라는 자연재해를 바라는 아이들의 이야기니까요.

게다가 상영 즈음해서는 "밝은 영화를"이라는 말을 들어서 놀랐습니다. 가령 도서관이 떠내려가서 책을 보낸다면 밝은 책만 보내지는 않겠지요. 하지만 영화라면 밝은 작품을 바랍니다. 만약 그런 상황에서 〈진짜로 일어날지도 몰라 기적〉을 상영하면 "사람 사이의 유대와 아이들의 밝은 모습을 보고 기운 내세요"라는 말을 들을 위험성이 생길 수 있습니다.

고민 끝에 5월에 센다이와 후쿠시마에서 관람료 1300엔을 전액 아시나가 육영회에 기부하는 자선 상영회를 열기로 했습니다. 이것이 두 번째 걸음입니다. 저는 두 날 다 상영회에 들어갔는데, 관객과의 대화를 하며 관객들의 표정을 보니 '아이의 성장 이야기로 따뜻하게 받아들여 줬구나' 싶어서 조금 안심했습니다.

그 후 후쿠시마 상영회에 오신 후쿠시마 현립 소마 고등학교의 방송부 고문 선생님으로부터 방송부원 세 명이 NHK배 전국 고등학교 방송 콘테스트'에 참여하기 위해 다큐멘터리를 만들고 있으니 그 학생들에게 격려의 메시지를 보내 줬으면 한다는 부탁을 극장에서 직접 받았습니다. "그러면 직접 만나러 가겠습니다"라고 대답하고 뒷날 소마 고등학교를 찾아갔습니다. 저는 피해지를 찍지 않겠다고 결심했지만 찍는 아이들을 응원하는 일이라면 할 수 있을지도 모른다고 생각했기 때문입니다. 이것이 세 번째 걸음인데, 이 과정은 〈도호쿠발☆미래 학원〉⁹이라는 프로그램에 담겨 2014년 NHK ETV에서 방영되었습니다.

동일본 대지진으로부터 5년이 지났지만 당시의 일은 지금도 생생한 기억으로 몸에 남아 있습니다. 당시 창작자들은 자신이 만드는 것에 가치가 있는가, 애초에 지금 무언가를 만드는 게 옳은가 하는 불안과 초조함을 껴안고 있었습니다. 그래서 저마다의 사고나 탐색의 경험을 거쳐서 다시 한 번 무언가를 만드는 일상으로 돌아간 것이라고 생각합니다.

저 자신도 하루하루 생활하는 가운데 세상의 감촉이 달라진 것을 느끼므로 작품에 그린 마음이 반영되지 않는다고 하면 거짓말이겠지요. 하지만 제가 그려 온 것에 대해 말하자면 지진 재해 전과 후의 명확한 차이점은 없다고 생각합니다.

만약 제 영화에 공통된 메시지가 있다면, 무엇과도 바꿀 수 없는 소중한 것은 비일상이 아니라 사소한 일상 속에 존재한다는

점입니다. 생각해 보면 〈진짜로 일어날지도 몰라 기적〉은 그 점을
비교적 솔직한 형태로 그린 영화라고 할 수 있을지도 모릅니다.

그렇게 아버지가 된다

2013

나와 아이를 잇는 것은 '피'인가 '시간'인가

후쿠야마 마사하루 씨가 주연을 맡은 영화 〈그렇게 아버지가 된다〉는 후쿠야마 씨가 직접 저에게 연락한 것을 계기로 탄생한 작품입니다.

언젠가 공통의 지인인 영화 관계자를 통해 "함께 무언가를 한 다는 전제가 아니라 서로 만나서 분위기가 좋으면 그다음 일을 생각하는 식으로 가볍게 만나 보지 않겠습니까?"라는 제안을 들 었습니다. 기쁘면서도 솔직히 '내가 만드는 것도 보는구나' 싶어 서 놀랍기도 했습니다.

실제로 만났을 때 받은 인상은 '아주 겸허하고 영리하다' '그 자 리에 있는 사람을 즐겁게 만드는 엔터테이너'였습니다. 또 표현이 매우 진지했고, 게다가 한층 더 성장을 원하는 듯한 욕심도 느꼈습니다.

그 자리에서 후쿠야마 씨로부터 '후쿠야마 마사하루 주연 영화'가 아니라 "작가성 강한 감독 세계의 일원이 되어 보고 싶다"는 말을 들었습니다. "주연이 아니어도 좋아요. 물론 주연이어도 상관없지만요"라고요. 왠지 그 말투가 아주 매력적이고 근사하다고 생각했습니다. 저 역시 '후쿠야마 마사하루'라는 배우와의 만남을 거치면 지금까지와는 다른 형태의 영화가 완성되지 않을까 하고, 불안이 기대로 바뀌어 줄거리를 쓴 것이 첫 시작이었습니다.

줄거리는 심장외과 의사 이야기, 화가 이야기, 시대극 그리고 〈그렇게 아버지가 된다〉의 원형 등 전부 네 가지였습니다. 후쿠야마 씨와 몇 번인가 공을 주고받으며 기획을 부풀려 나가는 가운데 모처럼 찍는 것이니 후쿠야마 씨에게 여태껏 없었던 측면을 이끌어 내고 싶어졌고, 개인적으로는 마지막 이야기의 아버지 역이라면 그럴 가능성이 높지 않을까 생각했습니다. 후쿠야마 씨도 처음에는 자신이 아버지로 보일지 불안해하는 듯했지만, "조금씩 부성을 깨달아 가는 아버지 이야기니까 오히려 처음에는 아버지로 보이지 않는 편이 좋아요"라고 했더니 안심하는 눈치였습니다.

이야기의 모티프는 '아기가 뒤바뀐 사건'입니다.

두 가족의 아들이 출산 후 병원에서 뒤바뀌었는데 6년 후 그 사실이 밝혀집니다. 한 아버지는 일류 대학을 졸업한 뒤 대형 건설 회사에 다니며 도심의 고급 맨션에서 아내와 아들과 사는, 승승 장구하며 살아온 엘리트 특유의 오만함이 역겨운 인물입니다. 다른 한 아버지는 지방에서 작은 전파사를 운영하며 아르바이트를 하는 아내, 여섯 살짜리 맏이를 비롯한 세 아이와 함께 북적북적하게 지내는, 유복함과는 인연이 없는 인물입니다. 후쿠야마 씨는 전자를 연기했습니다.

아기가 뒤바뀌는 모티프를 고른 데에는 저 역시 아버지가 된 영향이 컸습니다. 5년 동안 딸의 성장을 눈앞에서 지켜보며 저와 아이를 잇는 것이 '피'인지 '시간'인지 자주 생각하게 되었기 때문입니다.

참고문헌인 《뒤틀린 인연—아기가 뒤바뀐 사건의 17년》[10]에 쓰

© 2013 후지TV · 어뮤즈 · GAGA

〈그렇게 아버지가 된다〉 2013년 9월 28일 개봉 | 121분 **배급** GAGA **제작** 후지TV, 어뮤즈, GAGA **줄거리** 엘리트 인생을 걸어온 주인공 료타는 어느 날 6년 동안 소중히 키운 아들이 출산 후 병원에서 다른 사람의 자식과 뒤바뀐 아이라는 사실을 알게 된다. 혈연인가, 지금까지 지내 온 시간인가. 두 가족은 갈등과 고민 끝에 어떤 결단을 내리고 시도한다. **수상** 칸 국제영화제 심사위원상, 산 세바스티안 국제영화제 관객상, 밴쿠버 국제영화제 관객상 외 **출연** 후쿠야마 마사하루, 오노 마치코, 마키 요코, 릴리 프랭키, 니노미야 게이타, 황 쇼겐, 후부키 준, 기키 기린, 나쓰야기 이사오 외 **촬영** 다키모토 미키야 **조명** 후지이 노리키요 **미술** 미쓰마스 게이코 **의상** 구로사와 가즈코

여 있는 내용도 자극적이었습니다. 아기가 뒤바뀌는 사건은 실제로 1965년 무렵에 전국에서 많이 일어났으며, 제가 조사한 바에 의하면 대부분의 경우 '피'를 선택하여 서로의 아이를 교환했습니다. 그러나 《뒤틀린 인연》에 등장한 오키나와의 두 가족은 서로의 아이를 바꾸지 않았습니다. 그래서 현재가 설정인 이 영화에서도 '피'로 결론짓지 않는 착지점을 제시할 수 있다면, 지금 그들의 모습을 그리는 의미가 있으리라 생각했습니다.

캐릭터를 관찰하며 입체화하다

모티프를 고른 방식은 그전과 다름없지만, 작품 자체는 제 전작들에 비해 엔터테인먼트성이 높아졌다고 생각합니다. 장면 묘사에 비중을 두고 스토리상 앞으로 나아가지 않는 부분도 재미있으면 남기는 것이 그전까지의 연출이었다면, 이번에는 이야기의 윤곽을 뚜렷하게 드러내고 주인공 캐릭터를 도입부 10분 안에 관객에게 알려 주며, 주인공에게 조금씩 압력을 가하면서 그것을 어떻게 극복해 나가는지를 지켜보는 정통적인 극작을 의도했습니다. 모든 장면이 스토리에 봉사한달까, 이야기를 앞으로 나아가게 하는 형태입니다. 말하자면 다큐멘터리적 수법을 억제했습니다.

또 각 메인 캐릭터에게 '피'와 '시간'에 관한 결정적인 대사를 주었습니다. 이를테면 후쿠야마 씨가 연기하는 노노미야 료타의 "역시 그랬던 거군", 릴리 프랭키 씨가 연기하는 사이키 유다이의 "시간이죠…… 애들한텐 시간이에요", 료타 아버지의 후처가 말하는 "부부도 같이 살다 보면 닮아 가거든" 등이 그런 대사입니다.

료타의 캐릭터도 피가 이어진 자신의 아들에게 젓가락 쥐는 법을 가르치거나 캠핑 도구를 사서 바람직한 아버지상에 열심히 가까워지려고 노력하는 한편, 상대 가족의 아버지가 돈 이야기를 하면 경멸하는 주제에 본인은 "내가 왜 전기상한테 그런 말을 들어야 하지?"라고 무심코 말하는 일종의 둔감함을 지니고 있습니다. 그런 이중성이 있는 입체적인 인물로 묘사하는 것을 항상 염두에 두었습니다. 저 자신의 몹시 싫은 부분, 보여 주고 싶지 않은 부분을 기억을 더듬어 파내며, 후쿠야마 씨의 캐릭터도 관찰하며 '이 사람이라면 이럴 때 어떻게 말할까?'를 생각해서 입체화했습니다. 작품 만들기에는 기억과 관찰과 상상력 세 가지가 큰 부분을 차지하는데, 이 영화의 경우는 특히 관찰의 비중이 컸습니다.

실은 촬영했지만 쓰지 않은 장면이 있습니다. 가출한 아들을

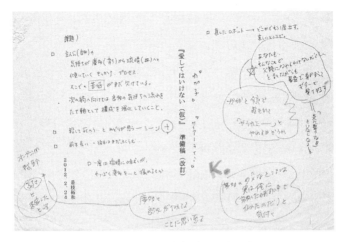

〈그렇게 아버지가 된다〉 각본 초안 표지

데리러 온 료타에게 유다이가 "육아는 공을 던지는 게 아니라 받는 거야"라고 하는 대사가 있었습니다. 후쿠야마 씨가 연기하는 료타는 아버지가 던지고 싶은 공을 던지는 투수형이고 릴리 씨가 연기하는 유다이는 아이가 어떤 공을 던져도 받아 내는 포수형인데, 전혀 다른 두 타입을 이 대사로 표현했던 것입니다. 유다이가 너무 멋져 보여서 잘라 냈지만요.

의외로 후쿠야마 씨 본인은 배우로서는 포수형이었습니다. 커뮤니케이션 능력이 아주 뛰어나고 상대의 연기를 정확하게 받아서 연기할 수 있는 유연한 분이었습니다. 만나기 전에는 자신이

하고 싶은 연기 방식이 좀 더 명확하게 있으리라고 생각했기 때문에 그런 점은 도움이 되었고 놀랍기도 했습니다.

또 음악을 하는 사람이어서 귀가 좋은 것 같은데, 아들의 수험장에 따라가는 장면에서 말하는 "(이 학교는) 돈 많이 벌었나 봐", 유다이에게 제안하는 "대학 동기 중에 변호사가 있으니까요", 사이키가를 처음 방문했을 때 낡아빠진 가게 외관을 보고 말하는 "이런 이런" 등 대사 구석구석에 자신의 캐릭터인 얄미운 엘리트 느낌을 내며 료타가 가진 좋은 면과의 대비를 능수능란하게 표현했습니다.

피사체로서는 어떻게 찍어도 그림이 되니까 그 점에 주의하며 아름답다고 생각한 옆얼굴은 가장 인상적인 장면으로 남겨 두는 등 궁리를 했습니다.

출연진의 도움을 받은 현장

"캐스팅이 작품의 8할을 결정한다"고 앞에서도 썼을지 모르겠는데, 〈그렇게 아버지가 된다〉도 아주 조화로운 배역의 혜택을 받았던 것 같습니다.

저는 캐스팅이 결정된 단계에서 아역 말고는 목소리를 떠올리

9장. 요리인으로서

며 각본을 다시 씁니다. 도중에 몇 번 대본 리딩을 하면서도 표현이나 어미를 바꾸기 때문에 최종적으로는 배우에게 맞추어 쓰게 되지요.

그래도 최종고가 나온 단계는 제 안에서 60점입니다. 두 가족이 처음 만나는 현장에서는 각각 다른 분장실에 들어가게 해서 거기서 어떻게 도시락을 먹는지, 대기 시간을 어떻게 보내는지를 관찰하며 각본에 반영했습니다. 유다이의 "스파이더맨이 거미란 거 알아?"라는 대사도 릴리 씨 본인이 아역 배우의 긴장을 풀어주려고 했던 말을 그대로 쓴 것입니다.

저는 정말로 언제나 출연진의 도움을 받는 것 같은데, 이번에도 큰 도움을 두 가지 받았습니다.

첫 번째는 피사체에 이끌려 캐릭터가 더욱 매력적으로 변한 것입니다. 사실 초고에서는 유다이 역이 조금 더 비루했고, 유다이의 아내 유카리도 보다 지성이 느껴지지 않는 역할이었습니다. 그러나 릴리 씨와 마키 요코 씨를 캐스팅하여 찍다 보니 두 배우의 인격이나 개성이 배어 나와서 매우 깊이 있는 캐릭터가 되었습니다.

그 점이 현저하게 드러난 부분이 료타가 쇼핑몰에서 "(아들을) 둘 다 저희한테 주시면 안 돼요?"라며 무신경한 제안을 하자 유다이가 "자네, 돈으로 애를 사는 거야?"라고 비난하는 장면입니다. 저는 단호하게 비난하는 장면을 상상했는데 릴리 씨는 약하고 힘없는 느낌으로 비난했습니다. 그때 유다이의 망설임과 그가 그때까지 살아온 인생이 보였습니다. 제게는 연출하는 가운데 착지점이 달라지는 것이 촬영의 묘미여서 아주 기뻤던 장면입니다.

다른 하나는 배우들이 각본에 대해 솔직한 의견을 말해 준 것입니다.

실은 사전에 "각본에 신경 쓰이는 대사가 있으면 거리낌 없이 의견을 말해 주세요"라고 전해 두었는데, 덕분에 부활한 장면이 있습니다.

집 안에서 캠핑 놀이를 한 다음 날 아침, 6년 동안 기른 아들 게이타가 자신을 찍은 사진을 보며 료타가 뜻밖에도 우는 장면입니다. 마침 그전의 부부 베란다 신에서 좋은 장면을 찍었기 때문에 더 이상은 등을 떠밀 필요가 없을 듯해서 각본에서 없앴습니다. 그런데 마키 씨와 릴리 씨가 "그 장면은 있는 편이 좋지 않아요?"라는 의견을 냈습니다.

후쿠야마 씨에게 물었더니 "남길지 말지는 감독님께 맡기지만, 있는 편이 그다음을 연기하기 편하니 찍은 뒤에 판단해도 좋지 않을까요"라고 해서 다시 살렸습니다.

또 마키 씨가 연기하는 유카리가 "닮았니 안 닮았니 그런 데 집착하는 건 아이랑 연결돼 있는 느낌이 없는 남자뿐이죠"라고 료

타에게 말하는 대사도 한 차례 없었는데, 마키 씨가 "그 대사는 하고 싶었어요"라고 해서 되살렸습니다.

그때까지 저는 내내 작품은 '대화'라고 생각했습니다. 누군가를 향해 만들고 그 사람에게 가 닿는 말로 쓰는 커뮤니케이션을 상정하여 각본을 쓰고 촬영했던 것입니다. 하지만 〈그렇게 아버지가 된다〉는 '자문자답'으로 만들어 나갔습니다. 제 발밑을 향해 구멍을 파고 주인공에게 저의 에피소드를 포함한 실제 체험을 뜻밖에도 지나치게 겹쳐 버린 경향이 있습니다.

특히 촬영 중에는 작품과 저 자신과의 거리를 잴 수 없어져서 어떤 장면이나 대사가 재미있는지 아닌지 확신하지 못한 채 쓴 부분을 현장에서 도로 물리는 일을 크랭크업까지 끝없이 계속했습니다.

그러므로 배우 모두가 객관적으로 봐 준 건 매우 감사한 일이며 덕분에 큰 도움을 받았습니다.

스필버그 감독이 내 이름을 부르다

〈그렇게 아버지가 된다〉의 월드 프리미어는 5월 칸 국제영화제에서 열렸습니다. 제게는 〈아무도 모른다〉 이후로 9년 만의 경쟁

9장. 요리인으로서

부문이어서 그 공식 상영을 후쿠야마 씨가 연기한 노노미야가와 릴리 씨가 연기한 사이키가의 두 가족과 함께 감상할 수 있었던 점이 무척 기뻤습니다.

10분 넘게 이어진 기립 박수도 솔직히 기뻤습니다. 영화 입장에서는 최고의 스타트를 끊은 게 아닐지요. 역시 칸의 그 시간은 특별합니다. 영화라는 풍성한 문화 속에 저의 작품도 포함되어서 거대한 강의 흐름 가운데 한 방울이 되었달까요. 무언가 커다란 것에 둘러싸여 있다는 느낌이 강하게 드는 장소입니다. 그래서 그 시간을 모두 함께 공유할 수 있었던 점이 정말로 좋았습니다.

해외 관객들에게도 세세한 부분까지 생생하게 전달된 것 같습니다. 이를테면 료타가 가출한 진짜 아들을 사이키가까지 데리러 갔을 때, 마키 씨가 연기하는 유카리에게 "우리는 둘 다 맡아도 전혀 상관없어요"라는 말을 듣는 장면에서는 객석에서 박수가 터져 나왔습니다. 마치 '꼴좋다'라고 하는 것처럼요. 그건 료타가 영화 중반에 했던 "둘 다 주세요"라는 불손한 대사를 관객들이 똑똑히 기억하고 있었기 때문입니다. 관객 수준이 높구나 싶어서 후쿠야마 씨와 둘이서 감탄했습니다.

또 어린애 같지만 시상식에서 스티븐 스필버그가 제 이름을 부른 데에는 솔직히 감동했습니다. 그전까지는 침착했는데 '저 스필버그가' 하고 말이죠.

게다가 스필버그 감독이 이끄는 드림웍스에서 영화 리메이크도 결정되었습니다. 리메이크 이야기를 분명히 하기 위해 그의 로스앤젤레스 사무실을 찾아갔을 때, 이 작품의 세세한 부분까지 언급해 줘서 행복한 시간을 보냈습니다. 그가 그때 한 말은 "릴리 프랭키는 대체 뭐 하는 사람인가? 배우인가?"라는 것과 "그 집 둘째 아들의 움직임은 천재적이다"라는 것이었습니다. 정말로 자세히 보는구나 싶었습니다. 현 단계에서는 〈어바웃 어 보이〉[11]의 감독으로도 잘 알려진 폴 웨이츠, 크리스 웨이츠 형제[12]가 각색한다고 하니 이 또한 매우 기대됩니다.

한편 〈그렇게 아버지가 된다〉는 스페인 산 세바스티안 국제영화제에도 초대되었는데 그때 크게 납득한 점이 있습니다.

기자가 "오즈 야스지로와 닮았다"고 해서 아, 또 시작인가 싶었는데 "시간이 흐르는 방식이 닮았다"는 것이었습니다. "당신의 영화는 이 영화뿐만 아니라 다른 작품에서도 시간이 돌고 있다. 직선적인 게 아니라 한 바퀴 돈 다음 조금 다른 곳에 착지한다. 그 점이 오즈의 영화와 닮았다"라고요. 그것은 매우 귀중한 발견이었습니다.

확실히 저는 영화의 시간을 그렇게 파악하고 있고 처음과는 다른 곳에 착지하고 싶습니다. 아마도 일본인에게는 봄 여름 가을 겨울이라는 사계절이 있기에 시간이 순환한다는 감각이 있기 때문일까 싶어서 "여기 사람들에게는 시간이 순환한다는 감각은 없습니까?"라고 물었더니 "없다. 시간은 직선적으로 흘러가는 것이다"라고 대답했습니다.

그러므로 제 작품이 오즈의 작품과 닮았다면, 방법론이나 주제가 아니라 시간 감각이 닮은 게 아닐지요. 일본인의 내면에 있는 원을 그리는 시간 감각, 인생도 포함하여 '순환한다'는 감각으로 시간을 파악한다는 점에서 서구 사람들은 공통점을 발견하는 게 아닐까 합니다.

그런 말을 들으면 제 영화나 일본인인 저 자신의 특징에 대해 새삼 생각하게 됩니다. 〈환상의 빛〉 무렵부터 계속 들어 온 오즈와의 공통점도 그제야 어쩐지 받아들일 수 있었습니다.

바닷마을 다이어리

2015

보자마자 '이 아이가 스즈'라고 느꼈다

세 자매가 사는 가마쿠라의 집에 중학교 1학년짜리 배다른 여동생이 와서 함께 생활하는 가운데 여러 사건을 겪으며 가족의 유대 관계가 깊어지는 〈바닷마을 다이어리〉. 요시다 아키미[13] 씨의 동명 만화[14]를 영화화한 작품입니다.

저는 《바나나 피시》[15]나 《강보다 길고 완만하게》[16] 《벚나무 동산》[17] 등 원래 요시다 아키미 씨의 만화를 좋아해서 2007년 4월에 나온 《바닷마을 다이어리》 단행본 1권도 재빨리 읽고 '연속극으로 영상화하고 싶다!'고 생각했지만 때는 이미 늦었습니다. 연재 중에 영상화권을 확보한 사람이 있다고 해서 분하지만 일단 포기했습니다.

프로듀서가 출판사로부터 영상화권이 돌아왔다는 연락을 받은 시기는 〈그렇게 아버지가 된다〉를 촬영하기 전인 2012년이었을 겁니다. 첫 연속극 〈고잉 마이 홈〉을 다 찍은 뒤여서 이번에야말로, 하고 영화화 이야기를 진행했습니다.

캐스팅은 장녀 사치 역에 아야세 하루카 씨, 차녀 요시노 역에 나가사와 마사미 씨, 삼녀 지카 역에 가호 씨, 사녀 스즈 역에 히로세 스즈 씨. 2007년에 촬영했다면 이 캐스팅은 당연히 실현되지 않았을 테니 무슨 일에든 운명이 있나 봅니다.

히로세 스즈 씨는 신켄제미 고교 강좌 광고에 출연했던 한 장면을 우연히 보고 오디션에 와 달라고 했습니다. 2013년 가을이었는데 당시는 아직 무명에 가까워서 영화 오디션도 그때까지 별로 경험이 없었습니다. 조금 큰 교복에 농구화를 신은 모습은 지금처럼 세련되지는 않았지만, 표정이 풍부하고 목소리가 정말로 작품 속 스즈 같았으며 열다섯 살이라는 한순간의 반짝임을 온몸에 선명하게 지니고 있어서 커다란 가능성을 느꼈습니다. 거의 만나자마자 저뿐만 아니라 그 자리에 있던 사람들 모두가 '(막냇동생) 스즈다'라고 느꼈을 것입니다.

무리 지어 다니지 않고 똑바로 어른을 상대하며 홀로 서 있는 분위기도 스즈 역에 안성맞춤이었습니다. 연기로 그런 분위기를 내기란 아주 어렵기 때문에 그런 타입의 아이를 찾고 있었습니다. 실제로 촬영 전 축구 연습을 한 뒤 동급생 역할의 네 아이가 함께 전철을 탔는데 스즈만 다른 셋과 조금 떨어져 손잡이를 붙잡고 있었습니다. 친구들과 사이가 나쁘거나 협조성이 없는 게 아니라 문득 자연스럽게 혼자가 되는 아이였습니다.

오디션에서는 세 종류의 연기를 시험해 보았습니다. 사치 언니에게 매실주를 만들어 주는 장면은 각본을 건네지 않고 말로 대사를 전하는 방법으로, 축구 연습 후 편의점에서 고기만두를 사서 돌아오는 장면은 프리 토크로, 그리고 '세 자매와 싸워서 혼자 다리 위에 있던 중 중학교 동창이 지나가서 이야기를 나누는 장

〈바닷마을 다이어리〉 2015년 6월 13일 개봉 | 126분 **배급** 도호, GAGA **제작** 후지TV, 쇼가쿠칸, 도호, GAGA **줄거리** 가마쿠라에 사는 고다가의 장녀 사치, 차녀 요시노, 삼녀 지카 세 자매 앞으로 15년 전 집을 떠난 아버지의 부고가 날아든다. 장례식에 참석하기 위해 야마가타로 향한 세 사람은 거기서 배다른 여동생 14살의 소녀 스즈와 만난다. 의지할 데 없어진 그녀에게 사치가 함께 살자고 제안하고, 스즈는 고다가의 막냇동생으로 가마쿠라에서 새로운 생활을 시작하는데…… **원작** 요시다 아키미 《바닷마을 다이어리》(쇼가쿠칸 《월간 플라워즈》 연재) **수상** 산 세바스티안 국제영화제 관객상, 일본 아카데미상 최우수 작품상·최우수 감독상·최우수 촬영상·최우수 조명상 외 **출연** 아야세 하루카, 나가사와 마사미, 가호, 히로세 스즈, 오다케 시노부, 쓰쓰미 신이치, 후부키 준, 릴리 프랭키, 기키 기린 외 **촬영** 다키모토 미키야 **조명** 후지이 노리키요 **미술** 미쓰마쓰 게이코 **의상** 이토 사치코 **음악** 간노 요코 **푸드스타일리스트** 이지마 나미 **홍보미술** 모리모토 지에

9장. 요리인으로서

면'에서의 사투리 섞인 대화는 대본을 건넸습니다. 스즈는 모두 능숙하게 해내서 어떤 방식으로 하고 싶은지 묻자 "아마 다른 현장에서는 경험할 수 없을 테니 각본은 받지 않고 말로 배우고 싶다"고 본인이 정했습니다. 촬영한 뒤 "그때그때 언니들의 대사나 표정에서 무엇을 읽어 내야 할지 생각해야 해서 귀를 잘 기울였어요"라고 했으니 좋은 경험이 되었으리라 생각합니다.

어쨌거나 스태프들은 모두 히로세 스즈의 열다섯 살, 눈 깜짝할 사이에 지나가는 귀중한 한순간을 필름에 담을 수 있는 행복을 느꼈습니다. 함께 연기한 세 언니들 역시 자신에게도 그런 작품이 있었다는 사실을 떠올리며 눈부시게 그립게 막냇동생을 바라보았던 것 같습니다. 세 언니들이 있었기 때문에 스즈에게서 그런 표정과 반짝임을 이끌어 낼 수 있었다는 점은 틀림없습니다.

네 자매와 집이 이 영화의 주인공

네 여배우에 관해 말하자면, 이 작품은 나날의 디테일이 축적되는 것을 즐기는 이야기이기 때문에 화사한 네 자매가 연기해야 한다고 생각했습니다. 이미지상으로는 도호의 설 영화 〈세설〉[18]입니다. 그렇게 만듦으로써 이처럼 얼핏 수수해 보이는 이야기도 영화가 된다는 점이 전해지면 좋겠다고 생각했습니다.

캐스팅과 비슷하게 중요했던 사항이 네 자매가 살 집을 찾는 것이었습니다. 실은 원작에 등장하는 것과 같은 툇마루가 있는 2층짜리 목조 주택이 가마쿠라 주변에는 이제 거의 남아 있지 않았습니다. 있다 해도 이미 자료관이나 가게로 개조된 경우가 많았습니다. 한번은 고쿠라쿠지에서 무가의 저택 같은 오래되고 훌륭한 일본 가옥을 로케이션 헌팅했는데, 인도인이 거기서 훈도시(일본의 전통 속옷—옮긴이)를 팔고 있었습니다. 거기서 일본의 훈도시가 얼마나 훌륭한지에 대해 이야기하며 입어 보라고 하기에 옷 위로긴 했지만 훈도시를 입고 돌아왔습니다. 희한한 로케이션 헌팅이었습니다. 이처럼 얼핏 쓸모없게만 느껴지는 사건도 어쩌면 다음 작품에서 쓰임새가 있을지도 모른다고 생각하며 즐기고 있습니다.

가마쿠라를 포기하고 다른 곳에서 찾을까, 아니면 안뜰과 툇마루만 도호 스튜디오에 세트를 만들까 하는 이야기도 나왔지만 세트로 만들면 정원에 바람이 불지 않으니 이번에는 피하고 싶었습니다. 그래서 조금 더 찾아본 끝에 기적적으로 발견한 곳이 촬영에 쓴 그 집입니다. 제작부가 들고 있던 가나가와 현 지도는 거의 전체가 새빨갛게 칠해져 있었습니다.

처음에는 외관만 찍으라는 허가를 받고 제작부와 로케이션 헌팅을 갔는데, 정말로 이상적인 집이어서 결국 거실부터 위패를 모신 방, 2층까지 모두 빌려서 이 집에서 모조리 찍게 되었습니다.(부엌만은 새로 개조돼 있어서 세트를 만들었습니다.) 정원에는 매화나무를 심었습니다. 주연인 네 자매도 이 집에 진심으로 정이 들어서 촬영이 끝나도 툇마루를 떠나지 않을 때가 여러 번 있었습니다.

촬영이 끝난 뒤에는 기쁜 소식을 들었습니다. 잡지에서 〈바닷마을 다이어리〉 특집호를 만들기로 해서 제 인터뷰 촬영차 오랜만에 그 집을 찾아갔더니 "매화꽃이 피었으니 보고 가세요"라는 것입니다. 안뜰에 예쁘고 흰 꽃이 피어 있었습니다. 몇 개월 뒤에는 "열매를 땄어요"라며 매실주를 만들어서 보내 주셨습니다. 촬영 중 그 집 분들께는 불편을 끼쳤지만, 네 자매가 정원에서 바라본 매화나무가 앞으로도 매년 꽃을 피우고 열매를 맺는다면 조금은 은혜를 갚은 게 아닌가 합니다.

사계절과 세 번의 장례식

《바닷마을 다이어리》는 지금도 연재 중인데, 1권에서 중학교 1학년이었던 스즈도 7권에서는 고등학교 진학을 앞두고 있습니다.

제가 각본을 쓰기 시작한 무렵에는 6권까지 나왔습니다. 그렇게 긴 이야기 중 어느 부분을 잘라 낼지, 제가 원작에서 끌린 부분을 어떤 식으로 잘 남겨야 할지 갈등하며 두 시간짜리 영화로 만드는 일은 매우 힘들었지만 첫 경험이어서 신선하기도 했고 도전하는 보람도 컸습니다.

영화에는 세 번의 장례식이 등장합니다. 야마가타에서 진행된 네 자매의 친아버지 장례식, 할머니의 7주기, 그리고 '바다고양이 식당'의 점주 니노미야 씨의 장례식입니다.

처음에 쓴 각본은 아버지 장례식으로 시작하여 아버지의 1주기로 끝났습니다. 네 자매가 야마가타에서 열린 1주기에 참석했는데 아버지의 재혼 상대가 모습을 감춰서 스즈가 화를 내며 다리 위로 가고, 마지막에 언니들과 넷이서 반딧불이를 보는 장면입니다.

그러나 시나리오를 거듭 고치는 가운데 이건 가마쿠라(바닷마을)에서 네 자매가 앞으로 살아가는 이야기이니 마지막은 야마가타가 아닌 그 마을에서 끝나야 한다고 생각했습니다.

하나 더, 장례식을 그리고 싶었던 이유는 원작에서 장례식이 모두 돈 문제와 얽혀 있었기 때문입니다. 사람이 죽어서 슬프기만 한 게 아니라 아버지 때는 유산을 어떻게 할지, 할머니의 7주기 때는 집을 팔지 말지로 소란스러웠고, 바다고양이식당의 점주 때도 뒤에서는 유산 분쟁이 있습니다. 그런 묘사 방식이 아주 현실적이고 재미있다고 생각했습니다.

영화에서는 장례식 앞뒤로 스즈의 눈을 통해 마을이 점점 보이도록 하자는 아이디어가 나왔습니다.

첫 구상에서는 야마가타의 역에서 언니들을 배웅한 뒤 이삿짐 트럭이 가마쿠라 해변을 달리는 장면으로 가을 시즌을 시작하려 했습니다. 스즈가 그 마을에 와서 달리는 트럭에서 가을 축제나 해변을 본다는, 즉 마을을 처음으로 보여 주자는 발상이었습니다. 하지만 원작에도 등장하는 고료 신사의 가면 행렬 때는 자동차 통행이 금지되어서 이삿짐 트럭에서는 보이지 않습니다. 게다가 요즘은 이사하는 사람을 트럭 조수석에 태우지 않는 모양이어서 제 상상과 다른 현실에 깜짝 놀랐습니다. 어쨌거나 설정 자체가 불가능해진 것입니다.

그렇다면 모처럼 계절을 따라가는 구성이니 계절별로 시야를 바꿔 보자고 생각했습니다. 가을에는 아직 스즈의 세계를 집 안에 두고, 겨울에 처음으로 차녀 요시노와 함께 학교에 가는 장면으로 그녀들이 사는 마을을 보여 주며, 봄에 처음으로 친구들과 바다에 갑니다. 스즈의 마음이 점차 열림에 따라 시야를 넓혀 간다는 발상으로 바꾼 것이지요.

동시에 처음의 아버지 장례식은 '네 자매'를 위한 장례식이고 다음에 나오는 할머니의 7주기는 '집'의 장례식이며 식당 주인의 장례식은 '마을'의 장례식이니, 스즈의 시야가 넓어짐에 따라 세 번의 장례식이 위상을 바꾸며 등장할 수 있다고 생각해서 겨우 전체적인 구성이 결정되었습니다.(여기까지가 길었답니다!)

네 자매 저마다의 생명력을 그리다

영화를 만드는 사람으로서 걱정이 있었습니다. 영화는 만화와 달라서 두 시간 만에 하나의 이야기를 보여 주는 매체입니다. 논리가 없으면 정말로 다이어리처럼 시종일관 에피소드만 나열하게 되니 그 부분은 평소보다 더 깊이 생각했습니다. 물론 그러한 창작자의 논리가 관객에게 빤히 보여서는 곤란하며, 두 시간 동안 장례식이 세 번 나오면 타나토스(그리스 신화에서 죽음을 의인화한 신 또는 죽음의 본능—옮긴이) 쪽으로 거세게 끌려가게 됩니다. 그래서 차녀에게는 에로스를 담당하게 하여 육체를 찍고, 삼녀에게는 먹는 것을 담당하게 하여 먹음직스럽게 밥 먹는 장면을 중시하며 찍었습니다. 네 자매의 생명력을 제각각 빈틈없이 묘사함으로써 세 번의 장례식과 논리적 구조가 드러나지 않도록 주의한 셈입니다.

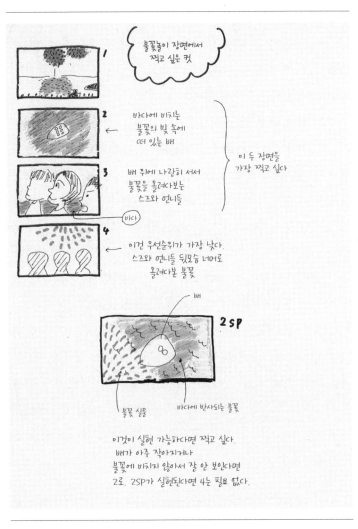

불꽃놀이 장면에서
찍고 싶은 컷

1

2

바다에 비치는
불꽃의 빛 속에
떠 있는 배

3

배 위에 나란히 서서
불꽃을 올려다보는
스즈와 언니들

바다

이 두 장면을
가장 찍고 싶다

4

이건 우선순위가 가장 낮다.
스즈와 언니들 뒷모습 너머로
올려다본 불꽃

배

2 SP

불꽃 실물

바다에 반사되는 불꽃

이것이 실현 가능하다면 찍고 싶다.
배가 아주 작아지거나
불꽃에 비치지 않아서 잘 안 보인다면
2로. 2SP가 실현된다면 4는 필요 없다.

〈바닷마을 다이어리〉 불꽃놀이 장면의 그림 콘티

한편 할머니의 7주기를 마치고 네 자매와 위의 세 언니의 어머니, 이모할머니 등 여섯 명이 자매들의 집으로 돌아오는 장면이 있습니다. 제 입으로 말하기도 머쓱하지만 이 부분은 영화 전체 중 가장 좋아하는 장면입니다.

우선 집의 전경 안으로 장녀가 들어오고, 현관 쪽에서 목소리가 들립니다. 장녀가 방의 공기를 환기시키기 위해 창문을 연 뒤 나머지 사람들이 우르르 들어옵니다. 각자 늘 앉는 자리에 앉는데 엄마와 장녀가 도중에 살짝 부딪칠 뻔합니다. 이 집에서 엄마가 얼마나 방해되는지 보이는, 다시 말해 평소에 없던 인간이 움직임으로써 사치가 살짝 초조해하는 느낌이 보이는 장면입니다. 거실, 불단 앞, 툇마루, 화면에는 비치지 않지만 부엌 등 집을 넓게 쓰면서 여섯 여성이 잘 움직이게 할 수 있었습니다.

이 장면에서 나가사와 마사미 씨가 연기하는 차녀 요시노가 화면 오른쪽에서 스타킹을 벗어 던집니다. 사실 이 장면이 떠오른 것은 촬영 전날 밤입니다. 조감독에게 상담하자 "당연히 못 벗겠죠"라고 일축했지만, 당일 나가사와 씨에게 그 자리에서 부탁했더니 들어주었습니다. 뭐든 포기하지 않는 편이 낫다는 것의 좋은 예일까요?

사라졌지만 이어지는 것

〈바닷마을 다이어리〉는 촬영할 때 두 작품을 참고했습니다.

하나는 몇 번이나 영화화된 《작은 아씨들》[19]입니다. 아버지가 종군 목사로 집을 비운 일 년 동안 네 자매와 엄마가 서로 의지하며 검소하게 살아간다는 내용인데, 아버지가 돌아오자 가정은 매우 안정됩니다. 좋았던 옛 시절의 가족관이 바탕에 깔려 있는 매우 고전적인 이야기지요. 저는 〈바닷마을 다이어리〉가 이 작품을 역이용했다고 생각합니다. 아버지가 애인과 도망가고 어머니까지 없어져서 부모님의 빈자리를 세 자매가 채우며 겨우 안정적으로 생활하던 때 아버지의 부음이 날아들어 소란이 일고, 어머니가 장례식 때문에 돌아와서 다시 시끄러워집니다. 아주 현대적입니다.

제가 참고한 것은 영화 〈작은 아씨들〉 속 네 자매의 구도였습니다. 네 명이 나란히 무언가를 바라보는 형태. 이것이 매우 의식적으로 묘사되어 있어서 저도 이야기 어디쯤에서 네 자매가 같은 화면 속에 들어가는 장면을 찍자고 생각했고, 겨울의 창가에서 넷이서 매화나무를 바라보는 장면을 넣었습니다.

다른 하나는 〈초여름〉[20]입니다. 〈바닷마을 다이어리〉의 원작을 읽었을 때 이건 오즈 야스지로의 〈초여름〉이라고 느꼈습니다. 원

9장. 요리인으로서

작자인 요시다 씨가 의식하고 있는지는 모르겠지만, 닮은 점 중 하나는 제목이 '바닷마을 다이어리'지 '가마쿠라 네 자매 이야기'가 아니라는 것, 즉 '가족' 이야기가 아니라 '마을' 이야기라는 것입니다.

제 취향은 나루세 미키오의 영화에서 느껴지는 자그마함입니다. 하지만 사실 오즈 감독의 세계는 가족의 묘사를 통해 마을이나 시간 등 더욱 넓은 것을 그립니다. 그 넓은 시야나 시간 감각이 아마도 오즈 감독 세계의 풍성함일 것이며, 그 점이 〈바닷마을 다이어리〉와 닮았다고 생각했습니다.

〈초여름〉의 줄거리를 조금 설명해 보겠습니다. 이 작품은 기타카마쿠라에 사는 한 가족의 이야기입니다. 스물여덟 살인 노리코(하라 세쓰코)는 아직 결혼하지 않았습니다. 결혼하지 않은 동생을 오빠(류 지슈)는 걱정합니다. 직장 상사를 통해 마흔 살 남자와의 혼담도 들어오지만 노리코는 결국 한동네에 사는 여성(스기무라 하루코)의 아들인 홀아비와 결혼하게 됩니다. 사실 노리코의 가족은 차남을 전쟁으로 잃었는데, 홀아비가 그 차남의 친구라는 설정입니다. 죽은 차남의 존재가 서로에게도 결핍된 부분이었고 그 결핍을 껴안은 남녀가 맺어져 부부가 됩니다. 이제 모두 행복해져야 하지만 두 사람이 부부가 됨으로써 부모님(스가이 이치로와 히가시야마 지에코)은 기타카마쿠라의 집을 떠나 나라로 가 버립니다. 다시 말해 한 가족이 탄생함으로써 다른 한 가족은 해체되는 것이지요. 그다지 단순한 해피엔드는 아닙니다.

오즈 감독 자신도 "스토리 그 자체보다 더 심오한 '윤회'랄지 '무상'이랄지, 그런 것을 그리고 싶었다"고 말했다는데, 그런 '인간의 행위가 붕괴된 뒤 또다시 반복된다'는 시각이 〈바닷마을 다이어리〉와 겹쳐지는 듯한 기분이 들었습니다.

아버지는 죽었지만 아버지의 피를 이어받은 '스즈'가 있습니다. 어머니는 없지만 어머니와 동갑인 매화나무와 함께 남겨진 '집'이 있습니다. 바다고양이식당 주인은 죽었지만 전갱이튀김의 맛은 '마을'에 남습니다. 그리하여 '사라졌지만 이어지는 것'이 장례식을 통해 묘사됩니다. 이 작품은 사실 홈드라마가 아니라 서사시라고 하면 다소 과장되게 들리겠지만, 보다 긴 시간에 대한 이야기로 다루지 않으면 원작의 풍성함에 미치지 못한다고 생각했습니다. 그래서 간접적으로나마 오즈 야스지로의 세계관을 참조했습니다.

작가가 아니라 장인으로서

〈진짜로 일어날지도 몰라 기적〉〈그렇게 아버지가 된다〉〈바닷마을 다이어리〉 세 편은 제가 '작가'보다 '장인'을 목표로 하여 만든 작품이라고도 할 수 있습니다.

언젠가 "장인이 되고 싶다"고 했더니 "감독님은 작가로 있어 주세요"라는 대답을 들은 적이 있습니다. 무엇이 다른지 생각해 봤는데, 예를 들어 맛있는 제철 생선을 어떻게 요리하면 재료가 가진 맛을 살리면서 손님도 만족할 만한 요리를 낼 수 있을지를 궁리하는 것이 장인이라면, 감독의 일은 역시 그것에 가깝지 않을까 합니다.

물론 저는 오리지널 각본을 쓰기 때문에 그런 면에서 작가라고 불릴 수도 있습니다. 하지만 제가 '어떤 재료라도 나의 프렌치 요리로 완성해 보이겠어' 같은 타입이 아니라는 점은 확실합니다.

〈진짜로 일어날지도 몰라 기적〉은 오리지널 각본이지만 '규슈 신칸센'이라는 모티프를 받기도 했고, 또 아역 오디션에서 마에다 마에다의 마에다 고키, 마에다 오시로 형제를 만나 그들을 어떻게 매력적으로 보여 줄지에 대해 도전하기도 한 작품입니다.

〈그렇게 아버지가 된다〉에서도 주연인 후쿠야마 마사하루 씨를 어떻게 묘사하면 지금까지 없었던 새로운 매력을 이끌어 낼 수 있을지 궁리했습니다. 그래서 각본은 후쿠야마 씨가 연기하는 주인공을 상당히 몰아붙이는 구성으로 되어 있습니다. 경력, 고급 맨션, 고급 자동차, 미인 아내와 외동아들 등 모든 것을 가진 그에게서 하나씩 하나씩 빼앗아 나가는 과정이 각본으로 만들어진 것입니다.(마치 잘나가는 남자에 대한 저주 같네요.)

어째서 몰아붙이려 했는가 하면, 후쿠야마 씨는 잠자코 있는 얼굴이 가장 설득력 있다고 느꼈기 때문입니다. 궁지에 몰려 말이 나오지 않는 상황에 놓였을 때 감정이 가장 잘 보입니다. 이는 영화배우로서 가장 중요한 요소이며, 저는 이 점이 후쿠야마 씨의 커다란 매력 중 하나라고 생각합니다.

〈바닷마을 다이어리〉도 원래 좋아했던 원작을 어떻게 요리할까, 주인공 네 사람이 빛나려면 어떻게 해야 할까라는 자세로 찍었습니다.

만약 저의 세계관 안에서만 영화를 계속 만들어 나가면, 영화가 점점 축소 재생산되어 '어쩌고 월드'라고 불리는 세계 속에 갇힐 것 같습니다. 그보다 별로 접점이 없는 사람이나 사물 등과 만나서 만들어 나가는 편이 저 자신도 재미있을뿐더러 새로운 발견도 있습니다. 제 경력상 분기점이 된 이 세 작품 덕분에 저의 수용력이 아주 커진 것 같습니다. 물론 감독의 이름으로 이야기되는 작품을 찍고 싶긴 하지만, 적어도 50대 동안에는 의식적으로 바깥쪽을 향해 세계를 넓혀 나가고 싶습니다.

영화를 잠시 쉬겠다는 선언

조금 과장되게 들릴지도 모르지만, 앞에서 잠깐 말했듯 제게는 잠시 '작가'를 그만뒀던 시기가 있습니다. 〈걸어도 걸어도〉는 상당히 제 생각대로 그릴 수 있었던 작품인데, 배급사인 시네콰논이 도산하기도 했지만 흥행에는 전혀 성공하지 못했습니다. 관객 동원 수는 일본 국내만 치자면 15만 명 정도여서 제작비를 조금도 회수할 수 없었습니다.

게다가 저를 금전적으로도 정신적으로도 지탱해 주었던 프로듀서 야스다 마사히로 씨가 〈공기인형〉 완성 직전에 돌아가셨습니다. 그런 일도 겹쳐서 '지금까지 해 온 대로 오리지널 각본을 써서 작가처럼 행동하면 주위에 폐를 끼칠지도 몰라' '남의 돈으로 찍는데 흥행하지 못하면 모두 행복해질 수 없어' 등 여러 가지를 생각했습니다. 그래서 일단 멈춰 서서 앞으로의 방향성을 모색하기 위해 영화는 잠시 쉬겠다는 선언을 한 것입니다. 2010년 1월의 일이었습니다.

하지만 그런 시기에 규슈 신칸센을 모티프로 영화를 찍지 않겠느냐는 의뢰가 날아들었습니다. 만약 야스다 씨가 돌아가시지 않았다면, 혹은 〈걸어도 걸어도〉 뒤에 찍은 〈공기인형〉이 흥행에 성공했다면 '기획물은 싫은데'라며 간단히 거절했을지도 모릅니다.

그러나 야스다 씨가 살아 있었다면 분명 "고레에다, 이런 것도 가끔은 해 봐"라고 말했을 것 같아서 눈 딱 감고 받아들였더니 아주 재미있었습니다. '작가'라는 프라이드나 확신으로 소중히 여기던 것 따위는 아무래도 좋았고, 오히려 '신칸센을 어떻게 찍을까' 같은 것 속에서 작가성이 드러난다고 느꼈습니다. 작가보다 장인으로 있는 편이 바람이 솔솔 통해서 작품이 점점 열린다는 것을 느꼈습니다. 이는 커다란 변화였습니다.

영화를 찍기 시작한 지도 20년이 넘었습니다.

그 사이에 한신·아와지 대지진, 지하철 사린 사건, 9·11 테러, 동일본 대지진 등 잊을 수 없는 큰 사건들이 일어났습니다. 저 개인적으로도 아버지가 돌아가셨고 결혼을 했고 어머니가 돌아가셨고 딸이 태어났습니다. 무라키 요시히코 씨와 야스다 마사히로 씨도 고인이 되었습니다. 당연히 이 20년 사이에 저는 사람으로서도 변했고 세계를 보는 방식도 달라졌을 겁니다.

지금의 저는 제 생활이 무엇을 토대로 이루어져 있는지 제대로 그리고 싶습니다. 시대나 사람의 변화를 뒤쫓는 게 아니라 우리의 사소한 생활에서부터 이야기를 엮어 나가고 싶습니다.

그러므로 제 발밑의 사회와 연결된 어두운 부분을 주시하면서 한편으로는 새로운 만남을 소중히 여기고, 외부와 마주하고, 그 좋은 점을 영화 속에서 표현하는 것에 앞으로도 도전하고 싶습니다.

태풍이 지나가고

2016

아파트 단지와 태풍의 추억

마지막으로 〈태풍이 지나가고〉에 대해 잠시 다룰까 합니다.

이 작품은 철들지 못하는 중년 남성과 나이 든 어머니를 중심으로 꿈꾸던 미래와는 다른 현재를 살아가는 가족의 모습을 그린 영화입니다. 이 두 주인공을 연기하는 것이 아베 히로시 씨와 기키 기린 씨. 〈걸어도 걸어도〉에서도 어머니와 아들을 연기한 두 사람입니다.

이 작품을 만들고 싶었던 이유는 여럿 있는데, 그중 하나가 기키 씨를 다시 한 번 제대로 찍고 싶어서였습니다. 또 저는 아파트 단지에서 자랐기 때문에 단지를 무대로 한 가족 이야기를 그리고 싶다는 생각을 하기도 했습니다. 그래서 물론 실화는 아니지만 에피소드의 세세한 부분에는 실제 체험이 상당히 많이 반영되어 있습니다.

예를 들면 어머니가 집을 비웠을 때 아들이 아파트 단지로 돌아와 아버지의 족자를 찾는 장면이 있는데, 이것은 저의 실제 경험입니다. 딱히 돈이 궁했던 건 아니지만요. 그러자 어머니가 "아버지 물건은 장례식 후에 곧바로 싹 다 버렸어"라는 것이었습니다. 조금 충격적이었습니다. 영화 속 장면은 그런 기억을 부풀려서 만들었습니다.

기뻤던 점은 실제로 제가 스물여덟 살까지 살았던 도쿄 도 기요세 시의 아사히가오카 단지에서 촬영할 수 있었던 것입니다. 동은 달랐지만 제가 살던 곳과 같은 방 세 개짜리 집이 우연히 비어 있어서 그곳을 빌려 촬영할 수 있었습니다. 제가 자란 집의 방

〈태풍이 지나가고〉 2016년 5월 21일 개봉 | 117분
배급 GAGA **제작** 후지TV, 반다이비주얼, AOI Pro, GAGA **줄거리** 인기 없는 소설가 료타는 생활비를 벌기 위해 탐정 사무소에서 일하며 헤어진 아내 교코에 대한 미련을 버리지 못하고 있다. 어느 날 아파트 단지에서 홀로 지내는 어머니 요시코의 집에 모인 료타와 교코. 그들의 11살짜리 아들 신고는 태풍으로 집에 돌아갈 수 없게 되어 하룻밤을 함께 보낸다. **출연** 기키 기린, 아베 히로시, 마키 요코, 고바야시 사토미, 릴리 프랭키, 이케마쓰 소스케, 요시자와 다이요, 하시즈메 이사오 외 **촬영** 야마자키 유타카 **조명** 오노시타 에이지 **미술** 미쓰마쓰 게이코 **의상** 구로사와 가즈코 **음악** 하나레구미

© 2016 후지TV · 반다이 비주얼 · AOI Pro · GAGA

9장. 요리인으로서

배치를 떠올리며 각본을 썼기 때문에 실제로 같은 크기의 방에서 배우가 움직이자 대사의 길이나 동작이 전혀 어긋나지 않았습니다. 이를테면 베란다에서 다다미방으로 돌아오는 동안 어머니가 이불을 짊어지고 하는 대사가 그 이동 거리에 꼭 맞았습니다.

〈걸어도 걸어도〉 때는 이야기 자체에는 어머니의 에피소드를 상당히 많이 넣었지만 촬영은 의사 선생님의 집을 빌려서 했기 때문에, 동선을 처음 확인했을 때 '이 대사는 부엌에서 거실까지 차를 옮기는 거리 안에 못한다'라는 식으로 어긋남이 생겨서 현장에서 수정했습니다. 이번처럼 수정이 거의 필요 없는 신기한 경험은 전에도 없었고 앞으로도 없겠지요.

어쨌거나 공단 주택은 홈드라마의 무대로는 정말로 흥미로운 장소라고 생각했기 때문에 염원이 이루어져서 다행이었습니다.

5장에서도 말했듯 〈걸어도 걸어도〉의 첫 각본은 1969년 〈블루 라이트 요코하마〉가 유행하던 시대를 배경으로 썼고 거의 자서전에 가까운 이야기였습니다.

저는 아홉 살 때 아파트 단지로 이사했는데, 그때까지 살았던 두 집짜리 목조 연립주택은 태풍이 오면 다들 야단법석이었습니다. 평소에는 집에서 존재감을 드러내지 않던 아버지가 이때만큼은 지붕이 날아가지 않도록 밧줄로 동여매거나 창문 전체를 함석으로 덮는 등 생기 넘쳤던 것이 인상에 남아 있습니다.

그런 태풍이 오는 날의 아버지 모습을 〈걸어도 걸어도〉의 첫 각
본에서 묘사했지만, 수정을 거치며 태풍 이야기가 아니게 되었습
니다. 그래서 이번 작품 〈태풍이 지나가고〉에서 주인공이 어린 시
절 겪은 태풍에 대한 추억을 아들에게 말해 주는 장면을 넣음으
로써 겨우 제 안에서 태풍 이야기가 완결된 느낌이 듭니다.

'작가'로 돌아와 쓴 작은 이야기

저에게 〈걸어도 걸어도〉는 이제껏 만든 작품 가운데 가장 무리
하지 않은 영화입니다. 물론 다른 작품도 전부 소중하긴 하지만
〈걸어도 걸어도〉는 애쓰지 않고 욕심내지 않고 쓴 이야기의 전형
이었습니다.

그렇게 '내가 쓰고 싶은 이야기를 쓰고 싶은 대로 쓰기'를 다시
한 번 해 본 작품이 〈태풍이 지나가고〉입니다.

저도 아베 씨도 이 두 작품 사이에 아버지가 되고 나이가 들어
50대가 되었습니다. 그래서 주인공도 아들이자 남편인 동시에 아
버지이기도 한 〈걸어도 걸어도〉보다 조금 더 복잡한 인간관계 속
에 놓아 보았습니다. 이렇게 감독과 배우와 역할이 함께 인생을
보내며 성장하고 나이를 먹어 가는 건 매우 드물고 행복한 일이

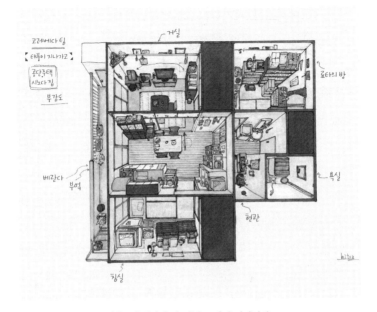

<태풍이 지나가고> 아파트 단지 디자인화

라고 생각합니다. 60대가 되었을 때 다시 아베 씨와 이런 형태로 영화를 만들 수 있다면 좋겠습니다.

　영화감독이 작가인지 장인인지는 아마 감독 스스로도 의견이 갈리는 부분이겠지만, 저는 적어도 영화는 제 안에서 태어나는 것이 아니라 세계와의 만남을 통해 그 사이에서 태어난다고 인식해왔습니다.

앞서 든 예시로 말하자면, '요리인'이 되자는 의식이 강했던 〈진짜로 일어날지도 몰라 기적〉〈그렇게 아버지가 된다〉〈바닷마을 다이어리〉 세 편을 거쳐 〈태풍이 지나가고〉에서는 다시 '작가'의 영화로 돌아온 느낌입니다. 앞의 세 작품을 통해 저의 수용력이 매우 커졌지만, 그런 작품만 찍게 되면 그것은 그것대로 스트레스가 쌓입니다. 그러니 한편으로는 이처럼 조금 수수한 작품을 찍을 수 있다는 게 정말로 사치스러운 일입니다. 만약 이런 사치를 계속 누릴 수 있다면, 영화감독으로서는 복 받은 경력을 이어나갈 수 있을 것 같습니다.(그럴 수 있다면 좋겠네요.)

〈태풍이 지나가고〉에는 제가 생각하는 '홈드라마'의 요소를 전부 쏟아부었습니다. 이 영화는 저의 20년 동안 영화감독으로서의 경력뿐만 아니라, 어린 시절부터 보아 온 제가 매우 좋아했던 텔레비전 홈드라마에 대한 편애와 존경으로 이루어져 있습니다.

그것은 홈드라마에 저의 DNA가 가장 짙게 배어 있다는 사실을 자각했기 때문이며, 그 부분을 계승한다는 자부심의 표명이기도 합니다. 집대성이나 대표작이라는 단어가 어울릴 만한 어깨에 힘을 준 영화는 아닙니다. 오히려 만든 사람 입장에서는 전체적으로 어깨에 힘을 뺌으로써 무언가가 확실히 드러난 듯한 느낌이 듭니다.

그것은 아마도 사랑이 아닐까요. 홈드라마에 대한, 그리고 아파트 단지에 대한, 단지에서 살다 혼자 죽은 어머니에 대한, 더 나아가서 생각대로 되지 않는 현재를 사는 주인공의 후회나 단념까지 포함한 사랑. 반쯤은 소망입니다만, 이 영화는 그런 감정을 가득 담은 시선으로 봐 주시면 좋겠습니다.

　사랑은 투영된다는 사실을 깨달은 것은 대학생 시절, 와세다의 ACT 미니 시어터에서 페데리코 펠리니[21] 감독의 〈길〉[22]과 〈카비리아의 밤〉[23]을 본 열아홉 살 때였습니다. 사랑의 양이나 질, 순도 등은 타인과 비교하는 게 아니겠지만, 이 작품 〈태풍이 지나가고〉에는 저의 최대한의 사랑을 담았다고 생각합니다.

주

1 〈스탠드 바이 미〉
로브 라이너 감독이 1986년에 만든 미국 영화. 일본 개봉은 1987년.

2 시나리오 헌팅
각본가가 각본을 쓰기 전에 무대가 될 지역을 방문하여 장면을 구성할 장소를 정하는 일.

3 로케이션 헌팅
촬영에 적합한 장소를 찾는 일.

4 하스미 시게히코(蓮實重彦)
프랑스 문학자·영화평론가·문예평론가. 1936년 도쿄 출생. 도쿄 대학 대학원 인문과학연구과 박사 과정에 진학했고 파리 제4대학에서 유학하며 박사 학위를 취득했다. 1975년 도쿄 대학 교양학부에서 영화론 세미나 개강. 1985년 계간 영화잡지 《뤼미에르》 창간. 교양학부장과 부학장 등을 거쳐 1997년 도쿄 대학 총장에 취임했고 2001년 퇴임했다. 현재 도쿄 대학 명예교수. 《감독 오즈 야스지로》《반(反)=일본어론》《고다르 혁명》《'빨강'의 유혹 픽션론 서론》《영화 붕괴 전야》《영화시평 2009-

2011》, '영화광인' 시리즈 등 많은 책을 썼다.

5 만다 구니토시(万田邦敏)
영화감독. 1956년 도쿄 출생. 릿쿄 대학 재학 중에 구로사와 기요시 등과 자주영화 제작 동아리 '패러디어스 유니티'에서 8밀리 영화를 만들었다. 1996년 〈우주화물선 렘넌트 6〉로 감독 데뷔. 2001년 〈언러브드〉로 칸 국제영화제에서 에큐메닉 신인감독상과 국제비평가상을 받았다. 대표작으로 〈고마워〉〈입맞춤〉〈독스 웨이〉 등이 있다.

6 〈킹스 스피치〉
톰 후퍼 감독이 2010년에 만든 영국 영화. 아카데미상 작품상 등 4개 부문에서 수상했다.

7 최양일
영화감독. 1949년 나가노 현 출생. 도쿄 종합 사진전문학교를 중퇴한 뒤 조명 조수로 영화계에 들어와 오시마 나기사 감독의 〈감각의 제국〉과 마쓰다 유사쿠가 주연한 〈가장 위험한 유희〉의 수석 조감독을 맡았다. 1981년 텔레비전 영화 〈프로 헌터〉로 감독 데뷔. 1993년 〈달은 어디에 떠 있는가〉가 크게 흥행했다.

대표작으로 〈막스의 산〉 〈돼지의 보답〉
〈퀼〉 〈피와 뼈〉 〈수〉 〈카무이 외전〉 등이
있다. 2004년부터 일본영화감독협회
이사장을 맡고 있다.

8 일본영화감독협회
영화·영상 분야의 발전과 영화감독의
지위 향상을 목적으로 활동하는
직능단체. 1936년 창설.

9 〈도호쿠발☆미래 학원〉
NHK ETV에서 2012년부터 방영하기
시작한 동일본 대지진 부흥 지원을 위한
교육방송.

10 《뒤틀린 인연—아기가 뒤바뀐 사건의
17년》
오쿠노 슈지 지음, 1995년, 신초샤 출간.

11 〈어바웃 어 보이〉
닉 혼비의 동명 소설이 원작인 폴
웨이츠, 크리스 웨이츠 형제의
2002년 영국·미국·프랑스 합작영화.
아카데미상 각색상 후보에 올랐다.

12 폴 웨이츠, 크리스 웨이츠 형제
영화감독
형 폴은 1965년, 동생 크리스는
1969년 미국 뉴욕 출생. 1999년

〈아메리칸 파이〉로 데뷔. 대표작으로
〈아메리칸 파이 2〉 〈다운 투 어스〉
〈어바웃 어 보이〉 등이 있다. 〈인 굿
컴퍼니〉 〈아메리칸 드림즈〉는 폴이
단독으로, 〈황금나침반〉 〈뉴 문〉
〈이민자〉는 크리스가 단독으로 감독을
맡았다.

13 요시다 아키미(吉田秋生)
만화가. 1956년 도쿄 출생. 무사시노
미술대학을 졸업했다. 1977년 《별책 소녀
코믹》에서 〈좀 이상한 하숙인〉으로 데뷔.
1983년 《길상천녀》, 2001년 《야차》로
쇼가쿠칸 만화상 소녀 부문 수상.
대표작으로 《캘리포니아 이야기》 《강보다
길고 완만하게》 《바나나 피시》 《러버스
키스》 등이 있다.

14 만화 《바닷마을 다이어리》
요시다 아키미 지음. 2006년 8월호부터
《월간 플라워즈》에서 부정기 연재 중.
2016년 5월 기준으로 7권까지 나왔다.
문화청 미디어 예술제 만화 부문 우수상,
만화 대상, 쇼가쿠칸 만화상 수상작.

15 《바나나 피시》
요시다 아키미 지음, 1996년, 쇼가쿠칸
발행.(1999년 시공사 출간. 애니북스에서
완전판으로 재발매되었다.—옮긴이)

16 《강보다 길고 완만하게》
요시다 아키미 지음. 1984년. 쇼가쿠칸
출간. 쇼가쿠칸 만화상 수상작.

17 《벚나무 동산》
요시다 아키미 지음. 1986년. 하쿠센샤
출간.

18 〈세설〉
1948년 완성된 다니자키 준이치로의
소설로 1950년(신토호), 1959년(다이에이),
1983년(도호) 등 지금까지 세 번
영화화되었다. 1983년 판의 네 자매
역할은 기시 게이코, 사쿠마 요시코,
요시나가 사유리, 고테가와 유코가
맡았다.

19 《작은 아씨들》
1968년 출간된 미국 소설가 루이자
메리 올콧의 자전적 소설로 1917년부터
1994년까지 텔레비전 영화를 포함하여
일곱 번 영화화되었다.

20 〈초여름〉
오즈 야스지로 감독의 1951년 영화.
오즈의 영화 중에서 하라 세쓰코가
'노리코'라는 이름으로 연기한 '노리코
삼부작' 가운데 두 번째 작품.

21 페데리코 펠리니(Federico Fellini)
영화감독. 1920년 이탈리아 리미니
출생. 1950년 알베르토 라투아다와 공동
감독한 〈라이츠 오브 버라이어티〉로 감독
데뷔. 〈달콤한 인생〉으로 칸 국제영화제
황금종려상 수상. 1992년 아카데미상
명예상 수상. 대표작으로 〈비텔로니〉 〈길〉
〈카비리아의 밤〉 〈아마코드〉 등이 있다.
1993년 사망.

22 〈길〉
페데리코 펠리니 감독의 대표작 중
하나로 1954년 개봉한 이탈리아 영화.
아카데미 외국어 영화상을 수상했다.

23 〈카비리아의 밤〉
1957년 개봉한 페데리코 펠리니 감독의
이탈리아 영화.

마지막 장

앞으로 영화를 찍을 사람들에게

영화를 흑자로 만들기 위해

일본에서 원작이 없는 오리지널 영화를 만드는 것은 최근 몇 년 사이에 상당히 어려워졌습니다.

촬영소 시스템이 있었던 시대에는 감독이 스스로 자금을 모으지 않아도 되었습니다. 지금은 누가 기획을 움직여 나가는지에 따라서도 다르겠지만, 감독이 오리지널 기획을 직접 써서 영화를 만드는 경우는 아주 드물어지고 있습니다. 어떤 파트너십을 구축할지, 그 파트너와 어떤 신뢰 관계를 지속적으로 만들어 나갈지, 상대방이 "제작비를 내서 다행이다"라며 기뻐할 만한 결과를 어떻게 낼지를 염두에 두고 움직이지 않으면 영화를 계속 찍는 게 불가능해진 상황입니다.

반대로 말하자면 그렇게까지 할 수 있는 감독만이 영화를 계속 찍을 수 있는 시대라는 거겠지요.

　저는 〈그렇게 아버지가 된다〉에서 처음으로 방송국(후지TV)과 팀을 이루었는데 좋은 파트너십을 구축했다고 생각합니다. 이 관계는 차기작인 〈바닷마을 다이어리〉에서도 좋은 형태로 이어졌습니다. 단, 제 영화 개봉에 맞추어 저나 배우들이 "전파잭"('하이잭'에서 유래한 일본 조어로, 원래는 강한 불법 전파를 사용하여 정규 전송로를 빼앗아 수신자에게 독자적인 내용을 송신하는 것을 뜻하나 여기서는 동일인물 혹은 동일 사례에 대한 화제가 복수의 방송국이나 방송의 일정 시간을 점유하는 상황을 일컫는다—옮긴이)이라고 불리는 형태로 텔레비전 정보 방송이나 버라이어티에까지 잇달아 나가는 홍보 방법에 대해 납득하는 것은 아닙니다. 역시 민영 방송이라고는 해도 공공의 전파를 쓰기 때문에 제 영화가 영화의 다양성 확보와는 역행하는 편에 가담하고 있다는 꺼림칙함은 씻어 낼 수 없다는 것이 저의 본심입니다. 그러나 시네마 멀티플렉스나 방송국과 팀을 이루지 않고 일본 각지의 아트 하우스를 연결하여 흥행에 성공했던 시대가 과거가 되어 버린 이상, 저로서는 어쩔 수 없는 선택이었다고 생각합니다. 비판을 각오하고, 그럼에도 불구하고 계속 만들어 가기를 선택한 것입니다.

　마지막 장에서는 다소 말하기 껄끄러운 돈 이야기도 포함하여 이제부터 '찍을' 사람들에게 참고가 될 만한 내용을 쓰려 합니다.

제작비와 흥행 수입, 배급 수입에 대한 이야기도 조금 해 봅시다.

가령 1억 엔의 제작비(홍보비 포함)를 들여 영화를 찍어서 극장에 3억 엔이 들어온 경우, 이 3억 엔이 흥행 수입입니다. 그중 절반인 1억 5천만 엔이 극장 수입이고요. 이건 계약 단계에서 50대 50 혹은 55대 45라는 식으로, 영화를 만든 제작사와 극장의 역학 관계에 따라 결정됩니다.(제작사가 힘이 세면 60 대 40, 반대로 극장이 힘이 세서 40 대 60이 되는 경우도 있습니다.)

이 극장 수입을 빼고 남은 것이 배급 수입입니다.

예를 들면 1억 5000만 엔 가운데 배급사가 가져가는 배급 수수료가 대체로 20퍼센트이니 3000만 엔. 여기서 홍보 경비(2000만 엔 정도라고 가정할까요)가 또 빠져나가고 남은 1억 엔이 출자자, 즉 제작위원회로 돌아옵니다. 이것이 순이익입니다.

출자액이 1억 엔이었는데 1억 엔이 돌아오는 것은 물론 크게 성공한 부류입니다.(원래는 여기에 DVD 인세나 방송권이 들어와서 출자액과 순이익이 엇비슷해지면 괜찮습니다.) 실제로 극장에서만 출자액을 회수할 수 있는 영화는 10퍼센트 정도거나 그보다 더 적을 것입니다. 방송국 자본물을 빼면 그런 영화는 3퍼센트 정도가 아닐까 합니다.

또, 흑자가 났을 경우의 성공 보수 계약을 체결하면 제작사가 순이익의 15퍼센트 정도를 상한으로 받을 수 있습니다. 1억 엔을 내어 1억 2000만 엔이 남으면 2000만 엔의 15퍼센트인 300만 엔이 제작사의 성공 보수가 되는 것이지요. 남은 1700만 엔은 제작위원회에서 순이익으로서 나눕니다. 감독이 만약 순이익의 3퍼센트를 받기로 계약했다면 2000만 엔의 흑자 중 3퍼센트를 가져가는 것이니 60만 엔이 지급됩니다.

이로써 대충 이해하셨으리라 생각하는데, 영화를 성공시키는 것(이 경우는 제작비를 엇비슷하게 회수하거나 그 이상의 이익을 올리는 것)은 매우 힘든 일입니다. 감독이 돈을 버는 것은 더욱 힘들고요.

일본의 냉엄한 조성금 사정

영화는 흑자가 날 가능성이 한없이 낮기 때문에 다른 상황(이를테면 수상하여 좋은 평가를 받는 등)이 없으면 신인 감독이 두 번째 작품을 이어서 찍을 수 있다는 보증은 어디에도 없습니다. 실제로 데뷔작만으로 끝나 버리는 감독도 적지 않은 게 실정입니다. 신인 감독이었던 제가 두 번째 작품을 찍을 수 있었던 이유는 실력보다 운이 더 좋았기 때문이기도 하고, 또 도쿄 국제영화제가 두 번째 작품에 준 조성금 4000만 엔도 큰 도움이 되었기 때문입니다.

이 조성금에 대해 설명하자면, 20년 전 도쿄 국제영화제에는 신인 감독의 차기작에 4000만 엔을 출자하고 변제 의무도 지우지 않는 조성금 시스템이 있었는데 〈원더풀 라이프〉는 운 좋게도 그 조성금의 혜택을 받았습니다. 즉 〈원더풀 라이프〉의 제작비는 티브이맨 유니언에서 낸 4000만 엔, 광고 제작사인 엔진필름에서 낸 4000만 엔, 도쿄 국제영화제의 조성금 4000만 엔으로 총 1억 2000만 엔이었습니다.

그중 조성금을 뺀 8000만 엔만 회수하면 되었기 때문에 저는 남은 4000만 엔의 예산만큼 이것저것 새로운 일을 시도해 보기로 했습니다. 그 가운데 하나가 연출부를 키우는 일입니다.

〈환상의 빛〉에서는 저와 동갑인 다카하시 이와오 씨가 조감독을 맡았는데, 일반적인 영화라면 조감독 팀은 크랭크인 3개월 전에 들어와서 크랭크업을 하면 그것으로 안녕입니다. 기껏해야 3, 4개월 동안의 만남이니 본인은 촬영 현장밖에 경험하지 못합니다.

텔레비전 다큐멘터리라면 기획을 세울 때부터 관여하고, 마무리 작업도 포함하여 방송일까지 함께하기 때문에 한 편의 프로그램이 어떤 우여곡절을 거쳐 기획서부터 방송까지 이르는지를 이해할 수 있습니다.

그런 건 영화감독이 생각할 일이 아니라고 할 수도 있겠지만, 저는 연출부가 현장 이외의 것들도 알기를 바랐습니다. 그래서 〈원더풀 라이프〉의 연출부 수석은 다카하시 씨, 세컨드와 서드는 티브이맨 유니언의 멤버와 니시카와 미와 씨에게 맡겼고, 아르바이트 학생도 포함하여 리서치 단계부터 완성까지 1년 정도 이 작업에 붙어 있게 했습니다. 개인적으로는 이 일이 그들에게도 좋은 경험이 되지 않았을까 합니다.

지금은 도쿄 국제영화제의 조성금 시스템도 없어져서 그런 고액의 조성은 일본에서는 거의 찾아볼 수 없습니다. 문화청이 주관하는 '영화제작에 대한 지원(문화 예술 진흥비 조성금)'도 1억 엔 이상의 제작비에 대해 조성금은 2000만 엔. 일본도 자국의 문화를 지키려면 나라가 조금 더 적극적으로 나서서 도와야 한다고 생각합니다.

가령 프랑스의 경우는 자동 조성 시스템이 확립되어 있어서 영화관 입장권 수입 전체의 10.72퍼센트가 특별 추가세로 CNC[1]에 환원되고, 그 돈이 프랑스가 인가한 영화제작에 들어갑니다. 매우 국가주의적인 방식이긴 해도 프랑스에는 그렇게까지 하지 않으면 자국 영화를 지킬 수 없다는 위기감이 있는 거겠지요.

그러나 일본에는 그런 위기감이 없습니다. '나라가 뻔뻔스럽게 나서는 건 만드는 사람들도 싫을 테니 옆에서 응원합니다!'라는 느낌인데, 물론 나라가 주도해도 곤란하지만 이대로라면 일본의 독립영화는 다른 나라와 싸우기는커녕 같은 경기장에조차 설 수 없게 될 것입니다.

실제로 최근 20년 동안 일본 국내의 영화 상황은 상당히 비참해졌습니다. 지방에는 시네마 멀티플렉스만 남아 있고, 도쿄도 수많은 매력적인 영화를 상영해 온 작은 극장들이 잇달아 폐관할 처지에 몰려 있습니다. 정말로 어떻게든 하지 않으면 이제껏 가꾸어 온 풍성한 영화 문화의 다양성을 영원히 잃어버리게 될지도 모릅니다.

필름도 디지털도 고를 수 있는 편이 좋다

요즘 영화제 등에서 감독들이 모이면 반드시 "디지털은 어때?"라는 이야기가 나옵니다. 예전에 야마다 요지[2] 씨도 "고레에다는 언제까지 필름으로 찍을 생각인가?" 하고 물었습니다. 실제로 일본에서 필름으로 계속 찍고 있는 감독은 야마다 요지 씨와 고이즈미 다카시[3] 씨 정도밖에 없기 때문입니다. 지금 필름을 쓸 수 있는 건 영화보다 광고 현장 쪽이 더 많습니다.

디지털로 촬영해서 디지털로 상영하는 것과 필름을 디지털로 변환하여 디지털로 상영하는 것은 역시 어두운 부분의 표현이나 화면의 입자성粒子性에서 차이가 나지만, 관객은 거의 모르는 수준입니다. 그러므로 그 점에 집착하는 건 제작비에 여유가 있는 팀뿐이지요. 혹은 새로운 기술의 변화를 따라가지 못하는 사람들입니다.(저는 둘 다지만요.)

실은 영화업계의 디지털화가 진행되는 데는 필름보다 디지털이 예산이 덜 든다는 단순한 이유만 있는 게 아닙니다.

일반 사람들에게는 그다지 알려져 있지 않은 듯하지만, 필름 상영을 할 수 있는 영화관은 최근 몇 년 사이에 격감했습니다. 2006년에는 겨우 96개밖에 없었던 디지털 상영 가능 스크린 수는 2015년 말에 전국 스크린 총수 3437개 가운데 3351개로 늘어났습니다. 즉 필름으로 찍어도 필름으로 상영할 수 있는 영화관이 격감하고 있는 것입니다.

이 디지털 상영으로의 급격한 이행에는 제작 측보다 흥행 측의 의향이 더 강하게 반영되어 있습니다.

그 이유 중 첫 번째는 촬영 비용, 필름을 다루는 인건비, 발송 및 보관에 드는 비용을 없앨 수 있다는 것입니다. 두 번째는 장차 할리우드의 중앙관리 시스템을 도입하려 한다는 것이고요. 필름을 만들지 않고 중앙관리를 해서 방송과 같은 형태로 극장에서 상영할 수 있다면 규격을 통일하는 쪽 입장에서는 신속하고 편리

합니다. 무엇보다 프린트 필름을 몇 백 벌이나 만들지 않아도 됩니다.

한편 DCP가 몇 년 동안 보존될지 현 시점에서는 알 수 없기 때문에, 자금에 여유가 있는 영화의 경우 디지털 마스터로부터 필름판을 만들어서 보존합니다. 본말전도라고 생각하지 않으세요. 미래에 DCP의 상태가 나빠진다는 것을 알게 된다면, 그때는 이미 돌이킬 수 없습니다. 그때는 필름 자체가 없으니 새로운 회사를 만들어서 다시 필름을 생산해야만 하며, 기술자도 다시 길러야 하겠지요.

제 작품의 경우 〈공기인형〉까지는 필름으로 촬영하여 필름으로 상영했고, 〈진짜로 일어날지도 몰라 기적〉부터는 촬영은 필름이지만 상영은 기본적으로 디지털입니다. 〈그렇게 아버지가 된다〉는 한 관에서만 필름으로 상영했습니다.

저 개인적으로는 필름과 디지털이 둘 다 남아 있어도 좋았을 것 같습니다. 이렇게 급격하게 필름 상영관이 없어지는 상황은 예상조차 하지 못했습니다.

젊은 영화청년들의 '언젠가 16밀리 필름으로 찍고 싶다'거나 '언젠가 35밀리로 찍고 싶다'와 같은 소망이 사라진 것도 쓸쓸한 일입니다. 8밀리가 있고, 비디오가 있고, 디지털이 있고, 16밀리가 있고, 35밀리가 있어서 풍성한 변주가 있는 편이 좋습니다. 그림을 그릴 때 물감인지 크레용인지 색연필인지 목탄인지를 고를 수 있는 편이 좋은 것과 마찬가지입니다. 지금의 영화계는 유화 물감과 캔버스가 비싸기 때문에 유화를 고를 수 없어져서 "도화지에 수채물감으로 그리세요"라는 말을 듣는 듯한 느낌입니다. 유감스럽습니다.

지금까지의 20년, 앞으로의 20년

저는 그다지 과거를 되돌아보지 않는 사람이지만, 이 책을 쓰면서 지금까지의 20년을 되돌아보니 정말로 운이 좋았다는 생각이 절실히 듭니다.

관객 동원수를 엄밀히 살펴보면 〈환상의 빛〉부터 〈진짜로 일어날지도 몰라 기적〉까지는 〈아무도 모른다〉의 약 100만 명이 특별히 많았고, 다른 작품들은 평균 15~30만 명 정도입니다.(〈진짜로 일어날지도 몰라 기적〉과 〈하나〉는 개봉 규모가 커서 조금 더 많을지도 모릅니다.) 흥행 수입으로 말하자면 1억 5000~3억 엔 정도일까요.

그래도 〈환상의 빛〉은 시네 어뮤즈에서 16주 동안 장기 흥행을 기록하여 흑자, 〈원더풀 라이프〉는 극장 배급 수입은 적자였지만 북미에서 개봉하며 20세기폭스와 대형 리메이크 계약을 맺어서 단번에 흑자로 바뀌었습니다. 〈아무도 모른다〉는 매우 큰 흑자를 낳아서 다른 적자가 메워졌습니다.

영화를 만들기 시작한 무렵, 제작사인 오피스 시로우즈의 대표 사사키 시로 씨에게 "독립적으로 영화를 계속 만들려면 어떻게 해야 할까요?"라고 물었더니 "열 편 찍어서 여섯 편은 적자, 세 편은 적자도 흑자도 안 나고 한 편이 크게 성공하면 회사를 꾸려 나갈 수 있다"는 대답을 들은 적이 있습니다. 게다가 "적자가 난 여섯 편 가운데서 다음 작가를 기른다"라나요. 그러면 언젠가 큰 성공작 한 편을 찍어서 의미 있는 적자가 된다는 것입니다. 이는 프로듀서라기보다 경영자의 시선이지만, 당시의 저는 감독도 아마 마찬가지일 거라고 느꼈습니다.

사카모토 준지 씨도 "감독은 3할 타자면 된다"고 했습니다. 10할을 노리면 실패하지만 10타수 3안타의 3할 타자를 목표로 삼으면 성공에 가까워진다면서요. 목표로 삼는다고 할 수 있는 건 아닙니다만.

그러고 보니 2015년 7월, 니시카와 미와 씨가 마흔한 살이 되었을 때 "알고 계셨어요? 마흔한 살은 바카본(만화 〈천재 바카본〉의 주인공—옮긴이) 아빠의 나이예요"라고 말했습니다. "나는 쉰셋인데 누구랑 동갑이야?"라고 묻자, "만화 〈사자에 씨〉에 나오는 나미헤이 씨가 쉰넷이네요"라고 찾아서 알려 주었습니다. 수명이 늘어났으니 아직 괜찮다고 생각하면서도 50대에 찍고 싶은 것을 생각대로 찍을 수 있는가 하면 전혀 그렇지 않다는 게 솔직한 느낌입니다.

앞으로 20년 동안 무엇을 어떻게 찍을 것인가.

아마도 10편 정도 찍을 수 있다고 치면, 이제까지 실현하지 못한 플롯이 10개가 넘으니 그중 어떤 것은 못 찍겠지요. 장차 찍고 싶은 모티프도 생길 테고요. 게다가 영화감독은 정말로 체력으로 승부하는 면이 있으니 50대에만 찍을 수 있는 규모의 영화는 앞으로 5~6년 사이에 찍어 두고 싶습니다. 만약 찍지 못한다면 같은 제재를 60대 때 다른 방식으로 찍을지도 모릅니다. 홈드라마는 아마 70대 할아버지의 시선으로도 또 찍을 수 있겠지요…….

이런 생각을 진지하게 하며, 지금 새로운 작품의 각본을 쓰고 있습니다.

다음에는 '홈'에서 사회로 시야를 조금 더 넓혀서 법정물에 도전해 보려 합니다.

주

1 CNC
프랑스 국립영화센터의 약칭. 윤택한 자금으로 다양하게 영화를 지원한다. 그중 가장 큰 지원은 영화부문에 대한 자동 조성인데, 민간에서 낸 자금을 재분배하는 일종의 리사이클이며 프랑스 영화의 기반을 떠받치고 있다.

2 야마다 요지(山田洋次)
영화감독. 1931년 오사카 출생. 도쿄 대학 법학부를 졸업한 뒤 신문사 근무를 거쳐 쇼치쿠에 보결 입사했다. 1961년 〈2층의 타인〉으로 감독 데뷔. 1968년 후지TV의 연속극 〈남자는 괴로워〉의 원안 및 각본을 담당했고 이듬해 영화화했다. 그 외의 대표작으로 〈가족〉〈키네마 천지〉〈아들〉〈학교〉 〈무지개를 잡은 남자〉〈황혼의 사무라이〉 〈숨겨진 검, 오니노쓰메〉〈무사의 체통〉〈엄마〉〈남동생〉〈동경 가족〉 〈작은 집〉〈어머니와 살면〉 등이 있다. 최신작 〈가족은 괴로워〉가 2016년 3월 개봉되었다.

3 고이즈미 다카시(小泉堯史)
영화감독. 1944년 이바라키 현 출생. 도쿄

사진 단기대학(현 도쿄 공예대학). 와세다 대학을 졸업한 뒤 구로사와 아키라를 사사했으며 28년에 걸쳐 조수로 일했다. 구로사와가 죽은 뒤 그의 유작 시나리오 〈비 그치다〉를 2000년 영화화하며 감독 데뷔. 구로사와 아키라의 촬영 테크닉을 재현했다는 평가를 받았다. 그 뒤 〈극락전 소식〉〈박사가 사랑한 수식〉〈내일에의 유언〉〈사무라이 크로니클〉을 감독했다.

마지막 장. 앞으로 영화를 찍을 사람들에게

원래 나의 영화 촬영 현장에서 조감독으로 일했던 감독 니시카와 미와 씨, 스나다 마미 씨, 그리고 엔진필름의 고 야스다 마사히로 회장의 영화기획실에 있었던 기타하라 에이지 씨, 티브이맨 유니언에 적을 두었던 후쿠마 미유키 씨 등을 중심으로 제작자 집단 '분부쿠分福'를 설립한 지 만 2년이 지났다.

이러한 멤버 구성에는 이 책에 쓴 영화를 만드는 사람으로서의 내 25년간의 출신과 DNA가 짙게 반영되어 있다. 영화를 그 핵심인 감독의 기획으로부터 전개해 나가는 것. 그러한 '창조'의 에너지에 사람들이 모이는 것이 제작으로, 일로, 즉 개런티로 이어지는 것. 그 계획과 시도는 이제 막 시작되긴 했지만 이 작은 배를 계속 저을 수 있는 체제는 완성되었다. 티브이맨 유니언의 무라키 씨가 돌아가시고 엔진필름의 야스다 씨도 세상을 떠나, 요컨대 두 아버지를 잃고서 겨우 누군가의 비호를 받는 자식이라는 데 응석부리지 않을 각오가 섰다. 아니, 그럴 수밖에 없었다. 이 경력 제2장은 틀림없이 두 사람의 죽음에 등을 떠밀려 시작되었으니까. 그리고 최근 2년 동안 '분부쿠'에는 새로운 멤버가 7명 들어왔다.

그들을 키운다거나 무라키 씨나 야스다 씨의 역할을 짊어지려는 건 아니다. 내가 건네받은 것을 다음 사람에게로 계승하는 것, 종적인 관계라기보다 오히려 나 자신이 사슬의 고리 하나가 되어 누군가와 이어지는 횡적인 관계에 가까운 느낌일지도 모른다. 나 혼자의 힘으로 역사를 새로 칠하고 갱신해 보이려는 패기는 처음부터 없었다. 의외였던 점은 나 역시 120년간 이어져 온 영화라는 역사의 사슬을 이루는 고리 중 하나에 지나지 않는다는 체념에 가까운 자각 이상으로, 새로운 고향을 발견한 듯한 묘한 안도감이 든다는 것이다.

그런 감회에 이르는 과정을 이 책에 나름대로 소상히 적었다고 생각한다. 예상 외로 방대해져서 다소 걱정되지만, 한 명이라도 더 많은 사람이 이 책을 읽어서 그중 이제부터 기록될 경력 제3장을 함께 써 줄 새로운 스태프(에 한정된 것은 물론 아니다)가 생기고 그 사람들과의 '사슬'이 이어져 나가기를 꿈꾸며 일단 펜을 내려놓으려 한다.

마지막으로 8년이라는 오랜 세월 동안 이 책을 완성하기 위해 끈기 있게 함께해 준 작가 호리 가오루 씨, 미시마샤의 호시노 유리 씨와 미시마 구니히로 씨. 세 사람이 맞장구와 질문, 감상, 탄식으로 받아주지 않았다면 여기에 쓰인 말은 아마도 이처럼 종이 위에 안착되지 못하고 산산이 흩어졌을 것이다. 세 사람의 끈기에 최대한의 감사를 보내고 싶다. 고마워요.

2016년 5월 24일

고레에다 히로카즈

옮긴이 · 이지수

고려대학교와 사이타마 대학교에서 일본어와 일본문학을 공부했다. 편집자로 일하다가
전문 번역가로 활동 중이다. 텍스트를 성실하고 정확하게 옮기는 번역가가 되기를 꿈꾼
다. 옮긴 책으로 사노 요코의 《사는 게 뭐라고》《죽는 게 뭐라고》《자식이 뭐라고》《이것
좋아 저것 싫어》를 비롯해 《내 생애 마지막 그림》《니체의 인간학》《아주 오래된 서점》《절
망 독서》 등이 있다.

영화를 찍으며 생각한 것

초판 1쇄 발행   2017년 11월 27일
초판 14쇄 발행   2024년 1월 19일

지은이   고레에다 히로카즈
옮긴이   이지수
책임편집   나희영
디자인   주수현

펴낸곳   (주)바다출판사
주소   서울시 마포구 성지1길 30 3층
전화   02-322-3885(편집), 02-322-3575(마케팅)
팩스   02-322-3858
전자우편   badabooks@daum.net
홈페이지   www.badabooks.co.kr

ISBN   978-89-5561-947-8 03680